天大法学文库

孙佑海 主编

# 我国刑法立法的合理限定

刘 霜——著

法律出版社 | LAW PRESS
北京

**图书在版编目(CIP)数据**

我国刑法立法的合理限定 / 刘霜著. -- 北京 : 法律出版社, 2024
(天大法学文库 / 孙佑海主编)
ISBN 978 -7 -5197 -8259 -7

Ⅰ. ①我… Ⅱ. ①刘… Ⅲ. ①刑法－立法－研究－中国 Ⅳ. ①D924.02

中国国家版本馆 CIP 数据核字(2023)第 246382 号

| | | | |
|---|---|---|---|
| **天大法学文库** | **我国刑法立法的合理限定**<br>**WOGUO XINGFA LIFA DE HELI XIANDING** | 刘　霜　著 | 策划编辑 似　玉<br>责任编辑 似　玉<br>装帧设计 鲍龙卉 |

**出版发行** 法律出版社
**编辑统筹** 法律应用出版分社
**责任校对** 朱海波
**责任印制** 刘晓伟
**经　　销** 新华书店

**开本** 710 毫米×1000 毫米　1/16
**印张** 16　　**字数** 237 千
**版本** 2024 年 1 月第 1 版
**印次** 2024 年 1 月第 1 次印刷
**印刷** 北京新生代彩印制版有限公司

地址:北京市丰台区莲花池西里 7 号(100073)
网址:www. lawpress. com. cn
投稿邮箱:info@ lawpress. com. cn
举报盗版邮箱:jbwq@ lawpress. com. cn

销售电话:010－83938349
客服电话:010－83938350
咨询电话:010－63939796


**书号**:ISBN 978－7－5197－8259－7　**定价**:68.00 元

凡购买本社图书,如有印装错误,我社负责退换。电话:010－83938349

# 总　序

作为中国第一所现代化大学，天津大学已经走过了一百二十余载的风雨历程，其前身北洋大学是中国教育史乃至整个近现代史的一座伟大丰碑。如今，当人们谈起这座位于渤海之滨的学术殿堂时，首先想到的或许是其工科特色。的确，天津大学的建筑、精密仪器等学科远近闻名。然而，天津大学不仅有严谨的工科，还有深厚的法科底蕴。在北洋大学创办之初，法科（律例学门）就位列各学科之首，开创了中国现代高等法学教育的先河。作为中国第一所现代化大学，天津大学颁发出我国第一张大学文凭不足为奇，巧合的是，第一张大学文凭的获得者恰恰是法科学生——王宠惠，这不仅是天大法学人的骄傲，更是值得中国法学界铭记的历史时刻。

北洋法学有着辉煌的历史，曾培养出张太雷、王宠惠、徐谟、王正廷等杰出校友。张太雷同志是杰出的无产阶级革命家，著名的政治活动家、宣传家，中国共产党和人民军队早期重要领导人之一，为中国革命做出卓越贡献。王宠惠先生曾将德文版《德国民法典》译成英文作为英美法系国家的法学教材，并赢得法学界的广泛赞誉，他还代表中国参加《开罗宣言》的起草，代表中国参加《联合国宪章》的签署，为维护中国国家利益进行不懈斗争。徐谟先生学贯中西，国际法功底深厚，担任国际法院大法官。王正廷先生是著名的国际法学家，为废除不平等条约做出重要贡献，还积极推动奥林匹克运动在中国的发展，被誉为“中国奥运之父”。

由于种种原因，天津大学的法科教育一度中断。直到1994年设立经济法专业，1997年成立法学系。2015年是天大法学的重要时刻，在党和国家领导人与学校的大力支持下，天津大学正式复建法学院。学院复建以来，在全体教师共同努力和社会各界的支持下，天津大学法学在教书育人、高水平论文、科研项目、国际化、新法科建设等方面都取得重要突破。2019年，在社会各界的大力支持下，天津大学获批法学一级学科博士学位授予权，这既是对天津大学法学的肯定，也是对我们的鞭策。

“天大法学文库”旨在继承和发扬前辈艰苦奋斗、勇于创新的精神，鼓励和促进天津大学法学院教师探索学术前沿、勇攀科学高峰，展示天大法学人的研究成果，加强与学界同人的交流与合作，为中国的法治事业略尽绵薄之力。

孙佑海

2019年12月

# 序 言

本书以"我国刑法立法的合理限定"为题,选题缘由有三:一是我国罪刑结构的新近调整。随着法定犯时代的到来以及劳教制度的废除,我国罪刑结构也相应调整,违法行为处置方式由原来的三级制裁机制(治安管理处罚、劳动教养、刑罚)转为二级制裁机制(治安管理处罚、刑罚),定罪量刑由单轨制模式(重罪模式)转为双轨制模式(重罪+轻罪模式)。二是科技革命和信息时代的影响。随着科学技术的迅猛发展及信息时代的到来,一系列新增罪名纳入刑法规制范畴,例如,非法植入基因编辑、克隆胚胎罪,拒不履行网络安全管理义务罪,帮助信息网络犯罪活动罪等,这些新增罪名的具体适用条件、立法后的社会效果评估等均值得深入研究。三是积极刑法立法观与消极刑法立法观的激烈论争。近年来积极刑法立法观逐渐占据主流地位,与此同时,也有诸多学者对此提出较多质疑。如何判定刑法扩张的边界?如何遏制刑法日益扩张?如何防止由于刑法立法扩张而可能导致的过度侵害法益的风险等,这些问题也是本书拟深入探讨的问题。基于以上三个缘由,本书试图深入研究我国刑法立法扩张问题,防止社会治理的过度刑法化,提出刑法立法扩张的合理限定标准,并提出刑法立法合理限度的具体判定标准等,以期对我国刑法立法的科学化、理性化、合理化等有所裨益。

本书首先讨论的是刑法立法扩张的背景,分别从国际背景、社会现实背景和刑法立法背景三个方面展开论述。其中,国际背景包括两个方面的内容:一是国际刑事立法观念的趋同化,二是国际刑事立法制度的一体化。社会现实背景包括三个方面的内容:一是风险社会给刑法带来的新挑战,二是社会转型期司法价值观的改变,三是废除劳教制度的规范需求。刑法立法背景包括三个层面的内容:刑法立法观:消极刑法观向积极刑法观转变;刑事法网:"厉而不严"向"严而不厉"转变;刑事政策:"惩办与宽大相结合"向"宽严相济"转变。

其次是刑法立法扩张的实现路径,也即我国刑法立法扩张的具体体现,本章为全书的重点章节。刑法立法扩张主要表现为增设新罪、扩大既有罪名适用范围、刑法介入早期化以及刑罚的扩张。关于刑法立法扩张的范围界定,学术界一直存在争议。有学者认为,刑法立法扩张不仅包括犯罪圈的扩张,还应包括刑罚体系的扩张。例如,我国《刑法修正案(七)》增设新罪名——利用影响力受贿罪。该罪的增设有效扩大了腐败犯罪的惩治范围,有效弥补了刑法规定的不足。还有学者认为,刑法立法的扩张仅应包括犯罪圈的扩张,即使刑法增加新的刑罚制度,也应当被视为一种刑法体系自身的完善,而非刑法的立法扩张。本书的立场是,刑法立法扩张主要在于犯罪圈的扩张,具体包括新罪的增设、既有罪名适用范围的扩大以及刑法介入的早期化等问题。关于刑罚的扩张,本书也做简单介绍,不单列章节阐述,具体内容从增设终身监禁制度、增设预防性刑罚措施、增设保安处分等方面展开论述。关于刑罚扩张的限定问题,本书建议应当限定刑罚的幅度和范围,适度调整刑罚结构。

关于刑法立法扩张的原因分析,概括起来,可以归纳为三个方面:一是社会治理与社会控制的客观需要,二是宽严相济刑事政策的立法回应,三是"厉而不严"刑法结构缺陷的补足。

对于刑法立法过度扩张的风险预判。本书认为,社会治理过度刑法化是当前国家治理的顽症,具有高度的风险与危害,可能会改变国家权力与公民权利的结构。本书主要聚焦于刑事立法的过度扩张可能导致的刑法领域内风险,诸如导致国家刑罚权的滥用、降低刑法的公众认同、阻碍社会治理的创新发展、导致立法权、司法权和行政权失衡。

刑法立法扩张的合理限定主要包括三个方面的内容:其一,刑法立法适度扩张的指导原则。大陆法系以法益保护原则为主;英美法系以伤害原则为主,而我国刑法立法扩张的指导原则包括罪刑法定原则、刑法谦抑性原则以及责任主义原则。其二,刑事立法适度扩张的限定条件,具体包括增设新罪的限定条件、既有罪名立法扩张的限定条件、刑法提前介入的限定条件。其三,刑事立法适度扩张的具体路径,具体包括应当适度扩大犯罪圈、刑法立法应当具有前瞻性、应当警惕情绪性立法、应当避免刑法过度政策化,还应当注重刑法立法自身的调整完善。值得说明的是,学界一般存在"刑事立法"和"刑法立法"两种表达方式。学界惯常用"刑事立法"指代刑法立法,但刑事立法也可包含刑事诉讼立法。为了维持学者观点的原貌及引用文献的原汁原味,本书在引用文献和他人观点时采用"刑事立法"的称谓。但为了学术严谨性,在涉及本人观点或者立场时,本书采用"刑法立法"的称谓。

当今世界各国刑法立法观都在逐渐改变,由形而上学的理性思考转向更为现实的具体考量;以行为导向取代结果导向;惩罚的犯罪行为由传统犯罪转向恐怖主义、网络等新兴犯罪;从过去的报应刑转向积极的一般预防等。

本书持积极刑法立法观立场,以立法建构论为基础,提倡刑法应主动承担调整社会关系的功能,顺应社会情势变化,及时增设新的罪名来调整社会关系。与此同时,也应把握积极刑法立法观的适用限度,避免刑法过度扩张引发刑法万能主义或工具主义的不良倾向,以实现刑法的能动立法、理性立法与科学立法。

# 目录

# 绪　论

1997年以来，全国人大常委会共通过1个单行刑法《关于惩治骗购外汇、逃汇和非法买卖外汇犯罪的决定》和11个刑法修正案。1997年《刑法》颁布后20余年(1997年3月～2023年3月)的时间里，我国刑事立法共修改了12次，平均每2年修改1次。就条文数量而言，1997年《刑法》规定有452条，经过12次刑法修改，截至2020年12月26日《刑法修正案(十一)》通过，我国《刑法》共修改条文138条，新增条文53条，删去条文1条。经过多次修改，我国刑法的实际条文数量达到504条，加上《关于惩治骗购外汇、逃汇和非法买卖外汇犯罪的决定》中关于骗购外汇罪的规定，现行刑法条文数达到505条，共有483个罪名。①《刑法》成为除《民法典》外，条文数量最多的部门法。相较于1997年《刑法》而言，现行《刑法》修改比例近40%。因而，有学者提出，我国刑法已经由解释时代转向立法时代。②

---

① 参见周光权：《法典化时代的刑法典修订》，载《中国法学》2021年第5期。

② 参见张明楷：《法益保护与比例原则》，载《中国社会科学》2017年第7期。

刑法是社会治理的重要方式，是制裁措施最为严厉的部门法。因而应当严格限定刑事立法的边界，不得随意扩大处罚范围。这不仅与每一位民众的日常生活密切相关，而且在很大程度上承载了国家对于法治进步与科学立法的期许。以往刑法的修改，显示出增设新罪、加重法定刑与限制有利于犯罪人的制度的适用二大轨迹，标示着严刑始终是指引刑法修改的主旨。然而，立足于刑法的效益、公正与人道三大基本价值的要求，以严刑为主旨的刑法修改，在很大程度上是非理性的。① 当前我国正处于经济社会转型期，社会矛盾纷纭复杂，犯罪态势日益严峻，因此，普通民众对刑法充满着厚望与期待，而这种情感的自然流露便是通过严刑峻法来达到所谓的“辟以止辟、刑期无刑”的目的，而鲜有人去思考“法律的宽和化对于每个受到严酷法律制约的人都是有益的”②这一命题所蕴含的刑法哲理。

近年来，我国刑事立法呈现一系列新的特点，具体表现在以下几个方面：其一，拓宽新领域，例如预备行为实行化、帮助行为正犯化等；其二，转变法益观，由消极法益保护向积极法益保护转变；其三，增加刑罚制裁措施，例如限制减刑制度，规定终身监禁制度等；其四，赋予刑法新机能，刑法机能由自由保障机能向全面介入社会管控的刑法保护机能转变；等等。③

未来的刑事立法，从总体上看，应当做到“能动立法、理性立法、科学立法”。能动立法是指刑事立法应当根据社会需要及时做出反应，适度扩大刑罚处罚的范围，保持立法的活跃化和积极介入社会治理的发展态势。理性立法是指在刑事立法的总体思路和罪刑设置方面，应当秉持严谨审慎理念，论证更为充分，听取民众呼声但又不能被舆论所左右，不能盲从于民众情绪。科学立法是指刑事立法应当遵循立法原则，采取科学方法，认真调研，罪刑设置应当讲求科学性，维护立法的能动性和合理性，才是刑事立法所应坚持的立场选择。只有做到能动立法、理性立法和科学立法，刑法的边界才能清晰界定，法

① 参见邢馨宇、邱兴隆：《刑法的修改：轨迹、应然与实然——兼及对刑法修正案（八）的评价》，载《法学研究》2011年第2期。

② ［意］贝卡里亚：《论犯罪与刑罚》，黄风译，中国大百科全书出版社1993年版，第82页。

③ 参见周光权：《转型时期刑法立法的思路与方法》，载《中国社会科学》2016年第3期。

益才能得到有效保护,刑法目的才能得到有效实现。由此可见,我国刑法立法扩张日益加剧,亟须对此进行深入研究,发掘新问题、提出新对策。

本书的研究思路如下:以刑法的立法扩张为研究主题,旨在理论上明确刑法立法的合理限度,以实现我国能动立法、理性立法、科学立法。首先对我国刑法立法扩张的背景进行深入分析,继而梳理我国12次刑法修正的发展流变,系统分析刑法扩张的立法表征,对社会治理过程中出现的刑法过度扩张进行批判,深入探究我国刑法扩张的理论根基,对刑法扩张的合理限度进行系统论证,总结评析限定刑法立法扩张的合理路径。

本书的研究方法如下:其一,社会科学的实证研究方法。本书对刑法典型罪名采用实证研究的方法,根据我国裁判文书网发布的数据,分析这些典型罪名的司法适用情况,对其适用刑罚措施的有效性,同时,对于典型案件的数据处理和指导性案例的法理解释进行调研。其二,刑法教义学方法。遵行现行法是教义学的理论前提。对于新的立法举措,不能一味批判,而应该反思立法目的和立法机理,回归到司法的规范适用方向上来。此外,对规范问题进行分析的前提是法律教义学。通过规范性解释、方法性反思,致力于实现法的公平、安全、平等和理性。其三,刑法比较和多层次体系的系统比较方法。本书将综合运用以上研究方法,从国际刑法、犯罪学、规范刑法学、刑事诉讼法学、社会学、经济学等学科进行一体化动态研究。

自由是人生来就应享有并不可剥夺的权利,国家不能对人恣意裁判和惩罚。刑法立法的适度扩张是未来立法进程中应保持的一种趋向。面对这种立法趋向可能造成的法益侵害危险,应寻找解决措施予以化解,不能以此为由否认刑法立法扩张的合理性,限制刑法治理社会功能的发挥。笔者期望能够为我国刑法的立法扩张提出适度限制,为我国未来刑法立法提供能动立法、理性立法、科学立法的合理建议,为司法机关正确适用刑法提供理论依据,为维护社会的公平正义略尽微薄之力。

# 第一章　刑法立法扩张的背景分析

在新中国的发展历程中，我国在政治、经济、文化、社会生活等各个方面都取得了翻天覆地的变化。全面依法治国是中国特色社会主义的本质要求和重要保障。2020年中央全面依法治国工作会议，将习近平法治思想明确为全面依法治国的指导思想，中国特色社会主义法律体系正在不断完善。

刑法由于其独特的法律地位，在社会治理方面发挥着重要作用。1997年《刑法》颁行后的20年，是我国刑事立法快速、理性、科学发展的20年。[①] 刑事立法的发展，是国家整体发展的一部分，受到各种因素的影响和制约。新中国成立后影响我国刑事立法发展的背景因素，主要包括国际背景、国内社会现实背景和刑事立法背景等，体现我国刑事立法的国际化与本土化相结合的发展过程。

## 第一节　国际背景

我国1978年开始推行改革开放政策，中国国门向世界

---

① 参见赵秉志：《中国刑法立法晚近20年之回眸与前瞻》，载《中国法学》2017年第5期。

打开,中国以开放的态度迎接世界,开始走向国际发展的大舞台。因而,国际因素成为影响我国刑事立法发展的重要外部力量。当今时代也是全球化时代,中国刑法不可能脱离世界孤立发展,应当以全球化眼光、全球化视野,吸收借鉴各国刑法的先进经验,互相学习、互相借鉴,方能为中国刑事立法的科学化和理性化寻求合理的发展路径。

**一、国际刑事立法观念的趋同化**

近年来,国际人权运动如火如荼,传统的以国家利益为核心的国际秩序面临严峻挑战。1966 年 12 月 16 日第 21 届联合国大会通过《经济、社会、文化权利国际公约》(1976 年 1 月 3 日生效)、《公民权利和政治权利国际公约》(1976 年 3 月 23 日生效)以及《公民权利和政治权利国际公约任择议定书》(1976 年 3 月 23 日生效)。一系列人权公约的公布,体现出国际刑事立法观念的转变:由原本强调国家安全、注重国家利益的保护开始转向国家对于人民的保护,对于人权的维护。这种国际立法观念的转变,表明国际社会越来越强调公民个人的价值与尊严不受侵犯。① 法治社会里,权利是法治的源泉,现代法治社会应当体现为公民权利对国家权力的有效制约,权利与权力由对立走向平衡和统一,是民主政治发展的必然结果。② 随着改革开放的不断深入,我国国民观念逐步由封闭走向开放,国民的权利意识也因此得到极大的提升。

随着经济社会全球化,犯罪国际化趋势也在不断加强,网络犯罪、恐怖主义犯罪、电信诈骗犯罪等一系列新型犯罪日益猖獗,如何有效惩治跨国有组织犯罪成为各国立法者面临的重要立法难题。在此背景下,联合国通过了一系列旨在打击跨国犯罪的公约,其中比较有代表性的是 1997 年 12 月 15 日通过的《制止恐怖主义爆炸事件的国际公约》、2000 年 11 月 15 日通过的《联合国打击跨国有组织犯罪公约》以及 2003 年通过的《联合国反腐败公约》。欧盟也通过了一些区际公约,如 2001 年 11 月 23 日通过的《网络犯罪公约》和 2016 年 4 月 14 日通过的《通用数据保护条例》(General Data Protection Regulations,

---

① 参见张爱宁:《国际人权法的晚近发展及未来趋势》,载《当代法学》2008 年第 6 期。

② 参见征汉年、章群:《限制与平衡:法社会学视野下的权利与权力的对话》,载《新疆大学学报(哲学人文社会科学版)》2007 年第 5 期。

GDPR)等。

这些国际公约和区际公约注重新型犯罪的预防和惩治,旨在强化刑法的人权保护理念,对我国刑事立法产生了重要影响。以欧盟 GDPR 为例,为了保护公民的个人信息,我国也先后通过《个人信息保护法》《数据安全法》等一系列法律法规防止个人信息滥用、维护数字安全,目的在于实现习近平总书记提出的总体国家安全观,注重网络空间社会治理、数字主权、网络安全监管、个人信息的法律保护等重要目的。相应地,我国《刑法》也增设了一系列保护公民个人信息的犯罪(如《刑法》第 253 条之一规定的侵犯公民个人信息罪)[①]等,使得我国国内法与国际公约的规定相衔接,从而更有利于对公民个人信息的保护。

**二、国际刑事立法制度的一体化**

虽然各国刑事立法各不相同,但在国际范围内,犯罪治理又存在很多共性,刑法制度作为应对犯罪的制度性措施具有很多普遍性规律。[②] 当今时代,国际社会的刑事立法呈现一体化特征。

以死刑制度的改革为例,世界上大多数国家倾向于从立法上废止或者限制死刑的适用,因而死刑问题也成为国际、区际刑事司法合作乃至国家间交往关系的重要因素。在死刑制度的限制适用方面,我国立法机关采取了积极有力的立法举措,逐步减少死刑罪名。据统计,我国《刑法》原有 68 个死刑罪名,2011 年我国通过《刑法修正案(八)》,通过立法方式取消 13 个死刑罪名。[③]

---

① 《刑法》第 253 条之一　【侵犯公民个人信息罪】违反国家有关规定,向他人出售或者提供公民个人信息,情节严重的,处三年以下有期徒刑或者拘役,并处或者单处罚金;情节特别严重的,处三年以上七年以下有期徒刑,并处罚金。违反国家有关规定,将在履行职责或者提供服务过程中获得的公民个人信息,出售或者提供给他人的,依照前款的规定从重处罚。窃取或者以其他方法非法获取公民个人信息的,依照第一款的规定处罚。单位犯前三款罪的,对单位判处罚金,并对其直接负责的主管人员和其他直接责任人员,依照各该款的规定处罚。

② 参见赵秉志:《改革开放 40 年我国刑法立法的发展及其完善》,载《法学评论》2019 年第 2 期。

③ 《刑法修正案(八)》取消 13 个经济性非暴力犯罪的死刑。具体包括:走私文物罪,走私贵重金属罪,走私珍贵动物、珍贵动物制品罪,走私普通货物、物品罪,票据诈骗罪,金融凭证诈骗罪,信用证诈骗罪,虚开增值税专用发票、用于骗取出口退税、抵扣税款发票罪,伪造、出售伪造的增值税专用发票罪,盗窃罪,传授犯罪方法罪,盗掘古文化遗址、古墓葬罪,盗掘古人类化石、古脊椎动物化石罪。

《刑法修正案(八)》对于死刑罪名的部分废除,开启了我国逐步废除死刑的进程,在我国刑事立法的发展历程中,具有划时代的意义。随后,由于我国立法机关废除部分死刑罪名得到民众认可,社会上也没有太大的负面影响,因而2015年通过的《刑法修正案(九)》,又立法取消了9个死刑罪名。① 至此,我国《刑法》还保留有46个死刑罪名。值得强调的是,废除死刑罪名不能一蹴而成。我国还会继续在逐步废除死刑适用的道路上继续前进,相信终有一日,我国也将废除死刑。

再如恐怖主义犯罪。众所周知,恐怖主义犯罪、极端主义犯罪是全人类的公敌,各国都把恐怖主义犯罪、极端主义犯罪作为重点打击的严重刑事犯罪。在"9·11"恐怖袭击事件10周年纪念活动上,第六十五届联大主席戴斯指出,恐怖主义是对联合国宗旨和原则以及各国人民间友谊的侵犯。联合国作为国际社会的代表,在向美国人民以及世界其他地方的恐怖主义行为受害者表达同情与团结的同时,毫不含糊地、强有力地谴责恐怖主义行为,并坚决同恐怖行为作斗争、追究负有罪责的恐怖分子的责任。② 2021年是"9·11"事件发生20周年,美国各地举办各种纪念活动。美国总统拜登还借此呼吁美国人民团结起来,称这是美国在逆境中最大的力量。相应地,我国刑法立法也体现了严厉打击恐怖主义犯罪、极端主义犯罪的立法倾向。《刑法修正案(九)》对于组织、领导、参加恐怖组织罪增设了财产刑;将资助恐怖活动培训的行为纳入刑法;明确规定制作、散发宣扬恐怖主义、极端主义的图书、音频视频资料的行为为犯罪。《刑法修正案(九)》及时回应了民众要求严厉打击这类犯罪的强烈呼声,体现了主动进攻、露头就打、先发制敌的反恐方针。因而,我国刑法成为打击恐怖主义犯罪、极端主义犯罪的利器,也与国际社会坚决打击恐怖主义犯罪、极端主义犯罪的做法高度契合。

客观地说,法治相对成熟的西方国家立法经验更为丰富,立法水平也更

---

① 《刑法修正案(九)》取消9个死刑罪名:走私武器、弹药罪,走私核材料罪,走私假币罪,伪造货币罪,集资诈骗罪,组织卖淫罪,强迫卖淫罪,阻碍执行军事职务罪,战时造谣惑众罪。

② 参见《联合国纪念911事件十周年 重申打击恐怖主义决心》,载中国新闻网,https://www.chinanews.com/gj/2011/09-10/3320148.shtml。

高。我国刑法也与时俱进,尤其是近年来刑事立法表现得更为活跃,刑法的国际化倾向也更加明显。通过对外国先进刑事立法经验的学习和借鉴,有助于明晰刑法立法扩张的界限,体现刑法行为规制机能、界限机能和人权保障机能,有助于促进我国刑法基本结构、立法模式、制度建设和立法技术的科学发展,有助于体现刑事立法的科学化和理性化,维护公民的合法权益,维护社会的公平正义。

## 第二节　社会现实背景

### 一、风险社会给刑法带来的新挑战

德国知名学者乌尔里希·贝克首先提出"风险社会"概念。贝克教授认为,现代性从古典工业社会的轮廓中脱颖而出,正形成一种崭新的形式——工业的"风险社会"。[①] 何为风险社会?卢建平教授认为,"风险社会是指在全球化发展背景下,由于人类实践所导致的全球性风险占据主导地位的社会发展阶段,在这样的社会里,各种全球性风险对人类的生存和发展带来了严重的威胁"[②]。贝克教授认为,"在风险社会中规避'风险'需要合理的制度,并且通过社会政策、法律等手段来控制和预防风险"。[③]

与传统社会中的"风险"相比,风险社会中的"风险"具有下列特征:

第一,风险具有人为性。劳东燕教授指出,人类决策与行为成为风险的主要来源。[④] 英国学者吉登斯也认为,"这种人为的风险主要是由于人的发展,特别是科学技术及知识的发展,对整个世界影响所产生的风险"。[⑤] 该学者进一步提出,"在某个时刻(也就是最近),我们开始很少担心自然能对我们怎样,更

---

① 参见[德]乌尔里希·贝克:《风险社会》,何博闻译,译林出版社2004年版,第2页。

② 卢建平:《风险社会的刑事政策与刑法》,载《法学论坛》2011年第4期。

③ 参见[德]乌尔里希·贝克:《风险社会》,何博闻译,译林出版社2004年版,第2页。

④ 参见劳东燕:《公共政策与风险社会的刑法》,载《中国社会科学》2007年第3期。

⑤ 参见[英]安东尼·吉登斯、[英]克里斯多弗·皮尔森:《现代性——吉登斯访谈录》,尹宏毅译,新华出版社2001年版,第195页。

多地担心我们对自然所做的。这标志着外部风险所主导的地位转变成了被人类制造出来的风险占主要地位”①。但是传统社会中的风险多为自然风险，具有客观性，且自然风险一般不会和刑法相关联。只有在自然风险与人们的生活工作产生联系时才有可能成为刑法所关注的风险。

第二，风险具有难以预测性。随着科技的迅速进步和大数据时代的到来，民众生活经济水平的日益提高，尤其是人工智能的迅猛发展，由第四次工业革命引发的风险已经变得难以预测，需要提前规避和及时预防。张旭教授认为，“由于科技的发达、通讯的便利，风险的发生与扩散都是十分快速的，具有难以预测和控制的特点”②。劳东燕教授也指出，“现代风险形成有害影响的途径并不稳定，同时没有办法进行预测，往往在人类的认知能力之外运作”③。

第三，“风险”的影响具有广泛性。风险社会中的“风险”是广泛存在的，成为现代社会的基本特征和后工业社会的内在品性。④ 风险社会不仅影响经济发展，也影响政治生态、环境保护、体教文卫等各个方面。风险伴随人类社会的生产和生活扩散，具有广泛的时空影响，给科技的进步、经济的发展和人类的繁衍等带来多方面的危险，如交通肇事、环境污染、食品安全等。⑤

第四，“风险”呈现全球化特征。社会的一般风险具有地域性特征，其影响不会扩张到所在区域之外，但是风险社会中的“风险”往往超出地域范围，具有全球化的特征。劳东燕教授认为，“现代风险在空间上超越了地理与文化的边界呈现出了一种全球化的态势，在时间上，其影响具有持续性，不仅仅及于当代，还有可能影响到后代的发展”⑥。随着全球化时代的到来，风险社会中“风险”的地域性特征越来越弱，跨领域、跨国界、跨空间犯罪越来越猖獗。贝克教授认为，“现代风险使地球上所有的生命形式都处于危险之中，例如，生态灾难

① ［英］安东尼·吉登斯：《失控的世界》，周红云译，江西人民出版社2001年版，第23页。

② 张旭：《风险社会的刑事政策方向选择》，载《吉林大学社会科学报》2011年第2期。

③ 劳东燕：《公共政策与风险社会的刑法》，载《中国社会科学》2007年第3期。

④ 参见王振、董邦俊：《风险社会中的刑法回应》，载《江西科技师范学院学报》2008年第3期。

⑤ 参见张旭：《风险社会的刑事政策方向选择》，载《吉林大学社会科学报》2011年第2期。

⑥ 劳东燕：《公共政策与风险社会的刑法》，载《中国社会科学》2007年第3期。

和核泄漏就是不受国家边界限制的”①。

由此可见,风险社会的“风险”具有人为性、难以预测性、影响广泛性以及全球化等特征,区别于一般社会的“风险”,其危害性更大,可能造成严重后果的风险性更强。因此,刑法需要提前介入进行调整。② “风险社会刑法的核心并不完全在于刑法干预风险的早晚,而在于刑法是否能干预风险。事实上,风险的出现变成危险或实害并不必然可怕,可怕的是由风险产生的危险或实害一直没有被制度性地否认,以使风险有累积为重大危险或实害的可能。”③基于上述原因,近年来我国刑法呈现出风格迥异的立法新现象,出现了“帮助行为正犯化”“预备行为实行化”等新的立法内容,给传统刑法理论带来新的挑战,同时也给刑法理论增添了新的内容和活力。

近年来,科学技术迅猛发展,我国社会实现了亘古未有的迭代发展。以人工智能、无人驾驶、基因编辑、克隆技术等为代表的科技革命实现了从理论实验到技术应用的转变。科技革命正在无声无息地改变着人们的现实生活,同时也引发了日益严重的技术风险。如果不通过刑事立法及时增设新罪,司法机关很容易通过类推解释的方式进行处理。这样直接违反了罪刑法定这一法治铁则,最终得不偿失。④ 例如,《刑法修正案(十一)》增设非法植入基因编辑、克隆胚胎罪,并将其规定在《刑法》第336条之一。该罪的行为方式有两种:一是将基因编辑、克隆的人类胚胎植入人体或者动物体内;二是将基因编辑、克隆的动物胚胎植入人体内。同时,还应综合案件的事实、性质、情节和对社会的危害程度判断是否具备情节严重这一要件。刑法增设此罪的目的在于遏制具有较大社会危害性的科研不端行为,打击违反科研伦理的行为,维护国家科技力量可持续发展。由此,也引发笔者的深入思考,此种犯罪在实践中发案率是否很高?对于此类犯罪的立法是权宜之计还是长久之策?我国刑事立法修改究竟应当及时回应社会关切,还是应当审慎立法,坚守刑法的谦抑性原则?

---

① 杨雪冬:《全球化、风险社会与复合治理》,载《马克思主义与现实》2004年第4期。

② 杨牧男:《我国刑法介入早期化研究》,河南大学2018年刑法专业硕士毕业论文。

③ 高铭暄、李彦峰:《风险社会下刑法的合理定位》,载《人民检察》2016年第Z1期。

④ 参见周光权:《积极刑法立法观在中国的确立》,载《法学研究》2016年第4期。

## 二、社会转型期司法价值观的改变

当前我国处于社会转型期，各种社会矛盾交织，犯罪率逐年升高，新型犯罪层出不穷。法国学者埃米尔·涂尔干提出，“社会转型会带来犯罪率升高的趋势，这主要是因为旧的规范失效了，但新的规范尚未充分建构起来，由此导致了‘失范’现象”①。笔者拟探讨社会转型期社会矛盾突出的现实与我国犯罪发生率之间的关系，继而推导在社会转型期背景下我国司法价值观呈现的变化趋势，并深入分析刑法立法扩张可能造成的后果及解决路径。

### （一）我国社会的三次转型

我国的社会转型，主要是指经济体制从计划经济向市场经济的转轨，所有制结构由单一的公有制向以公有制为主体的多种所有制转变，我国的治国方略由人治向法治转变，社会环境由封闭型逐步向开放型发展，由国家社会高度统一的一元结构向国家和社会二元结构过渡。② 1949 年以来，中国先后发生过三次大的社会转型。中国社会从传统社会向现代社会、从农业社会向工业社会、从封闭性社会向开放性社会变迁和发展。③

第一次社会转型（1949～1978 年）以新中国的建立为标志，以政治制度的转型为核心内容。1949 年新中国刚成立，伴随剧烈的社会变革，我国司法制度全部推倒进行重构。国家强调，司法必须为阶级斗争服务。按照江国华教授的观点，这一时期我国司法尊奉的是名副其实的政治司法价值观。④

第二次社会转型（1978～2014 年）以中央正式决定改革开放为标志，以经济、社会、文化制度转型为主要内容，以改革开放为基本国策。第二次社会转型期又可以划分为三个阶段：第一阶段是从 1978 年到 2004 年，这段时期国家对司法的定位侧重于强调司法必须为经济建设保驾护航，故可称为经济司法价值观。⑤ 第二阶段是从 2004 年到 2010 年，国家对司法的定位侧重于强调司

---

① ［法］埃米尔·涂尔干：《社会分工论》，渠东译，生活·读书·新知三联书店 2000 年版，第 366 页。

② 参见罗豪才：《社会转型中的我国行政法制》，载《国家行政学院学报》2003 年第 1 期。

③ 参见郭德宏：《中国现代社会转型研究述评》，载《安徽史学》2003 年第 1 期。

④ 参见江国华：《转型中国的司法价值观》，载《法学研究》2014 年第 1 期。

⑤ 参见卢荣荣、徐昕：《中国司法建设三十年：1978－2008》，载《法治论坛》2010 年第 2 期。

法必须为和谐社会建设服务。根据国家对司法的定位,这段时间的司法价值观可称为社会司法价值观。第三阶段是从 2010 年到 2014 年,国家对司法的定位转向,侧重于强调司法必须为法治文明保驾护航,可称为衡平司法价值观。①

第三次社会转型(2015 年至今)以依法治国方略的提出为标志,以社会、经济、文化等制度应当走法治化轨道为主要内容。2013 年党的十八届三中全会通过《中共中央关于全面深化改革若干重大问题的决定》(以下简称《改革决定》),提出深化改革的总目标是完善和发展中国特色社会主义制度,推进国家治理体系和治理能力现代化。2014 年党的十八届四中全会出台《全面推进依法治国若干重大问题的决定》。全面依法治国是党和政府制定的重大战略决策,是国家治理方面的深刻变革,更是国家治理史上浓墨重彩的一笔。因此,中国第三次社会转型以全面依法治国方略的提出为根本标志,是中国的重大法治进步。

2020 年 11 月 16 日至 17 日,中央全面依法治国工作会议在京召开,这次会议的重要成果就是首次提出习近平法治思想。习近平法治思想是顺应实现中华民族伟大复兴时代要求应运而生的重大理论创新成果,是马克思主义法治理论中国化的最新成果,是习近平新时代中国特色社会主义思想的重要组成部分,是全面依法治国的根本遵循和行动指南。这次会议上,习近平总书记对当前和今后一个时期推进全面依法治国要重点抓好的工作提出了 11 个方面的要求。具体包括:一要坚持党对全面依法治国的领导;二要坚持以人民为中心;三要坚持中国特色社会主义法治道路;四要坚持依宪治国、依宪执政;五要坚持在法治轨道上推进国家治理体系和治理能力现代化;六要坚持建设中国特色社会主义法治体系;七要坚持依法治国、依法执政、依法行政共同推进,法治国家、法治政府、法治社会一体建设;八要坚持全面推进科学立法、严格执法、公正司法、全民守法;九要坚持统筹推进国内法治和涉外法治;十要坚持建设德才兼备的高素质法治工作队伍;十一要坚持抓住领导干部这个"关键少

---

① 参见江国华:《转型中国的司法价值观》,载《法学研究》2014 年第 1 期。

数”。习近平法治思想内涵丰富、论述深刻、逻辑严密、系统完备，从历史和现实相贯通、国际和国内相关联、理论和实际相结合上深刻回答了新时代为什么实行全面依法治国、怎样实行全面依法治国等一系列重大问题。[①] 习近平法治思想的提出，代表我国法治建设进入新的阶段，我国法治进步进入新的时代。

### （二）全面依法治国战略对司法价值观的影响

就司法价值观的本质而言，江国华教授认为，“无论是政治司法价值观，还是经济司法价值观，抑或社会司法价值观，都是司法工具论的产物。故此，有必要对这些司法价值观进行历史性反思……应当塑造‘公正、廉洁、为民’为基本内核的多元衡平的司法价值观”[②]。事实上，自我国进入第二次社会转型的第三个阶段之后，任何有关司法的定位都应当以尊重司法常识与规律为基本前提。在此前提之下，司法价值观应当“循天道、因民情、随时变”。

笔者认为，自党的十八届四中全会提出依法治国方略，我国便进入第三次社会转型期。国家强调公正司法价值观，将依法治国上升到治国方略的战略高度。全面推进依法治国需要实现分权治理，行政权与司法权应当分别行使各自权力，审判权、检察权等都具独立性，国家治理需要政府、社会、公民等全方位参与，在立法、执法、司法等各个环节，应当依照法律规定和法律程序吸收公众参与，允许公众监督。全面推进依法治国必须通过协商治理才能实现，应当允许社会监督，允许公民参与，方能全面实现依法治国。

有学者指出，“中国正在经历‘压缩的现代化’，中国面临着第一现代性（工业社会）和第二现代性（风险社会）‘双重强制’的共时性困境”[③]。基于此，在这种双重强制（工业社会和风险社会）的困境下，中国刑法应当突破重围，肩负防卫社会与保障人权之重任。刑事立法应当根据社会情势的发展变化适时进行，顺应社会变革和社会关切，规范民众行为，积极介入社会治理。对于风险社会引发的诸多风险性行为，刑法可以适当地进行早期介入和提前规制，防患

---

① 参见中共中国法学会党组：《用习近平法治思想引领法治中国建设》，载《人民日报》2020年12月25日，第9版。

② 江国华：《转型中国的司法价值观》，载《法学研究》2014年第1期。

③ ［德］贝克、邓正来、沈国麟：《风险社会与中国——与德国社会学家乌尔里希·贝克的对话》，载《社会学研究》2010年第5期。

于未然,将具有严重社会危害性的行为规制于早期阶段,以更好地规范人们的行为,维护社会的公平正义。

笔者认为,社会转型期国家还应当处理好司法权与行政权的博弈与平衡问题,这是我国重要的法治问题。陈兴良教授提出,“随着限制和剥夺公民人身权利的行政性处罚刑事化,犯罪范围必将逐渐扩张,这是法治发展的必然后果”①。笔者认为,陈兴良教授提出的问题实质上是法定犯问题。刑法将大量法定犯纳入刑法调整范畴,按照刑事诉讼程序进行审理,这意味着刑事司法权的扩张,同时限缩了行政权的行使。司法权与行政权之间既存在矛盾冲突,也存在协调一致的可能性,两者之前矛盾冲突的解决与协调主要取决于国家公共权力的配置是否合理科学。

相对而言,我国刑事诉讼程序经过多年的发展比较完善,规定的各项制度更加合理。对于应当受到刑罚处罚的危害行为,将其纳入刑法调整范畴并规定为犯罪。进入刑事诉讼程序后,通过赋予被告人辩护、上诉等各项权利,经历两审终审制度以及再审制度,更好地维护被告人的各项合法权利,在某种程度上也是人权保障的重要体现。“刑法不仅是善良公民的大宪章,也是犯罪人的大宪章。”基于此,将本来属于行政处罚法或者治安管理处罚法调整的行为,因为社会情势的变化以及这类行为危害性日益加大而将其纳入刑法调整范畴,这样不仅能够最大限度地保障程序正义,而且可以取得更好的刑罚惩治效果,进一步实现实体正义。将具有严重社会危害性的法定犯或者行政犯纳入刑罚惩罚范围,不仅不是侵犯人权,反而是对人权的保障。虽然司法权可能进一步扩大,行政权有所限缩,但为了实体正义和程序正义,将其纳入刑法调整范畴是理性抉择。例如《刑法修正案(九)》将买卖身份证件、代替考试、抢夺方向盘的行为等犯罪化,将原本属于治安管理处罚或者行政处罚的行为纳入刑罚处罚范围,是加强司法权和限制行政权的具体体现。

社会转型期无论是社会生态,还是经济基础,抑或精神面貌,方方面面都发生了变化。法律作为社会治理的重要方式,也经历着巨大变革。而刑法作

---

①　陈兴良:《犯罪范围的扩张与刑罚结构的调整——〈刑法修正案(九)〉述评》,载《法律科学(西北政法大学学报)》2016 年第 4 期。

为社会防卫法，积极介入社会治理，以回应社会关切，不仅与社会发展情势相符，也与国家政策方针一致，因而刑法立法应当因势而变，因时而变。

**三、废除劳教制度的规范需求**

2013年12月28日第十二届全国人民代表大会常务委员会第六次会议通过《关于废止有关劳动教养法律规定的决定》，已经实施50多年的劳教制度正式依法废止，我国从此进入后劳教时代。劳教制度废除前，我国采用的是刑罚、劳动教养和治安管理处罚三级制裁体制。劳动教养就是介于刑罚和治安管理处罚的中间地带，形成轻重有序的制裁机制。劳教制度废除后，刑法结构应由定罪量刑的单轨制模式向双轨制转变，由当时的三级制裁体制向二级制裁体制转换。①

宏观层面，由于劳教制度的废除，我国罪刑结构也相应调整，违法行为的处置方式由原来的三级制裁机制（治安管理处罚、劳动教养、刑罚）转为二级制裁机制（治安管理处罚、刑罚），定罪量刑由单轨制模式（重罪模式）向双轨制模式（重罪、轻罪）转变。由废除劳教制度引发的我国罪刑结构的调整，衍生出一系列问题：原本的“重罪模式”应当如何调整方能适应现今的“重罪＋轻罪”模式？刑罚结构的设置是否也要相应调整？犯罪的附随效果（犯罪人标签等）是否应当重新审视？这些问题都亟须刑法学者予以关注并深入思考。

微观层面，由于劳教制度的废除，劳教对象被分流，大量轻罪被纳入刑法调整范畴。轻罪以《刑法修正案（八）》增设的危险驾驶罪②和《刑法修正案（十一）》新增的高空抛物罪③为代表，两罪引发的学术争议也更多。2021年是“醉

---

① 陈超：《劳教制度废除后的刑法结构调整及程序构建》，载《人民法院报》2014年4月16日，第6版。

② 《刑法》第133条　【危险驾驶罪】在道路上驾驶机动车，有下列情形之一的，处拘役，并处罚金：（一）追逐竞驶，情节恶劣的；（二）醉酒驾驶机动车的；（三）从事校车业务或者旅客运输，严重超过额定乘员载客，或者严重超过规定时速行驶的；（四）违反危险化学品安全管理规定运输危险化学品，危及公共安全的。机动车所有人、管理人对前款第三项、第四项行为负有直接责任的，依照前款的规定处罚。有前两款行为，同时构成其他犯罪的，依照处罚较重的规定定罪处罚。

③ 《刑法》第291条之二　【高空抛物罪】从建筑物或者其他高空抛掷物品，情节严重的，处一年以下有期徒刑、拘役或者管制，并处或者单处罚金。有前款行为，同时构成其他犯罪的，依照处罚较重的规定定罪处罚。

驾”入刑10周年,需要刑法学者对于此罪入刑的实效进行实证调研,验证该罪入刑后的社会效果和法律效果,以期对以后轻罪入刑提供有效借鉴。此外,高空抛物罪虽然刚刚入刑,但有必要对其入刑的立法机理进行深入剖析,其涉及的民刑交叉问题也值得关注。拓展开来,由于轻罪入刑导致一系列新问题出现:诸如轻罪的认定标准、适合轻罪的制裁措施、轻罪的司法适用难题,等等,都亟须刑法学者予以关注并深入思考。

### (一)废除劳教制度的原因分析

劳教制度在我国特定阶段具有一定价值,在特定历史时期曾发挥重要作用。然而,随着时代变迁和社会情势的变更,劳教制度赖以存在的社会基础和制度根基不复存在,其负面效应也日益沉重,废除劳教制度是大势所趋。

首先,废除劳教制度是社会治理模式转型的客观要求。劳教制度是我国特定历史时期的政治概念和政策产物,该制度充分体现了当时的社会治理模式——政治治理的特色。然而,当前的社会治理模式由政治治理模式逐渐向民主、公正的法治治理模式转变。劳教制度这一特权治理方式,与法治社会治理模式所体现的自由平等、公平正义的价值取向是相悖的。

其次,劳教制度在立法程序上存在明显瑕疵。劳动教养是剥夺人身自由的处罚措施,根据我国《立法法》的明确规定[①],诸如剥夺公民政治权利和限制人身自由的强制措施等事项不能授权国务院规定。但劳教制度的相关法规却是由国务院发布的,依照法律位阶而言,该法律规范的位阶低于基本法律,且《立法法》明确规定剥夺人身自由的强制措施不得授权国务院发布,因此其发布部门也不符合《立法法》的规定。

再次,劳教制度在认定和执行程序方面存在立法缺失。劳动教养的管理机构是各级劳动教养委员会,但并没有设置专职管理人员,而是由公安机关、民政部门、劳动部门等各部门负责人兼任,由他们代为行使劳动教养的权力,具体包括:审查批准是否应当劳动教养;批准延长或者减少劳动教养期限,或

---

① 《立法法》第12条规定,本法第11条规定的事项尚未制定法律的,全国人民代表大会及其常务委员会有权作出决定,授权国务院可以根据实际需要,对其中的部分事项先制定行政法规,但是有关犯罪和刑罚、对公民政治权利的剥夺和限制人身自由的强制措施和处罚、司法制度等事项除外。

者提前解除劳动教养。由此可见,劳教制度在认定和执行程序方面存在严重瑕疵,公安机关、民政部门兼职劳动教养委员会的负责人,由审批机关自己组织聆讯,程序方面具有相当的封闭性,缺乏有效监督。

最后,劳教制度的惩罚措施配置不合理。劳动教养与治安管理处罚、刑罚共同构成我国三级制裁体系,三级制裁措施的严重程度以治安管理处罚为最轻,劳动教养居中,刑罚最为严厉。劳动教养的严厉程度介于治安管理处罚与刑罚之间,主要适用于轻微违法但没有达到犯罪程度而无须受到刑罚处罚的人。但是,由于我国劳教制度惩罚措施规定不合理,劳动教养的期限比短期自由刑(管制、拘役)还要长,最长可达4年时间。而且,作为刑罚措施的管制的法律性质为限制自由刑,劳动教养则是短期剥夺人身自由的惩罚方法。就此意义而言,劳教制度的处罚甚至比某些刑罚措施(管制等)更为严厉。此外,劳教制度还有一个致命的缺陷,即缺乏正当程序加以规制。判处刑事处罚有刑事诉讼法进行程序上的约束和规制,但是劳教制度仅有实体法规定,缺乏相应的法定程序加以规制,由此造成劳动教养委员会"既是运动员,又是裁判员"的不合理现象。因而,劳教制度不仅无法实现程序正义,对于实体正义的实现也缺乏诉讼程序的保障。此外,劳教制度还存在处罚对象不明确、教养管理不规范、劳教工作人员匮乏等问题,其中最为严重的问题就是对于劳教对象缺乏必要的诉讼权利的保障。基于此,既然劳教制度赖以存在的社会基础和制度根基荡然无存,废除劳教制度也就顺理成章。

(二)劳教对象分流导致大量轻罪入刑

2013年12月劳教制度正式废止,此前该制度在我国已经实施长达50多年时间。劳教制度彻底废除后,立刻就面临劳动教养对象的分流问题。在劳动教养废止后,对于原有应受劳动教养处罚的违法行为不能弃之不顾,而是应当在尊重罪刑法定原则的前提下,对其进行合理合法地规制。

随着劳教制度的废除,我国刑法结构面临巨大调整。[①] 笔者认为,在尊重我国现在的治安管理处罚与刑罚处罚二元制模式的前提下,对于原本属于劳

---

① 这里的刑法结构调整主要是指由定罪量刑的单轨制模式向双轨制模式的转变;由三级制裁机制向二级制裁机制的转换。

动教养范围的危害行为,应当分两类进行处理:对于社会危害性较大的行为应当将其纳入刑法规制范畴,作为犯罪处理并规定相应的刑罚;对于危害性较小的行为,将其作为治安管理处罚法的规制对象,根据行为的危害程度使其受到不同的治安管理处罚方式的惩治。正如有学者所言,"为有效治理社会,将部分危害性相对较大、之前作为劳动教养或者治安拘留处罚对象的行为予以犯罪化,就是无可厚非的"①。

以醉驾型危险驾驶罪为例。醉驾入刑之前,我国采用治安管理处罚方法对其进行惩治,但是社会效果并不显著。但在醉驾行为正式纳入刑法规制范畴后,社会效果立竿见影。现今普通民众已形成观念共识,即"喝酒不开车,开车不喝酒"。醉驾入刑社会效果不错的原因有行为人如果因为犯危险驾驶罪而受到刑罚处罚,还会承担一系列刑罚附随后果,诸如公职人员应当被双开(开除公职、开除党籍),犯罪人的子女不得参加公务员考试,不得入伍等。虽然危险驾驶罪属于典型的轻罪(拘役最高6个月),但该罪的刑罚附随后果严重。

那么,醉驾入刑的法律效果如何呢?2021年是醉驾入刑10周年,笔者通过查阅中国裁判文书网,发现涉及醉驾型危险驾驶罪的案件10年以来呈现持续上涨态势。② 醉驾在入刑前由于对其治安处罚难以取得较好的社会效果,且此类行为频发,造成一定的社会危害,达到应受刑罚处罚的程度,可以纳入刑法调整范畴,受到刑罚处罚。否则,会造成社会秩序失范,受害人的合法权益难以得到有效保障,侵害人难以受到适度的处罚。值得强调的是,原本属于劳教对象的行为一旦纳入刑法调整范畴,就应当配置相对轻缓的刑罚,这样才与其行为性质相符合,也契合罪刑相适应原则。一旦行为纳入刑法调整范畴,就

---

① 陈泽宪主编:《犯罪定义与刑事法治》,中国社会科学出版社2008年版,第30页。

② 中国裁判文书网,输入关键词"全文:醉酒驾驶""刑事案件""法律依据:一百三十三条",归纳出下列数据:2011年5月1日~2012年5月有183例;2012年5月2日~2013年5月1日有466例;2013年5月2日~2014年5月1日有2660例;2014年5月2日~2015年5月1日有5232例;2015年5月2日~2016年5月1日有5314例;2016年5月2日~2017年5月1日有4608例;2017年5月2日~2018年5月1日有4117例;2018年5月2日~2019年5月1日有4370例;2019年5月2日~2020年5月1日有3506例。案件数量呈现连年上涨趋势。2019年由于新冠疫情,案件数量有所下滑,但并非常发情形,因而不影响整体上涨趋势的判断。

应当受到刑事司法程序约束,行为人的各项基本权利通过诉讼程序得以有制度上的保障。这既是法治国家的客观要求,也是加强社会效果的有效途径。基于此,我国刑法立法扩张是劳教制度废除后的必然结果,劳教对象分流,诸多轻罪入刑,刑事立法的范围进一步扩大。

## 第三节　刑事立法背景

### 一、刑法立法观:消极刑法观向积极刑法观转变

#### (一)刑法立法观的学术争议

刑法立法观的学术争议观点包括积极刑法立法观、消极刑法立法观以及折衷刑法立法观三种观点。

1. 积极刑法立法观

积极刑法立法观是现代刑法的发展方向。现代各国刑事立法开启了刑法观的转向,现代的刑事立法从消极立法转变为积极立法。[①] 对于当代刑事立法活跃的现象,欧陆国家称为立法的"灵活化",日本则称其为立法的"活性化"。[②] 赞同积极刑法立法观立场的学者以周光权、付立庆教授为代表。[③] 周光权教授认为,在转型的社会背景下,贯彻积极刑法立法观,及时通过修正案立法模式增设新罪,是当代中国社会治理的刚性需求。[④] 付立庆教授则认为,中国刑事立法应从相对保守、消极的传统刑法观渐进向着活性化、功能性的积极刑法观转型。[⑤] 高铭暄教授也持类似观点,认为犯罪的社会危害性标准呈降低趋势,刑罚的积极预防目的突出,恰与我国当前的社会治安状况相适应,是刑

---

① 参见周光权:《积极刑法立法观在中国的确立》,载《法学研究》2016 年第 4 期。

② 参见周光权:《积极刑法立法观在中国的确立》,载《法学研究》2016 年第 4 期。

③ 参见周光权:《积极刑法立法观在中国的确立》,载《法学研究》2016 年第 4 期;周光权:《转型时期刑法立法的思路与方法》,载《中国社会科学》2016 年第 3 期;付立庆:《论积极主义刑法观》,载《政法论坛》2019 年第 1 期。

④ 参见周光权:《刑事立法进展与司法展望——〈刑法修正案(十一)〉总置评》,载《法学》2021 年第 1 期。

⑤ 参见付立庆:《论积极主义刑法观》,载《政法论坛》2019 年第 1 期。

法功能积极发挥的具体体现，对此应给予肯定评价。[①] 申言之，积极刑法立法观源自功能主义刑法，“立足于对现实社会问题的考量，而不是形而上学的单纯理性化的构想，追求发挥刑事立法的社会功能，注重对社会问题的积极回应”[②]。刑法应当随着社会发展态势的变化因时而变，因势而变，适时立法，积极介入社会治理。

2. 消极刑法立法观

我国刑法学界持消极刑法立法观学者较多，且各自立场不同。有学者提出应当警惕“情绪性刑事立法”，能够用民事、行政等法律手段予以制裁的，没有必要采用刑罚处罚方法，否则违背刑法的谦抑性原则。[③] 还有学者忧虑“社会治理过度刑法化”，反对刑法对刑事政策的过度回应，提出要坚守刑法保护公民这一根本使命。[④] 有教授认为，“刑法前置化容易导致罪名形式化、空洞化、黑洞化，导致刑法自洽性削弱”。[⑤] 还有学者提出，“应当警惕积极刑法立法观”。[⑥] 基于此，持消极刑法立法观的学者认为，应当坚守刑法的谦抑性原则，遵循刑法的社会防卫法性质，防止象征性立法或者情绪性刑事立法，坚持社会治理适度的法律规制，不得擅自扩张刑事立法的范围。

3. 折衷刑法立法观

持折衷刑法立法观的学者认为，刑事立法应当限制国家权力，侧重于人权保障。在刑事立法时，既要充分考虑打击犯罪的需要，又必须采取特别谨慎的态度，始终将刑法对经济社会的干预限制在一定范围，在对罪名和刑罚的设定

---

① 参见高铭暄、李彦峰：《〈刑法修正案（九）〉立法理念探寻与评析》，载《法治研究》2016 年第 2 期。

② 劳东燕：《风险社会与功能主义的刑法立法观》，载《法学评论》2017 年第 6 期。

③ 参见刘宪权：《刑事立法应力戒情绪——以〈刑法修正案（九）〉为视角》，载《法学评论》2016 年第 1 期。

④ 参见何荣功：《社会治理“过度刑法化”的法哲学批判》，载《中外法学》2015 年第 2 期。

⑤ 参见孙万怀：《违法相对性理论的崩溃——对刑法前置化立法倾向的一种批评》，载《政治与法律》2016 年第 3 期。

⑥ 参见李瑞杰：《论行为与结果的关系——兼评“积极刑法立法观”》，载《社会科学动态》2017 年第 5 期。

上，应当是适度的，防止刑法的扩大适用。[①] 这是我国立法机关所持观点，有学者对此表示赞同，“我国刑事立法应当谨慎、稳健”。[②] 概括起来，折衷刑法立法观本质上仍然属于消极刑法立法观，强调刑事立法应当严格审慎，不得擅自扩大“犯罪圈”，反对刑法的积极扩张。

还有学者提出安定刑法观，认为刑法作为一种具有刑罚效果的裁量规范，应当保持一定的克制和谦抑，避免过度介入日常生活，侵蚀公民的自由边界。[③] 该论的支持者以付玉明教授为代表，认为刑法的“与时俱进”和常变常新，客观上损害了刑法的安定性和权威性，容易使司法者流落成机械呆板的被动承命者，造成刑法解释的功能缺位，不利于刑法规范理性的实现。[④] 不过，付玉明教授也在适时修正自己的观点，认为“虽然刑法安定论的立场初衷值得肯定，但其问题解决方式却也隐含缺陷：过度依赖刑法解释的方式可能有损刑事法治，一味地保持刑法谦抑性原则无法应对社会变迁”。[⑤] 笔者认为，付玉明教授的观点值得肯定，安定刑法观的立场类似于消极刑法观，并不赞同刑法过度介入社会治理，过度扩张刑罚权而侵蚀自由的边界。刑法作为社会治理的重要方式，应当积极顺应和融入社会经济发展，社会治理与法治建设密不可分，社会治理应当在法治化、制度化、规范化的道路上稳步前进。

### （二）积极刑法立法观之提倡

根据社会契约论，公民在订立社会契约时已经概括允诺，立法者针对未来社会面临新风险的场合，有权对新出现的风险进行辨识和评估，将某种可能受到侵害的新型利益积极地确定为刑法要保护的法益。[⑥] 张明楷教授赞同积极刑法立法观，提出“在当下，我国需要采取积极刑法立法观。在增设新罪时，立

---

① 参见郎胜：《在构建和谐社会的语境下谈我国刑法立法的积极与谨慎》，载《法学家》2007年第5期。

② 参见黄云波、黄太云：《论稳健型刑法立法观》，载《中国刑事法杂志》2019年第3期。

③ 参见付玉明：《立法控制与司法平衡：积极刑法观下的刑法修正》，载《当代法学》2021年第5期。

④ 参见付玉明：《诠释学视野下的刑法解释学》，载《法律科学》2011年第3期。

⑤ 参见付玉明：《立法控制与司法平衡：积极刑法观下的刑法修正》，载《当代法学》2021年第5期。

⑥ 参见周光权：《积极刑法立法观在中国的确立》，载《法学研究》2016年第4期。

法机关应当着眼于社会的现实问题，通过犯罪学实证研究确认刑法干预的必要性"。①

首先，积极刑法立法观符合社会发展变化，有助于及时回应社会关切。正如马克思所言，"社会不是以法律为基础的。那是法学家们的幻想。相反地，法律应该以社会为基础"②。法律应当及时反映社会变化。随着风险社会来临，全球化迅猛发展，继续坚守消极刑事立法观已经不能适应社会情势的变化。刑法已经由消极法益保护（有法益受到侵害时，刑罚权才启动）转变为积极法益保护（立法上积极评估未来可能出现的法益侵害并及时跟进，以确立相对较低的行为入刑标准）。③

刑法适时增设新罪，对社会情势变化做出积极反应，及时惩罚犯罪，才能提升刑法的公众认同感，维护民众的合法权益。随着社会的发展变化，刑法面临一些新挑战：新型网络犯罪中出现的网络中立帮助行为，对于传统的共同犯罪理论造成巨大冲击；自媒体的发展，使虚假恐怖信息的传播变得更为便利和迅捷；资助恐怖活动或者对恐怖犯罪分子培训等行为，由于使社会关系面临严重威胁，因而将传统犯罪理论中的预备行为转为刑法明确规定的实行行为，即预备行为实行化。可见，当前社会情势发生迅猛变化，倒逼我国刑法及时立法，刑法不得不积极介入社会治理。

其次，积极刑法立法观契合法益保护原则。德国刑法学者罗克辛教授认为，"法益保护原则可以表述为补充性的法益保护，也就是说法律并不禁止所谓的法益侵害形态，而是仅禁止极为重大的造成法益侵害的行为。就此意义而言，法益保护原则就承担入罪标准的功能"。④ 依照罗克辛教授的观点，法益保护原则的一项重要功能是判定行为是否应当入罪。积极刑法立法观也具备此项功能。罗克辛教授继而提出，"由于刑法的任务是保护法益，所以，纯粹在

---

① 参见张明楷：《增设新罪的观念——对积极刑法观的支持》，载《现代法学》2020年第5期。

② ［德］卡尔·马克思、［德］弗里德里希·恩格斯：《马克思恩格斯全集》（第6卷），中共中央马克思恩格斯列宁斯大林著作编译局编译，人民出版社1961年版，第291～292页。

③ 参见周光权：《转型时期刑法立法的思路与方法》，载《中国社会科学》2016年第3期。

④ 参见［德］克劳斯·罗克辛：《刑法的任务不是法益保护吗?》，樊文译，载陈兴良主编：《刑事法评论》（第19卷），北京大学出版社2006年版，第152页。

意识形态上所启动的或者违反基本权利和人权的刑法规范是不允许的，单纯的法律目的的限定不能作为任何法益的根据，单纯的违反道德不能满足刑法规定的合法化”。[①]

法益保护原则虽然没有明确规定在我国刑法中，但在其中有所体现。《刑法》第2条规定，刑法的任务是惩罚犯罪、保护人民。刑法正是通过惩罚犯罪，判处犯罪人刑罚来实现保护法益、保护人民及维护社会秩序的目的。《刑法》第13条规定的是犯罪概念，而犯罪的本质是侵害法益。积极刑法立法观以法益保护为原则，以预防犯罪为政策导向。正如张明楷教授所言，“一方面，积极刑法立法观不会将所有法益侵害行为纳入刑法调整范畴，同样要考虑犯罪的本质特征、增设新罪的原则与方法、处罚的实际效果等，权衡各种利弊再最终决定；另一方面，刑法的目的本来就是保护法益、预防犯罪，如果不追求这样的功利，刑法就没有存在的必要”。[②]

由此可见，法益保护原则具有限定刑罚处罚范围的功能，积极刑法立法观并非将所有具有法益侵害性的行为都纳入刑法调整范畴，社会治理的过度刑法化反而是对法益保护原则的违背。

最后，积极刑法立法观可以有效解决刑法规范的滞后性问题。当今时代的社会治理既要依赖法律规范，也受道德规范、伦理规则的约束。何荣功教授认为，“对于社会问题和法益侵害风险，如果非刑法规范整体供给性不足时，刑法的功能就会被倚重，刑法就会扩张、膨胀。面对当前的风险社会与信息社会，世界范围内各国的既有制度对风险的治理，都显现出严重滞后、治理不足或无效等问题”。[③] 周光权教授也敏锐地提出，“现代各国刑事立法都开启了刑法观的转向，从形而上学的理性思考转向更为现实的具体考量；从结果导向转向行为导向；从惩罚传统犯罪转向恐怖主义犯罪、网络犯罪；从报应转向积极的一般预防”。[④] 有学者提出，我国刑事立法更应该考虑的是，为维持社会生活

① 参见[德]克劳斯·罗克辛：《刑法的任务不是法益保护吗?》，樊文译，载陈兴良主编：《刑事法评论》(第19卷)，北京大学出版社2006年版，第152页。

② 参见张明楷：《责任刑与预防刑》，北京大学出版社2015年版，第12页。

③ 参见何荣功：《预防刑法的扩张及其限度》，载《法学研究》2017年第4期。

④ 参见周光权：《积极刑法立法观在中国的确立》，载《法学研究》2016年第4期。

的基本秩序，立足于宪法的价值保护指向，哪些行为是刑法上不可忽视、不能容忍的，进而有必要针对类似行为设置罪刑规范，使之成为国民的行动指南，而无须刻意强调传统意义上犯罪的“严重”社会危害性。①

在此背景下，现代刑事立法从原有的消极立法转向为积极立法，积极刑法立法观也应运而生。问题的关键是，在刑事立法积极推进的同时，如何确保刑事法治的众多“铁则”不被蚕食。②

笔者认为，我国刑事立法频繁修改的客观现实不可忽视，积极刑法立法观也并非一无是处，兼具积极意义和消极影响。刑法由于先天的滞后性，积极刑法观以立法建构论为依据，主张刑法积极介入社会治理，主动适应社会情势变化，及时增设新罪惩治新型犯罪现象，这是积极刑法观的积极意义。不过积极刑法观也应适度，尽量避免过度侵害法益，应当警惕国家刑罚权的无限扩张，防止发展成刑法万能主义或刑法工具主义，此为积极刑法观的消极影响。

**二、刑事法网："厉而不严"向"严而不厉"转变**

就犯罪、刑事政策与刑法之间的关系而言，德国刑法学者李斯特曾经提出集“犯罪—刑事政策—刑法”于一体的整体刑法学。这一伟大设想的脉络为，由犯罪的发展态势构建出刑事政策，再由刑事政策引领刑事立法的制定和施行，最后由刑事立法规定的内容决定如何惩治犯罪，施以何种刑罚。由此可见，在李斯特的这个构想中，“犯罪⇌刑事政策⇌刑法”，三者循环往复，形成内部循环体系。既可以单向循环，也可以反向反制。由此得出的罪刑结构可以分为四种，即又严又厉，严而不厉，厉而不严，不严不厉。当今时代各国鲜见“又严又厉”和“不严不厉”的刑法结构，多为“严而不厉”或“厉而不严”的刑法结构。正如储槐植教授所言，“多数经济发达国家和法治水平较高国家的刑法大体上可归属于严而不厉的结构类型。而我国当前的刑法结构基本上算是厉而不严”③。

我国的刑法结构可以概括为“厉而不严”，其具有以下特征：其一，法网并不严密，此谓“不严”。当时制定 1979 年刑法时，立法者遵循的是“宜粗不宜

① 参见周光权：《转型时期刑法立法的思路与方法》，载《中国社会科学》2016 年第 3 期。
② 参见周光权：《积极刑法立法观在中国的确立》，载《法学研究》2016 年第 4 期。
③ 储槐植：《再说刑事一体化》，载《法学》2004 年第 3 期。

细”的指导方针，以至于当时刑法规定的犯罪圈较小，刑事法网不够严密，很多应该纳入刑法调整范畴的行为没有规定为犯罪。我国刑法规定犯罪的本质特征是严重的社会危害性。并非仅仅具有社会危害性就能纳入刑法调整范畴，而必须具有严重社会危害性，且达到应受刑罚惩罚程度的行为才应当纳入刑法调整范围。可见当时我国刑法规定的犯罪门槛较高，刑事法网尚不够严密。

随着法定犯时代的到来，当其他部门法律的惩治措施难以达到良好的惩治效果时，就亟须刑法调整并对此类行为施以刑罚处罚方法。可见，刑法法网如果不够严密，就达不到社会治理效果。由此可见，时代的发展和社会情势的变换使得犯罪门槛应当降低，刑法需要顺势而为，适时立法，方能真正起到社会防卫法的作用。

其二，刑罚苛严，此谓“厉”。重刑主义在我国有着深厚的历史渊源和现实基础。自古以来重刑轻民，重刑主义深入民心。就我国现有刑罚体系而言，近年来虽然通过刑法修正案方式逐年减少死刑罪名，但我国刑法中的死刑罪名仍然保留不少。而且我国刑罚体系仍以监禁刑为主，重刑倾向表现明显。虽然刑法规定有罚金、没收财产等刑种，但在具体司法实践中具体适用较少，体现我国刑法结构“厉而不严”的显著特征。

由此可见，我国刑法结构应当优化，应当随着时代发展由“厉而不严”向“严而不厉”转变。严密的法网、确定的追诉和适度的刑罚能够有效堵塞犯罪分子逃脱惩罚的机会，造成强大的心理威慑效应，为一般预防和特殊预防功能的实现提供现实可行的基础。[①] 我国刑事立法规定的犯罪圈较小，已经不能适应社会发展情势的变化。我国刑法应当根据现实情况，适时立法，适度扩张犯罪圈。

关于刑法结构是否合理科学的标准，学界尚有争议。储槐植教授的观点获得多数学者的赞同，他认为，“刑法结构合理与否的评定标准，不是至少主要不是犯罪率升降程度，因为影响犯罪率变动的因素极为复杂，而刑法只是其中一个因素……刑法结构合理与否的标准是刑法两大功能（保护社会和保障人权）的实现程度，以及是否易于协调实践中可能出现的法与情的冲突”[②]。刑法

---

① 参见梁根林：《刑事法网：扩张与限缩》，法律出版社2005年版，第162页。
② 储槐植：《再说刑事一体化》，载《法学》2004年第3期。

具有的两大功能(社会防卫和人权保障)并不是步调一致的,某些情形下可能会出现矛盾冲突。如果刑法结构合理,刑事立法会促成社会防卫和人权保障的实现,如果不合理,可能会偏重某一刑法功能的实现,而忽视另一功能的保护。如果过于推崇重刑主义理念,在社会保护方面的刑法功能可能实现程度更高,但在人权保障方面效果可能就差强人意。只有在刑法结构合理、罪刑科学配置的情况下,刑法社会防卫和人权保障的功能才能尽可能地实现。

对于犯罪圈的扩张而言,近年来我国刑事立法有着较为激进的表现。具体包括:其一,增设新罪。例如,我国刑法增加网络犯罪、危险驾驶罪、高空抛物罪等。其二,增加新的刑法惩罚手段,例如,增设仅适用于重特大贪污贿赂犯罪分子的终身监禁制度,增设禁止令等措施。其三,刑法参与社会治理的领域不断拓展。最近刑法修正案连续通过,犯罪领域不断拓展,诸多新的立法现象不断涌现,诸如帮助行为正犯化、预备行为实行化等,体现刑法提前介入社会治理。其四,大量轻罪入刑或者将那些本身就有对社会或他人造成危险的高度可能性的行为纳入刑法规制范围。例如,《刑法修正案(八)》增设危险驾驶罪,①《刑法修正案(十一)》新增妨害安全驾驶罪,②并将高空抛物行为入刑③等。上述都是轻罪的代表性罪名,体现出我国犯罪门槛逐年降低,犯罪圈不断扩大。

---

① 《刑法修正案(八)》增加《刑法》第133条之一,"在道路上驾驶机动车追逐竞驶,情节恶劣的,或者在道路上醉酒驾驶机动车的,处拘役,并处罚金。有前款行为,同时构成其他犯罪的,依照处罚较重的规定定罪处罚。"《刑法修正案(九)》将《刑法》第133条之一修改为:"在道路上驾驶机动车,有下列情形之一的,处拘役,并处罚金:(一)追逐竞驶,情节恶劣的;(二)醉酒驾驶机动车的;(三)从事校车业务或者旅客运输,严重超过额定乘员载客,或者严重超过规定时速行驶的;(四)违反危险化学品安全管理规定运输危险化学品,危及公共安全的。机动车所有人、管理人对前款第三项、第四项行为负有直接责任的,依照前款的规定处罚。有前两款行为,同时构成其他犯罪的,依照处罚较重的规定定罪处罚。"

② 《刑法修正案(十一)》在《刑法》第133条之一后增加一条,作为第133条之二:"对行驶中的公共交通工具的驾驶人员使用暴力或者抢控驾驶操纵装置,干扰公共交通工具正常行驶,危及公共安全的,处一年以下有期徒刑、拘役或者管制,并处或者单处罚金。前款规定的驾驶人员在行驶的公共交通工具上擅离职守,与他人互殴或者殴打他人,危及公共安全的,依照前款的规定处罚。有前两款行为,同时构成其他犯罪的,依照处罚较重的规定定罪处罚。"

③ 《刑法修正案(十一)》在《刑法》第291条之一后增加一条,作为第291条之二:"从建筑物或者其他高空抛掷物品,情节严重的,处一年以下有期徒刑、拘役或者管制,并处或者单处罚金。有前款行为,同时构成其他犯罪的,依照处罚较重的规定定罪处罚。"

我国罪刑结构经过多年来调整完善,刑事法网逐渐严密有致,刑法结构也逐渐向“严而不厉”的发展方向转型,刑法结构进一步得到优化,刑法进一步发挥出社会防卫和人权保障的双重作用。由此可见,我国刑法结构由“厉而不严”向“严而不厉”转变是科学合理的选择。

## 三、刑事政策:“惩办与宽大相结合”向“宽严相济”转变

我国刑法理论界关于“刑事政策”的内涵界定,共有广义、狭义和最狭义三种说法。广义的刑事政策是指国家有关犯罪的所有对策,包括各种社会政策。① 狭义的刑事政策是指除了对犯罪进行制裁性反应的各种原则之外,还包括犯罪预防的方针和策略等。② 最狭义的刑事政策是指对犯罪人以及具有犯罪危险性的人所采取的强制措施。③ 笔者赞同狭义的刑事政策说,刑事政策不仅包括对犯罪的各种制裁措施,还应当包括预防犯罪的策略和方针。关于刑事政策与刑法之间的关系问题,有学者认为,刑事政策是刑法的灵魂与核心,刑法是刑事政策的条文化与定型化。④ 在国家治理的过程中,犯罪问题或者社会稳定问题从来都是摆在第一位的,而刑事政策是人类社会用来解决犯罪问题的智慧结晶。⑤

1949 年新中国成立以来,随着社会的不断变迁、经济水平的提高和科学技术的迅猛发展,我国由最初的“惩办与宽大相结合”刑事政策,发展到“严打”等特定背景下提出的相对过激的刑事政策,再到当今时代提出的相对科学合理的“宽严相济”刑事政策,共经历了 3 个发展演变阶段。

### (一)“惩办与宽大相结合”刑事政策的嬗变

“镇压与宽大两个政策”是毛泽东同志首先提出的。1940 年 12 月 25 日毛泽东同志在其著作《论政策》中阐述“锄奸政策”时,明确提出应当采取镇压与

---

① 参见黎宏:《论“刑法的刑事政策化”思想及其实现》,载《清华大学学报(哲学社会科学版)》2004 年第 5 期。

② 参见卢建平、刘春花:《我国刑事政策的演进及其立法影响》,载《人民检察》2011 年第 9 期。

③ 参见[日]大谷实:《刑事政策学》,黎宏译,法律出版社 2000 年版,第 3 页。

④ 参见卢建平、刘春花:《我国刑事政策的演进及其立法影响》,载《人民检察》2011 年第 9 期。

⑤ 参见卢建平:《我国的刑事政策研究》,载《人民检察》2009 年第 11 期。

宽大政策。“应该坚决地镇压那些坚决的汉奸分子和坚决的反共分子,非此不足以保卫抗日的革命势力……对于反动派中的动摇分子和胁从分子,应有宽大的处理。”①镇压政策针对的是坚决的反共分子和汉奸分子;对于动摇分子和胁从分子则应当采取宽大政策。对于镇压与宽大两个政策,《中共中央关于宽大政策的解释》中进行了重新诠释,镇压与宽大是必须同时注意,不可缺一的。②

后来毛泽东同志在“镇压与宽大两个政策”的基础上进行了完善和改进,进一步提出“镇压与宽大相结合”政策。1950 年 6 月 6 日在党的七届三中全会上,毛泽东同志提出,“必须坚决地肃清一切危害人民的土匪、特务、恶霸及其他反革命分子。在这个问题上,必须实行镇压与宽大相结合的政策,即首恶者必办,胁从者不问,立功者受奖的政策,不可偏废”③。1956 年 9 月 15 日党的第八次全国代表大会召开,在这次大会的政治报告中正式提出“镇压与宽大相结合”政策,从此该政策成为我国基本的刑事政策。镇压与宽大相结合政策具体是指对反革命分子和其他犯罪分子一贯地实行惩办与宽大相结合的政策,凡是坦白的,悔过的,立功的,一律给予宽大处理。④ 时任公安部部长的罗瑞卿对此曾经做出专门解释,“惩办与宽大相结合政策的具体内容就是:首恶必办,胁从不问,坦白从宽,抗拒从严,立功折罪,立大功受奖。惩办与宽大,两者是紧密结合不可偏废的”。⑤

1979 年我国制定第一部《刑法》,第 1 条明确规定,我国刑法是依照惩办与宽大相结合的刑事政策加以制定的。刑法正式承认惩办与宽大相结合的刑事政策,至此该政策也成为我国的基本刑事政策。

笔者认为,从“镇压与宽大两个政策”到“镇压与宽大相结合”政策,再到

---

① 毛泽东:《毛泽东选集》(第 2 卷),人民出版社 1991 年版,第 767 页。

② 韩延龙、常兆儒编:《中国新民主主义革命时期根据地法制文献选编》(第 3 卷),中国社会科学出版社 1981 年版,第 54 页。

③ 转引自马克昌:《宽严相济刑事政策的演进》,载《法学家》2008 年第 5 期。原载于 1950 年 6 月 6 日毛泽东在党的七届三中全会上的书面报告:《为争取国家财政经济状况的基本好转而斗争》。

④ 参见马克昌:《宽严相济刑事政策的演进》,载《法学家》2008 年第 5 期。

⑤ 参见马克昌:《宽严相济刑事政策的演进》,载《法学家》2008 年第 5 期。

"惩办与宽大相结合"刑事政策,是我国刑事政策的演变过程。在这个过程中我国刑事政策也在逐渐改进和完善。刑事政策与国家的大政方针密不可分,与当时当地的实际情况相符合。相较而言,"惩办与宽大相结合"刑事政策更加符合人道主义,提"惩办"而不再提"镇压",这种提法更加符合法理,符合罪刑相适应原则,也更易为人们所认可和接受。此外,惩办与宽大相结合刑事政策的制定者给予的解释也较为合理,即"首恶必办,胁从不问,坦白从宽,抗拒从严,立功折罪,立大功受奖",惩办与宽大互相作用,密切结合,不可偏废。

(二)宽严相济刑事政策

2010年宽严相济刑事政策被正式确立为我国基本的刑事政策。确立该刑事政策重要的法律文件依据是最高人民法院于2010年2月8日印发的《关于贯彻宽严相济刑事政策的若干意见》(以下简称《宽严相济意见》)。《宽严相济意见》强调,司法实践中应当做到宽严相济、宽中有严、严中有宽、宽严并用。要克服重刑主义思想,防止刑罚畸重。同时也应当避免过度轻刑化思想,防止刑罚畸轻。

1. 宽严相济刑事政策中的从"宽"

"宽"的本意是指宽大,从宽之意。根据《宽严相济意见》的相关规定①,宽严相济刑事政策中的"宽"是指对于行为社会危害性较轻且人身危险性较小的被告人,可以依法从宽处罚,这里的从宽包括依法从轻、减轻或者免除处罚,甚至可以不作为犯罪处理(《刑法》第13条但书规定)。在判处刑罚方面,符合法定从宽情节的,可以适用较轻的刑罚,较多地采用管制、拘役等短期自由刑,单独适用罚金刑或者适用缓刑等刑罚处罚方法。

宽严相济刑事政策的具体内容包括:一是重罪从轻。如果存在自首、立功、检举揭发,又具有法定、酌定从宽情节之一的,尽管其罪行较严重,但如若行为人主观恶性、人身危险性较小,那么处罚时给予较轻的刑罚也是合情合理的。二是轻罪从轻。如果犯罪情节轻微、社会危害性较小,可以对其施以较轻

---

① 参见《宽严相济意见》第14条:宽严相济刑事政策中的从"宽",主要是指对于情节较轻、社会危害性较小的犯罪,或者罪行虽然严重,但具有法定、酌定从宽处罚情节,以及主观恶性相对较小、人身危险性不大的被告人,可以依法从轻、减轻或者免除处罚;对于具有一定社会危害性,但情节显著轻微危害不大的行为,不作为犯罪处理;对于依法可不监禁的,尽量适用缓刑或者判处管制、单处罚金等非监禁刑。

的处罚。宽严相济刑事政策理念更多的是从保障人权角度出发，与国际刑罚轻缓化趋势相符合。

以黑社会性质组织犯罪为例，宽严相济刑事政策中的“宽”可以从以下方面贯彻落实：(1)对于那些犯罪情节显著较轻，仅是初级犯、偶犯和未成年人犯的，应当从轻、从宽处罚；(2)对于那些受蒙蔽或者受到胁迫的，或是一般参加者，或是仅起次要或者辅助作用的从犯，可以从轻或减轻处罚；(3)对于那些积极配合侦查、起诉和审判工作，提供重大犯罪线索并帮助侦破案件的，积极协助追缴赃款赃物，为打击黑社会性质组织犯罪背后的“保护伞”提供关键线索并被证明真实有效的，根据犯罪人的具体情况依法可以从轻、减轻或免除处罚。

2. 宽严相济刑事政策中的从“严”

“严”的本意是指严厉，从严之意。根据《宽严相济意见》的相关规定①，宽严相济刑事政策中的“严”，具体是指对于社会危害性极其严重的犯罪行为，且行为人的人身危险性也极其严重，依法应当判处死刑或者无期徒刑等特别严重刑罚的，要坚决依法判处死刑或者无期徒刑；对于社会危害性大，人身危险性强的被告人，如果其犯罪行为存在法定或酌定的从重处罚情节，应当依法从严惩处。此外，该司法解释第 7 条和第 8 条，还规定了应当适用从严刑事政策的犯罪类型以及犯罪领域。② 在司法实践活动中体现“从严”的刑事政策精神，

---

① 参见《宽严相济意见》第 6 条：宽严相济刑事政策中的从“严”，主要是指对于罪行十分严重、社会危害性极大，依法应当判处重刑或死刑的，要坚决地判处重刑或死刑；对于社会危害大或者具有法定、酌定从重处罚情节，以及主观恶性深、人身危险性大的被告人，要依法从严惩处。在审判活动中通过体现依法从“严”的政策要求，有效震慑犯罪分子和社会不稳定分子，达到有效遏制犯罪、预防犯罪的目的。

② 参见《宽严相济意见》第 7 条：贯彻宽严相济刑事政策，必须毫不动摇地坚持依法严惩严重刑事犯罪的方针。对于危害国家安全犯罪、恐怖组织犯罪、邪教组织犯罪、黑社会性质组织犯罪、恶势力犯罪、故意危害公共安全犯罪等严重危害国家政权稳固和社会治安的犯罪，故意杀人、故意伤害致人死亡、强奸、绑架、拐卖妇女儿童、抢劫、重大抢夺、重大盗窃等严重暴力犯罪和严重影响人民群众安全感的犯罪，走私、贩卖、运输、制造毒品等毒害人民健康的犯罪，要作为严惩的重点，依法从重处罚。尤其对于极端仇视国家和社会，以不特定人为侵害对象，所犯罪行特别严重的犯罪分子，该重判的要坚决依法重判，该判处死刑的要坚决依法判处死刑。第 8 条第 1 款：对于国家工作人员贪污贿赂、滥用职权、失职渎职的严重犯罪，黑恶势力犯罪、重大安全责任事故、制售伪劣食品药品所涉及的国家工作人员职务犯罪，发生在社会保障、征地拆迁、灾后重建、企业改制、医疗、教育、就业等领域严重损害群众利益、社会影响恶劣、群众反映强烈的国家工作人员职务犯罪，发生在经济社会建设重点领域、重点行业的严重商业贿赂犯罪等，要依法从严惩处。

能够有效威慑社会上的不稳定分子,震慑和有效打击犯罪分子,实现我国刑法惩罚犯罪、预防犯罪的目的,以维护社会稳定秩序,维护社会的公平正义。

孟德斯鸠认为,"在我们国家里,如果对一个在大道上行劫的人和一个行劫而又杀人的人,判处同样的刑罚的话,那便是很大的错误"①。以黑社会性质组织犯罪为例,在具体司法实践过程中应当考虑刑事政策中从"严"的一面,对不同成员要做到区别对待,对起到组织、领导作用的骨干、领导、重要组织成员要依法严惩,做到不枉不纵。在黑社会性质组织犯罪案件中涉及包庇、纵容、收受贿赂和渎职侵权等违法行为的一律严惩。严厉打击充当"保护伞"的职务犯罪分子,对于腐蚀基层政权,败坏党的清正廉洁的行为都应当严厉惩办。

3. 宽严相济刑事政策中的"相济"

"相济"的本意是指协调,平衡。根据《宽严相济意见》的相关规定②,宽严相济刑事政策中的"相济"是指在司法实践中对于各类犯罪判处刑罚时,应当采用宽严结合的手段,综合考量法定、酌定情节中的从重情节和从轻处罚情节,区分不同的罪行判定其行为的社会危害性及严重程度,根据不同犯罪分子的人身危险性,综合判定其应处刑罚,做到宽以济严、严以济宽、宽中有严、严中有宽、宽严兼顾。

在具体实践中,要做到宽严相济刑事政策中"相济",就是要综合考虑"宽"和"严"两个方面,对不同犯罪区别对待。在面对严重的犯罪时,既要考虑从重处罚,又要充分根据现实考察犯罪人有无自首、立功和酌定从宽处罚等量刑情节,做到严中有宽。细致考察社会危害性、主观恶性等情节,这些亦是处理轻罪的必备要素,即宽以济严。贝卡里亚指出,"如果对两种不同程度地侵犯社会的犯罪处以同等的刑罚,人们就找不到更有力的手段去制止实施能带来较大好处的较大犯罪了"③。在司法实践中应当合理做到严中有宽,宽以济严,二者相互补充,为准确定罪量刑给予政策支持,真正体现罪责刑相适应原则。

---

① [法]孟德斯鸠:《论法的精神》,张雁深译,商务印书馆1982年版,第83页。

② 参见《宽严相济意见》第25条:宽严相济刑事政策中的"相济",主要是指在对各类犯罪依法处罚时,要善于综合运用宽和严两种手段,对不同的犯罪和犯罪分子区别对待,做到严中有宽、宽以济严;宽中有严、严以济宽。

③ [意]贝卡里亚:《论犯罪与刑罚》,黄风译,中国法制出版社2005年版,第79页。

### （三）刑事立法的扩张以宽严相济刑事政策为指导

德国学者李斯特提出，“刑法是刑事政策不可逾越的屏障……不得为了公共利益而无原则地牺牲个人自由……在法制国家，只有当行为人的敌对思想以明文规定的行为表现出来，始可科处行为人刑罚”①。可见，李斯特以刑法教义学为基本立场，指出刑法与刑事政策、公共利益与个人自由之间的关系。刑事政策与刑法之间是相辅相成的关系，刑事政策不得逾越刑法规定之范围；公共利益不得牺牲个人自由，个人自由也不得损害公共利益。

陈兴良教授认为，“李斯特是从外部视角去理解刑法与刑事政策之间的关系，揭示了两者之间的对立性”②。德国学者罗克辛教授提出，“只有允许刑事政策的价值选择进入刑法体系中去，才是正确之道……法律上的限制和合乎刑事政策的目的，这二者之间不应该互相冲突，而应该结合到一起”③。

可见，李斯特教授明确指出刑法与刑事政策之间存在对立关系，而罗克辛教授则更深一步地指出两者之间的相辅相成关系。为了防止刑事政策的过度适用，防止恣意司法以至于侵犯法益，抑或侵犯人权，应当以罪刑法定原则来限定；此外，还应当以刑事政策为指导，使刑法与社会生活紧密相连，承担社会防卫和人权保障机能，以适应社会的发展。

由此可见，刑法与刑事政策是相辅相成的，不可完全割裂开来。其一，刑事政策指导刑法规定的范围，根据我国犯罪发展的具体现实情况，提出惩治策略，指导刑事立法，使刑事立法符合社会实际，回应社会关切，实现良法善治。其二，刑事政策对于刑事司法也有影响，指导司法实务人员准确适用和解释刑法规范，遵循天理国法人情，正确领会立法者原意，贯彻刑事政策，促进个案公正，实现政治效果、法律效果和社会效果的有效统一。

从“惩办与宽大相结合”刑事政策，发展到当今时代相对科学合理的“宽严相济”刑事政策，体现出我国刑事政策从疏漏到严谨，从“惩办为主，惩宽结合”

---

① ［德］李斯特：《德国刑法教科书》，徐久生译，法律出版社2006年版，第23页。

② 陈兴良：《刑法教义学与刑事政策的关系：从李斯特鸿沟到罗克辛贯通》，载《中外法学》2013年第5期。

③ ［德］克劳斯·罗克辛：《刑事政策与刑法体系》，蔡桂生译，中国人民大学出版社2011年版，第15页。

到"宽严相济,以宽为先"的合理转变。宽严相济刑事政策对于指导立法和引导司法实践发挥着重要作用。"既要有力打击和震慑犯罪,又要尽可能减少社会对抗。"①我国刑事立法的新近扩张是宽严相济刑事政策"严"的具体体现。对于具有严重社会危害性的行为,就要纳入刑法规制范畴,之后根据罪刑法定原则进行惩处。此外,我国刑事立法诸如《刑法修正案(八)》《刑法修正案(九)》逐步取消死刑罪名(由68个缩减至46个),这正是宽严相济刑事政策中"宽"的鲜明体现。宽严相济刑事政策要求刑事立法应对不同犯罪区别对待,做到严中有宽、宽以济严、宽严有据、罚当其罪,并与我国"严而不厉"的刑法结构相互呼应,指导刑事立法适度扩张,避免滥用国家刑罚权,防止社会治理过度刑法化,以此既防卫社会,也保障人权,维护社会的公平正义。

(四)犯罪化倾向日趋明显,与非犯罪化立场迥异

近年来我国刑事立法不断扩张,犯罪化倾向日趋明显,由此也引发较多争议。概括起来,可以分为犯罪化与非犯罪化两种不同立场。首先是犯罪化立场,我国有相当多的刑法学者主张犯罪化,以陈兴良教授与张明楷教授为代表。陈兴良教授认为,从我国的实际情况来看,刑事立法的当务之急应是尽量弥补刑法规范的漏洞和缺陷,在相当长的时间内不仅不应提出非犯罪化运动,反而应该使相当数量的社会危害行为犯罪化。② 张明楷教授也持类似观点,当今国际社会发展变化迅速,各种新型犯罪层出不穷,而且许多犯罪结果(危险与实害)难以控制……可以认为,增设新罪的潮流不可阻挡。③

与犯罪化论者相对立的立场是非犯罪化,以黎宏教授和刘艳红教授为代表。黎宏教授认为,我国刑法应实行非犯罪化,扩大非犯罪化的范围,以缩小刑法的调控范围。④ 刘艳红教授所持观点稍有不同,她认为,非刑罚化应该成

---

① 莫洪宪:《改革开放以来我国刑事政策总体评估和启示》,载《东方法学》2008年第5期。

② 参见李贵方:《刑法的道德使命》,载《法学》1993年第5期;陈兴良:《刑法哲学》(第6版),中国人民大学出版社2015年版,第9页。

③ 参见张明楷:《增设新罪的观念——对积极刑法观的支持》,载《现代法学》2020年第5期。

④ 参见黎宏、王龙:《论非犯罪化》,载《中南政法学院学报》1991年第2期。

为我国刑法改革的发展方向和主要思路。[①] 持非犯罪化的学者主张应当坚持刑法的谦抑性原则，缩小刑法的调控范围，扩大非犯罪化的范围，使得非刑罚化成为刑法的发展方向。与此同时，我国还有诸多刑法学者对刑法的扩张表达了担忧和疑虑，认为近年来我国刑事立法呈现“情绪性立法”[②]“预防性立法”[③]“象征性立法”[④]等倾向。

由于劳教制度的废除、风险社会的来临、科技革命的发展，大量轻罪入刑，由此也引发笔者的深入思考：其一，刑法迅速扩张并积极参与社会治理的现象是否合理科学？其二，刑法的社会保护机能与人权保障机能应当如何平衡？其三，刑法的准入机制究竟应当如何设置？刑法的谦抑性原则要不要继续坚守？其四，刑法工具主义趋势是否会恶化？有学者在《刑法修正案（八）》颁布时就指出，“结合刑法的多次修正来看……立法者强化刑事立法的工具主义倾向，而修法内容范围之广以及犯罪圈的扩张反映刑事立法的泛化、扩大化倾向”[⑤]。其五，刑法扩张的合理限度应当如何界定？如何防止刑法扩张可能引发的过度侵犯法益的风险？上述一系列问题，都值得刑法学者深入思考，这也促使笔者认真研究刑法立法扩张，寻求合理的解决路径，为日益扩张的刑法立法寻求合理限度，以保护公民的合法权益，维护社会的公平正义。

---

① 参见刘艳红、周佑勇：《行政刑法的一般理论》（第2版），北京大学出版社2020年版，第225页。

② 刘宪权：《刑事立法应力戒情绪——以〈刑法修正案（九）〉为视角》，载《法学评论》2016年第1期。

③ 何荣功：《预防刑法的扩张及其限度》，载《法学研究》2017年第4期；黎宏：《预防刑法观的问题及其克服》，载《南大法学》2020年第4期；王良顺：《预防刑法的合理性及限度》，载《法商研究》2019年第6期。

④ 刘艳红：《象征性立法对刑法功能的损害——二十年来中国刑事立法总评》，载《政治与法律》2017年第3期。

⑤ 刘伟：《刑法修正的基本动向及客观要求研究》，载《政治与法律》2011年第5期。

# 第二章　刑法立法扩张的实现路径

刑法立法的扩张可以概括为两个方面，一是横向扩张，即增设新罪。重点在于将应受刑罚处罚的行为纳入刑法规制范畴，通过刑法修正案的方式增设新罪名。增设新罪是严密刑事法网、扩大犯罪圈最简单、最直接与最基本的方式。[①] 二是纵向扩张，即将同种行为的犯罪化程度加深，原有罪名保持不变，但通过增加行为方式、扩大犯罪对象范围、降低入罪门槛或者扩大处罚范围等方式加深既有罪名的犯罪化程度。

当今社会的良法善法，不仅对法律的实质内容有所限定，而且对于法律程序和立法技术均有要求。作为实用法学研究对象的法包含两个要素，即赋予立法与审判以动机并决定其内容的价值判断以及作为实现该价值判断的手段所采用的词语技术。[②] 法学的内容包括两部分：一是对法律价值的讨论，二是对法律技术的讨论。前一部分是基

---

① 参见梁根林：《刑法修正：维度、策略、评价与反思》，载《法学研究》2017 年第 1 期。

② 参见[日]川岛武宜：《现代化与法》，王志安等译，中国政法大学出版社 2004 年版，第 242 页。

本的方面,后一部分是从属的方面。① 而我国刑事立法技术失当所导致的刑法范围过度化,已经影响了我国刑法的价值抉择,使得刑法弥漫着浓厚的国家主义色彩。②

法律是社会治理的重要手段,不同的部门法承担不同的社会管理职能。刑法作为惩罚措施最为严厉的部门法,其参与社会治理的方式往往是强制的,因而刑法既不同于一般意义上的社会管理法,也不同于公共利益服务法。刑法与其他部门法的区别之处在于惩罚措施不同,刑罚措施是最为严厉的惩治方式,可以剥夺犯罪人的自由乃至生命。因此,如果过分强调刑法积极介入社会治理,将面临不可预知的风险。

## 第一节　增设新罪

我国是世界上地域广袤、人口众多的大国,社会治理本身就比较复杂。刑法作为社会防控的最后一道防线,在社会治理中起到非常重要的保障作用。为了应对社会发展不断出现的新情况、新问题,迎接风险社会带来的挑战,实现更为有效的社会治理,刑法增设新的罪名是首要选择。③ 增设新罪是严密刑事法网、扩大犯罪圈最简单、最直接与最基本的方式。④

近年来,刑法在修改完善内容、频率上都表现出积极主动的姿态,以注重刑法保护社会、积极预防犯罪功能的发挥。⑤ 正如有学者所言:"由于'立法时代'的到来,长时期关闭在解释论里的刑法学者,再次将目光转向了立法论。"从 1997 年《刑法》的颁布到 2020 年立法机关发布《刑法修正案(十一)》,20 余年时间,《刑法》共修改了 12 次(颁布 1 个单行刑法和 11 个刑法修正案),共修

---

① 参见吕世伦主编:《西方法律思潮源流论》,中国人民公安大学出版社 1993 年版,第 232 页。

② 参见何荣功:《社会治理"过度刑法化"的法哲学批判》,载《中外法学》2015 年第 2 期。

③ 参见张明楷:《增设新罪的观念——对积极刑法观的支持》,载《现代法学》2020 年第 5 期。

④ 参见梁根林:《刑法修正:维度、策略、评价与反思》,载《法学研究》2017 年第 1 期。

⑤ 参见郎胜:《我国刑法的新发展》,载《中国法学》2017 年第 5 期。

改条文 138 条，新增条款 53 条，条文数量罪由最初的 452 条发展到实际条文数量 505 条，罪名也增加至 483 个（包括单行刑法增设的骗购外汇罪）。[①] 如前所述，刑法修改的频率之高、内容之庞杂，令人不得不忧虑刑法扩张可能带来的危险。

由于法定犯时代来临，风险社会给刑法带来诸多新挑战，需要刑法更早介入社会治理，防患于未然。刑法积极介入社会治理，多以增设新罪为主要表现形式，而且增设的新罪多以轻罪为主。增设新罪的潮流不可阻挡，问题在于如何增设新罪。一是如何确定刑罚处罚的边界？二是一种应当科处刑罚的行为无论如何都不能通过刑法解释涵摄在现有规定的构成要件之中，应当如何增设新罪？三是对于现有法条难以得出妥当解释结论时，如何修改法条？四是如何采取良好的刑事立法方式或者如何构建理想的刑事立法体系？[②]

笔者认为，既然增设新罪已经成为立法扩张犯罪化的主要模式，那就不能仅仅关注增设新罪的立法扩张问题，还应当透过现象看本质，以增设新罪为研究切入点，深入分析行为纳入刑法调整范畴的理论依据，研究行为受到刑法规制的判定标准，探讨刑罚处罚的边界应当如何判定等一系列问题。推而广之，核心问题和关键问题就是刑法立法的扩张限度应当如何界定？这样，研究的重点仍然回到笔者关注的重点问题　　刑法立法的扩张及其合理限度应当如何界定。

**一、刑法修改增设大量新罪**

对我国历次刑法修正进行梳理和研究，可以发现，我国刑法立法的扩张虽然以增设新罪为主，但这些新罪大部分并不是重罪，而是配以较低法定刑的轻罪。立法机关在进行刑法立法扩张的过程中，不仅要考虑到对新型犯罪的管控制约，还要注意解决劳教制度废除后劳教对象的分流问题。

由于增设新罪大多涉及社会层面的管控和治理，为了遏制运用其他社会治理手段已不能抑制的违法行为，不得已将其上升到刑法规制的高度。因此新罪多半不适用重刑厉法，而多以轻罪化为主，为公民树立正确的行为规范，进行行为引导。而对于原本属于劳教对象的行为，由于其本身的社会危害性

---

① 参见周光权：《法典化时代的刑法典修订》，载《中国法学》2021 年第 5 期。

② 参见张明楷：《增设新罪的观念——对积极刑法观的支持》，载《现代法学》2020 年第 5 期。

就轻于犯罪，将这类行为纳入刑法调整范畴时，针对这一部分违法行为的犯罪化就主要以法定刑较低的轻罪为主。

（一）历次刑法修正增设的新罪

1.《关于惩治骗购外汇、逃汇和非法买卖外汇犯罪的决定》

1998年全国人大常委会颁布的《关于惩治骗购外汇、逃汇和非法买卖外汇犯罪的决定》，是自1997年《刑法》颁布至今唯一现行有效的单行刑法。该单行刑法增设了一个罪名——骗购外汇罪。所谓骗购外汇罪，是指使用伪造、变造的海关签发的报关单、进口证明、外汇管理部门核准件等凭证和单据，重复使用海关签发的报关单、进口证明、外汇管理部门核准件等凭证和单据，或者以其他方式骗购外汇，数额较大的行为。①

2.《刑法修正案》

1999年颁布的《刑法修正案》②加了隐匿、故意销毁会计凭证、会计账簿、财务会计报告罪，并对1997年《刑法》第168、174、180、181、182、185、225条的刑法规定进行适当调整，以维护社会主义市场经济秩序，保障社会经济的有序发展。隐匿、故意销毁会计凭证、会计账簿、财务会计报告罪，具体是指隐匿、故意销毁应当保存的会计凭证、会计账簿、财务会计报告，情节严重的行为。③ 全国人大常委会法制工作委员会在其发布的《关于对"隐匿、销毁会计凭证、会计账簿、财务会计报告构成犯罪的主体范围"问题的答复意见》中指出，任何单位和个人在办理会计事务时对依法应当保存的会计凭证、会计账簿、财务会计报告，进行隐匿、销毁，情节严重的，构成犯罪，应当依法追究其刑事责任。

3.《刑法修正案(二)》

2001年8月31日颁布的《刑法修正案(二)》全文只有1个条文，规定了非法占用农用地罪。根据我国《土地管理法》相关法律法规的规定，行为人未经土地管理部门许可而非法占用土地或者违法擅自改变土地的用途，造成农用

① 参见张明楷：《刑法学》(下)(第6版)，法律出版社2021年版，第1019页。

② 由于《刑法修正案》是1997年《刑法》颁布后的第一个刑法修正案，因而该修正案仅以《刑法修正案》命名，其实质为《刑法修正案(一)》。

③ 参见张明楷：《刑法学》(下)(第6版)，法律出版社2021年版，第972页。

地毁坏的,构成非法占用农用地罪。《刑法修正案(二)》增设此罪的目的在于惩治毁林开垦和乱占滥用耕地、林地等农用地的行为,实现对森林耕地资源的保护,维护绿水青山,保护生态环境。

4.《刑法修正案(三)》

为了惩治恐怖活动犯罪,保障国家和人民生命、财产安全,维护社会秩序,2001 年 12 月 29 日第九届全国人民代表大会常务委员会第二十五次会议通过了《刑法修正案(三)》并公布,全文共 9 条,主要是对恐怖活动或黑社会组织等有组织犯罪和危害公共安全犯罪的规制。《刑法修正案(三)》增加了资助恐怖活动罪,投放虚假危险物质罪及编造、故意传播虚假恐怖信息罪。

5.《刑法修正案(四)》

2002 年颁布的《刑法修正案(四)》增加 3 个条文,共新增 4 个刑法罪名,其余是对刑法内容的修改,主要对社会主义市场经济秩序、社会管理秩序和国家机关工作人员的渎职犯罪等方面进行规定。具体分析如下:

(1)走私废物罪

由于我国非法走私液态废物和气态废物的情况增多,严重影响边境的管理秩序,且基于司法实践中走私罪以偷逃税额确定刑罚的量刑方式不能运用于数额难以确定的废物走私犯罪,因而对此行为单独定罪,以实现精准打击,此为走私废物罪的立法缘由。值得强调的是,本罪处罚将废物运输进境的行为。

(2)雇用童工从事危重劳动罪

雇用童工从事危重劳动罪以行为人违反了有关劳动管理法规为前提。违反劳动管理法规是指违反了有关禁止雇用童工的一切劳动管理法律法规,如《未成年人保护法》第 61 条第 1 款、《劳动法》第 15 条、国务院于 2002 年 10 月 1 日颁布的《禁止使用童工规定》中有关禁止招用未满 16 周岁者从事劳动即雇用童工的规定。否则,不能视为非法使用童工。①

行为人雇用童工使其实施特定的劳动或者在特殊环境里的劳动,诸如从

---

① 参见刘杰:《论刑法修正案(四)对刑法的立法完善及其新增犯罪》,载《湘潭工学院学报(社会科学版)》2003 年第 2 期。

事的劳动超过自身体力强度；从事高空、井下作业的；在易爆易燃或者有毒害的危险环境下从事劳动。本罪客观上情节须达到严重，具体判定可以根据雇用童工的手段、数量，从事劳动的具体状况及童工实际年龄，雇用单位是否有过行政处罚前科以及是否引发劳动事故等。此外，依照刑罚规定，对于因雇用童工同时构成其他犯罪的实施数罪并罚。

(3)执行判决、裁定失职罪，执行裁决、裁定滥用职权罪

《刑法修正案(四)》第8条第3款规定了执行判决、裁定失职罪，执行裁决、裁定滥用职权罪。[1] 前罪是指行为人在执行判决、裁定的活动中玩忽职守，导致利益损失的行为。其与后罪的主体一致，具有特殊身份，且均是发生在执行人民法院判决、裁定的活动中，关键区别在于两罪的主观方面不同。而后罪是指行为人在执行判决、裁定的过程中滥用职权，使利益遭受重大损失的行为。该罪中的滥用职权行为包括违法采取诉讼保全措施或强制措施，同时该罪还必须导致利益上的重大损失，如经济上的巨大损失甚至破产或者因此出现被害人自杀等严重后果等。

6.《刑法修正案(五)》

2005年颁布的《刑法修正案(五)》增加3个新罪名，修改1个罪名，刑法修正内容涉及破坏金融管理秩序犯罪、金融诈骗犯罪和危害国防利益犯罪。具体分析如下：

(1)妨害信用卡管理罪

《刑法修正案(五)》增设妨害信用卡管理罪，并规定构成该罪的四种情形，具体分析如下：

首先，妨害信用卡管理罪的第一种情形，即明知是伪造的信用卡而持有、运输，或者明知是伪造的空白信用卡而持有、运输，数量较大的行为。值得注意的是，持有、运输伪造的信用卡的行为，不要求数量较大。但是持有、运输伪造的空白信用卡的行为，则以数量较大为要件。根据相关立案标准，数量累计

---

① 执行判决、裁定失职罪，执行判决、裁定滥用职权罪是指司法工作人员在执行判决、裁定活动中，严重不负责任或者滥用职权，不依法采取诉讼保全措施、不履行法定执行职责，或者违法采取诉讼保全措施、强制执行措施，致使当事人或者其他人的利益遭受重大损失的行为。

在10张以上的,属于数额较大。这里所谓伪造的空白信用卡,是指未经国家主管部门批准的单位或者个人制作的未输入用户信息的信用卡。①

其次,妨害信用卡管理罪的第二种情形,即非法持有他人信用卡,数量较大的行为。他人的信用卡,是指他人名义的信用卡,并非要限定为他人真实有效的信用卡。

再次,妨害信用卡管理罪的第三种情形,即使用虚假的身份证明骗领信用卡的行为。具体包括两种情形:一是以伪造、变造的身份证明骗领信用卡;二是使用他人真实身份证明(包括居民身份证、军官证、士兵证、港澳居民往来内地通行证、台湾居民来往大陆通行证、护照等身份证明)为自己骗领信用卡。②虚假的身份证明既包括"持卡人"(申领人)的虚假身份证明,也包括保证人的虚假身份证明。骗领信用卡,既包括骗领原始的信用卡,也包括以他人的身份证明挂失他人的信用卡并骗领补办的信用卡。将自己的真实身份证件提供给他人用于骗领信用卡的,成立使用虚假的身份证明骗领信用卡的共犯(或共同正犯)。

最后,妨害信用卡管理罪的第四种情形,即出售、购买、为他人提供伪造的信用卡或者以虚假的身份证明骗领的信用卡的行为。"为他人提供"是指将伪造的信用卡或者以虚假的身份证明骗领的信用卡交付他人的行为,包括出租、出借、赠送等。

值得强调的是,妨害信用卡管理罪的四种情形均只能由故意构成,行为人对构成要件的要素必须有认识。

(2)窃取、收买、非法提供信用卡信息罪

《刑法修正案(五)》还增设窃取、收买、非法提供信用卡信息罪。本罪是指窃取、收买或者非法提供他人信用卡信息资料的行为。犯罪对象是他人信用卡信息资料,即他人申请信用卡时向商业银行或者其他金融机构提供的个人资料,以及获得批准后取得的信用卡卡号、样式、密码等信息。由于信用卡本身包含了信用卡信息资料,故窃取、收买或者非法提供他人信用卡的行为,也

① 参见张明楷:《刑法学》(下)(第6版),法律出版社2021年版,第1007页。
② 参见张明楷:《刑法学》(下)(第6版),法律出版社2021年版,第1007页。

可能成立本罪。此外，他人信用卡信息资料也属于公民个人信息，故本罪行为可能同时触犯《刑法》第253条之一规定的侵犯公民个人信息罪，构成想象竞合。根据立案标准，实施本罪行为，足以伪造可进行交易的信用卡，或者足以使他人以信用卡持卡人名义进行交易，涉及信用卡1张以上的，应当追诉。①犯本罪的，根据《刑法》第177条之一的规定处罚；银行或者其他金融机构的工作人员利用职务上的便利犯本罪的，从重处罚。

(3)过失损坏武器装备、军事设施、军事通信罪

《刑法修正案（五）》第3条新增过失损坏武器装备、军事设施、军事通信罪。根据该规定，过失破坏武器装备、军事设施、军事通信，造成严重后果的，应当立案追究。

过失损坏武器装备、军事设施、军事通信罪与破坏武器装备、军事设施、军事通信罪相比，有两个区别：第一，本罪是过失犯，主观方面只能由过失构成。第二，本罪是结果犯。适用本罪的关键在于如何理解“严重后果”，包括行为的直接结果和间接结果。同时要考虑到破坏重要的武器装备、军事设施、军事通信的法定刑更重，判断是否构成严重后果还应该考虑行为本身的性质，即所损坏对象在军事实践中的重要性程度。行为的直接结果就是行为对武器装备、军事设施、军事通信本身造成的损失。行为的间接结果就是由于行为人的妨害行为引起的国防利益的损失。②

7.《刑法修正案（六）》

2006年6月29日第十届全国人民代表大会常务委员会第二十二次会议通过《刑法修正案（六）》，对《刑法》的20个条文进行了修改。此次修改涉及有关安全生产、金融管理、人身权利、国家机关正常管理等方面的犯罪规定，涉及的条文较多，修改幅度较大。具体分析如下：

(1)大型群众性活动重大安全事故罪

《刑法修正案（六）》颁布之前，重大责任事故罪的适用范围限制在生产、作

---

① 参见张明楷：《刑法学》（下）（第6版），法律出版社2021年版，第1009页。

② 参见莫洪宪、叶小琴：《〈中华人民共和国刑法修正案（五）〉之理解与适用》，载《山东警察学院学报》2006年第2期。

业过程中。但若在大型群众活动中发生安全事故,则没有合适的罪名加以规范。因此,《刑法修正案(六)》将这种在大型群众活动过程中出现安全责任事故的行为规定为独立的犯罪。[①]《刑法修正案(六)》将该罪的法定最高刑规定为7年,以警示群众活动的组织者,应当提前采取必要的安保措施,保证活动参与者的安全,提前预防在大型群众性活动中重大安全事故的发生,以维护社会秩序的稳定。

(2)不报、谎报安全事故罪

近年来,我国工矿、企业不断发生重大安全事故,使人民的生命财产遭受重大损失。一些单位的负责人或者安全管理人员,在安全事故发生后,不立即按规定报告或者组织抢救,不及时履行自己应当履行的职责,有的甚至逃匿,错失了事故救援时机,造成事故影响进一步扩大,给国家、集体造成巨大损失,社会影响恶劣,有必要对此规定相应的刑事责任。因而,《刑法修正案(六)》将不报、谎报安全事故罪[②]纳入刑法调整范畴,以期杜绝此类犯罪的发生。

(3)虚假破产罪

虚假破产罪是指公司、企业通过隐匿财产、承担虚构的债务或者以其他方法转移、处分财产,实施虚假破产,严重损害债权人或者其他人利益的行为。[③]实践中,虚假破产存在两种情形:一是实体上并没有真正破产,而是以隐匿财产、虚构债务等方式造成资不抵债的假象,申请进入破产程序,以达到"假破产、真逃债"的目的。二是实体上真正破产,但在破产前或者破产程序中恶意处分财产,或是实施了严重损害债权人或者其他人利益的行为,意图使破产程序不能顺利进行。

实践中,虚假破产这类违法行为不仅违背社会诚信,而且影响公司管理,

---

① 《刑法修正案(六)》在《刑法》第135条后增加一条,作为第135条之一【大型群众性活动重大安全事故罪】:"举办大型群众性活动违反安全管理规定,因而发生重大伤亡事故或者造成其他严重后果的,对直接负责的主管人员和其他直接责任人员,处三年以下有期徒刑或者拘役;情节特别恶劣的,处三年以上七年以下有期徒刑。"

② 《刑法修正案(六)》在《刑法》第139条后增加一条,作为第139条之一【不报、谎报安全事故罪】:"在安全事故发生后,负有报告职责的人员不报或者谎报事故情况,贻误事故抢救,情节严重的,处三年以下有期徒刑或者拘役;情节特别严重的,处三年以上七年以下有期徒刑。"

③ 参见张明楷:《刑法学》(下)(第6版),法律出版社2021年版,第973页。

损害债权人的合法权益。因而,《刑法修正案(六)》增设虚假破产罪。[①] 对于实施上述两种情形的犯罪人以虚假破产罪定罪处罚,最高刑可处5年有期徒刑,并处20万元以下罚金。

(4)背信损害上市公司利益罪

《刑法修正案(六)》新增一个损害上市公司利益的罪名,即背信损害上市公司利益罪。[②] 实践中,部分上市公司的董事、监事或者高级管理人员,违背对公司的忠实义务,利用职务便利操纵公司活动致使公司利益遭受重大损失,或者上市公司的控股股东、实际控制人,指使上市公司董事、监事、高级管理人员实施上述行为的,构成背信损害上市公司利益罪。

(5)骗取贷款、票据承兑、金融票证罪

《刑法修正案(六)》新增罪名——骗取贷款、票据承兑、金融票证罪。[③] 实践中,一些不符合贷款条件的单位和个人为获得信贷资金、票据承兑、信用证、保函,以欺骗手段取得银行或者其他金融机构贷款、票据承兑、信用证、保函

---

① 《刑法修正案(六)》在《刑法》第162条后增加一条,作为第162条之二 【虚假破产罪】:"公司、企业通过隐匿财产、承担虚构的债务或者以其他方法转移、处分财产,实施虚假破产,严重损害债权人或者其他人利益的,对其直接负责的主管人员和其他直接责任人员,处五年以下有期徒刑或者拘役,并处或者单处二万元以上二十万元以下罚金。"

② 《刑法修正案(六)》在《刑法》第169条后增加一条,作为第169条之一 【背信损害上市公司利益罪】:"上市公司的董事、监事、高级管理人员违背对公司的忠实义务,利用职务便利,操纵上市公司从事下列行为之一,致使上市公司利益遭受重大损失的,处三年以下有期徒刑或者拘役,并处或者单处罚金;致使上市公司利益遭受特别重大损失的,处三年以上七年以下有期徒刑,并处罚金:(一)无偿向其他单位或者个人提供资金、商品、服务或者其他资产的;(二)以明显不公平的条件,提供或者接受资金、商品、服务或者其他资产的;(三)向明显不具有清偿能力的单位或者个人提供资金、商品、服务或者其他资产的;(四)为明显不具有清偿能力的单位或者个人提供担保,或者无正当理由为其他单位或者个人提供担保的;(五)无正当理由放弃债权、承担债务的;(六)采用其他方式损害上市公司利益的。上市公司的控股股东或者实际控制人,指使上市公司董事、监事、高级管理人员实施前款行为的,依照前款的规定处罚。犯前款罪的上市公司的控股股东或者实际控制人是单位的,对单位判处罚金,并对其直接负责的主管人员和其他直接责任人员,依照第一款的规定处罚。"

③ 《刑法修正案(六)》在《刑法》第175条后增加一条,作为第175条之一 【骗取贷款、票据承兑、金融票证罪】:"以欺骗手段取得银行或者其他金融机构贷款、票据承兑、信用证、保函等,给银行或者其他金融机构造成重大损失或者有其他严重情节的,处三年以下有期徒刑或者拘役,并处或者单处罚金;给银行或者其他金融机构造成特别重大损失或者有其他特别严重情节的,处三年以上七年以下有期徒刑,并处罚金。单位犯前款罪的,对单位判处罚金,并对其直接负责的主管人员和其他直接责任人员,依照前款的规定处罚。"

等,给银行或者其他金融机构造成重大损失或者有其他严重情节的,构成骗取贷款、票据承兑、金融票证罪。

(6)背信运用受托财产罪、违法运用资金罪

《刑法修正案(六)》新增罪名背信运用受托财产罪、违法运用资金罪。[①]所谓背信运用受托财产罪,是指商业银行、证券交易所、期货交易所、证券公司、期货经纪公司、保险公司或者其他金融机构,违背受托义务,擅自运用客户资金或者其他委托、信托的财产,情节严重的行为。[②] 其中的“客户资金”不同于后述吸收客户资金不入账罪中的客户资金,而是指限定了特定用途的客户资金。因此,公众的普通存款、购买方支付的货款或者股权对价款等,不属于本罪的“客户资金”。概言之,凡是金融机构可以自主决定用的资金,都不属于本罪的“客户资金”。本罪只能由故意构成,但不要求特定目的,既不要求行为人具有牟利目的,也不要求行为人对委托人具有加害目的。

违法运用资金罪,是指社会保障基金管理机构、住房公积金管理机构等公众资金管理机构,以及保险公司、保险资产管理公司、证券投资基金管理公司,违反国家规定运用资金,情节严重的行为。[③] 本罪的主体为特殊主体,主观方面应当是故意。

(7)枉法仲裁罪

司法实践中,部分仲裁人员在对案件仲裁时有索贿受贿、徇私舞弊、枉法裁决的行为,给当事人造成严重经济损失,破坏法律的威严,在群众中造成恶劣影响。因而《刑法修正案(六)》将上述枉法仲裁行为规定为犯罪,最高处7

---

① 《刑法修正案(六)》在《刑法》第185条后增加一条,作为第185条之一 【背信运用受托财产罪】:“商业银行、证券交易所、期货交易所、证券公司、期货经纪公司、保险公司或者其他金融机构,违背受托义务,擅自运用客户资金或者其他委托、信托的财产,情节严重的,对单位判处罚金,并对其直接负责的主管人员和其他直接责任人员,处三年以下有期徒刑或者拘役,并处三万元以上三十万元以下罚金;情节特别严重的,处三年以上十年以下有期徒刑,并处五万元以上五十万元以下罚金。”【违法运用资金罪】:“社会保障基金管理机构、住房公积金管理机构等公众资金管理机构,以及保险公司、保险资产管理公司、证券投资基金管理公司,违反国家规定运用资金的,对其直接负责的主管人员和其他直接责任人员,依照前款的规定处罚。”

② 参见张明楷:《刑法学》(下)(第6版),法律出版社2021年版,第1015页。

③ 参见张明楷:《刑法学》(下)(第6版),法律出版社2021年版,第1009页。

年有期徒刑。

(8)组织残疾人、儿童乞讨罪

对于以暴力、胁迫手段组织残疾人或者不满 14 周岁的未成年人乞讨的[①]采用非刑罚手段已经难以达到合适的惩治效果,因而《刑法修正案(六)》增设组织残疾人、儿童乞讨罪。司法实践中对于该罪的司法适用率并不高,因而学界也有将此罪取消的呼声。笔者认为,该罪宣示意义大于该条款的司法适用价值,立法机关增设本罪的目的在于威慑那些组织并利用未成年人或者残疾人进行乞讨的具有严重社会危害性,侵犯未成年人或者残疾人身心健康的行为。

8.《刑法修正案(七)》

2009 年颁布的《刑法修正案(七)》,共计 15 个条文,增设了 9 个罪名。具体包括:利用未公开信息交易罪,组织、领导传销活动罪,出售、非法提供公民个人信息罪,非法获取公民个人信息罪,组织未成年人进行违反治安管理活动罪,非法获取计算机信息系统数据、非法控制计算机信息系统罪,提供侵入、非法控制计算机信息系统程序、工具罪,掩饰、隐瞒犯罪所得、犯罪所得收益罪,伪造、盗窃、买卖、非法提供、非法使用武装部队专用标志罪等。

《刑法修正案(七)》具有两个修改亮点,具体分析如下:

一是宽严相济刑事政策的坚守。《刑法修正案(七)》虽然有降低既有罪名法定刑的修改,但是大部分规定体现了宽严相济刑事政策从严的一面,严密法网,加重处罚。关于我国刑事立法的发展,有犯罪化与非犯罪化之争,但犯罪化应当适度。要根据司法实践考虑增补组织、领导传销活动罪,提高巨额财产来源不明罪的法定刑等规定是否过于严厉。过于严厉的刑罚会让社会大众处于高压状态,不仅不能收获刑罚遏制犯罪的效果,还有可能失去刑罚的威慑力。过于极端的刑事处罚难以达到预防犯罪、维护社会秩序的目的。因而还是需要保证严密法网与适当刑罚的平衡,做到宽严相济。

二是刑法谦抑性原则的坚持。科学的现代刑法功能理念认为,刑法所调

① 参见张明楷:《刑法学》(下)(第 5 版),法律出版社 2016 年版,第 1192 页。

整的对象广泛而重要,刑法对犯罪行为的制裁措施最为严厉,因而刑法与其他法律相比就有了“最后法”或是“社会防卫法”的特性,只有在适用所有其他法律仍然不能有效避免该行为发生时,才能动用刑法加以规范。值得警惕的是,不能用刑法来处罚所有危害社会的行为,需要进行综合治理,并尽量减少滋生犯罪的条件。

《刑法修正案(七)》增加的组织未成年人进行违反社会治安管理活动罪,该罪的犯罪主体适用行政处罚方法就能达到预防其再次犯罪的目的,而无须刑法涉入。只有达到法定条件才依照刑法进行处罚,由此仍然遵循刑法的谦抑性原则。因此,虽然用修正案增设新罪的方式可以对危害性较大的行为给予最严厉的惩罚,但是也应兼顾刑法的审慎适用理念,坚守刑法的谦抑性原则。

9.《刑法修正案(八)》

《刑法修正案(八)》修改内容广泛,条目众多,亮点纷呈,受到社会各界的广泛关注和热议。该修正案共50条,取消了13个罪的死刑适用,增设了7个新罪名。具体包括:规定在《刑法》第133条之一的“危险驾驶罪”;第164条第2款的“对外国公职人员、国际公共组织官员行贿罪”;第205条之一的“虚开发票罪”;第210条之一的“持有伪造的发票罪”;第234条之一的“组织出卖人体器官罪”;第276条之一的“拒不支付劳动报酬罪”;第408条之一的“食品监管渎职罪”等。对于《刑法修正案(八)》新增设的犯罪,具体分析如下:

(1)危险驾驶罪

危险驾驶罪主要是指违反道路交通安全管理法规,实施追逐竞驶或者醉酒驾驶等情节恶劣的行为。本罪不要求造成致人死伤或者财产受损的严重后果,在犯罪形态上属危险犯。该罪的设立划清了危险驾驶罪与一般酒驾行为、交通肇事罪、以危险方法危害公共安全罪的界限。① 危险驾驶罪是轻罪的典型罪名,也是刑法边界日益扩张的鲜明体现,因而在本书中有专节论述,在此不再赘述。

(2)对外国公职人员、国际公共组织官员行贿罪

对外国公职人员、国际公共组织官员行贿罪是为了确保《刑法》与《联合国

---

① 参见周道鸾:《析刑法修正案(八)新增、修改的罪名》,载《法律适用》2011年第5期。

反腐败公约》的规定相吻合,通过以刑法修正案增设罪名的方式,使得刑法规定与公约的规定相呼应。该罪判定的关键在于实施贿赂行为的对象是外国公职人员或者国际公共组织官员。本罪与对非国家工作人员行贿罪的主要区别在于行贿的对象不同,且后者谋取的是不正当商业利益而非前者追求的不正当利益。

(3)虚开发票罪

《刑法修正案(八)》新增罪名虚开发票罪。所谓虚开发票罪,是指单位或者个人为他人虚开、为自己虚开、让他人为自己虚开、介绍他人虚开增值税专用发票或者用于骗取出口退税、抵扣税款的其他发票之外的普通发票,情节严重的行为。虚开发票罪属危害税收征管罪的一种。单位实施此类犯罪的,对单位实行"双罚制"。

(4)持有伪造的发票罪

《刑法修正案(八)》在《刑法》第210条后增加一条,作为第210条之一,根据该条规定,所谓持有伪造的发票罪,是指行为人明知是伪造的发票而持有,数量较大的行为。[①] 如果单位构成此罪,实施双罚制,即对单位判处罚金,并对其直接负责的主管人员和其他直接责任人员,依照自然人犯本罪的规定进行处罚。值得注意的是,本罪在司法实践中以是否"明知"和持有数量是否较大来进行罪与非罪的区分。

(5)组织出卖人体器官罪

由于出卖人体器官的行为过于残忍,且组织者更是丧失社会良知,严重侵犯群众的身体权和生命健康权,社会影响恶劣,因此对于此类行为的法律规制由原来的行政处罚改为刑罚处罚来调整,以加大对此类犯罪行为的惩罚。故而,《刑法修正案(八)》增设组织出卖人体器官罪,以严厉打击组织出卖人体器官的犯罪行为。

(6)拒不支付劳动报酬罪

《刑法修正案(八)》增设拒不支付劳动报酬罪,以惩处采用转移财产、逃匿

---

① 参见高铭暄、马克昌主编:《刑法学》,北京大学出版社2016年版,第433页。

等方法来逃避支付劳动者劳动报酬的行为，或者惩处行为人有能力支付而不支付劳动者的劳动报酬，数额较大，经政府有关部门责令支付仍不支付的行为。[①] 在适用本罪时应当注意"经政府有关部门责令支付仍不支付的"的法律明确规定的前置程序以及可以减轻或者免除处罚的情形。

（7）食品监管渎职罪

《刑法修正案（八）》增加食品监管渎职罪，继而在《刑法修正案（十一）》中又增加了药品监管的渎职罪，体现出我国《刑法》对于食品、药品严厉打击的立法理念。

10.《刑法修正案（九）》

2015年8月29日第十二届全国人民代表大会常务委员会第十六次会议表决通过《刑法修正案（九）》，自2015年11月1日起开始施行。《刑法修正案（九）》是贯彻落实党的十八届三中、四中全会精神和中央深化司法体制改革的任务要求，坚持宽严相济的刑事政策，认真总结实践经验，对我国刑法作了较大幅度的完善、补充、调整。[②]《刑法修正案（九）》立法修改内容涉及恐怖主义活动、监护看护关系、考试作弊、网络安全、社会秩序、诉讼程序以及国家机关工作人员廉洁性等方面的犯罪行为，增加罪名较多。[③]

《刑法修正案（九）》共有52条，新增罪名20个，修改罪名11个，取消罪名1个。《刑法修正案（九）》新增的罪名包括：准备实施恐怖活动罪，宣扬恐怖主义、极端主义、煽动实施恐怖活动罪，利用极端主义破坏法律实施罪，强制穿戴宣扬恐怖主义、极端主义服饰、标志罪，非法持有宣扬恐怖主义、极端主义物品罪，虐待被监护、看护人罪，使用虚假身份证件、盗用身份证件罪，组织考试作弊罪，非法出售、提供试题、答案罪，代替考试罪，拒不履行信息网络安全管理义务罪，非法利用信息网络罪，帮助信息网络犯罪活动罪，扰乱国家机关工作

---

① 参见张明楷：《刑法学》（下）（第5版），法律出版社2016年版，第1028页。

② 参见《张德江出席常委会第十六次会议闭幕会并发表讲话》，载中国人大网，http://www.npc.gov.cn/zgrdw/npc/xinwen/syxw/2015-08/31/content_1945446.htm。

③ 参见《全国人大常委会就新通过的刑法修正案（九）等答记者问》，载国务院新闻办公室网2015年9月9日，http://www.scio.gov.cn/ztk/xwfb/jjfyr/35063/wqfbh35071/Document/1490602/1490602.htm。

秩序罪,组织、资助非法聚集罪,编造、故意传播虚假信息罪,虚假诉讼罪,泄露不应公开的案件信息罪,披露、报道不应公开的案件信息罪,对有影响力的人行贿罪,等等。

《刑法修正案(九)》具有七大亮点。由于社会各界对于《刑法修正案(九)》的评价较高,因而笔者侧重于对《刑法修正案(九)》修改亮点的分析,并将增设的新罪融入其中,一并阐述。《刑法修正案(九)》的七大亮点,具体包括:

亮点一:《刑法修正案(九)》减少适用死刑罪名。较之当时适用死刑的罪名55个,《刑法修正案(九)》减少9个适用死刑罪名,死刑罪名减至46个。此次废除死刑的罪名具体包括:走私武器、弹药罪,走私核材料罪,走私假币罪,伪造货币罪,集资诈骗罪,组织卖淫罪,强迫卖淫罪,阻碍执行军事职务罪,战时造谣惑众罪9个罪名。这次取消死刑的9个罪名,在实践中较少适用死刑,取消后最高可以判处无期徒刑。对相关犯罪在取消死刑后通过加强执法,该严厉惩处的依法严厉惩处,可以做到整体惩处力度不减,以确保社会治安整体形势稳定。

亮点二:严惩恐怖主义犯罪。《刑法修正案(九)》为维护公共安全,加大了对恐怖主义、极端主义犯罪的惩治力度。针对近年来暴力恐怖犯罪出现的新情况、新特点,总结同这类犯罪作斗争的经验,新法在《刑法》现有规定的基础上,作出以下修改补充:

其一,《刑法修正案(九)》对组织、领导、参加恐怖组织罪增加规定财产刑,体现对恐怖犯罪从严惩处、从源头打击的立法理念。

其二,增加规定以制作、散发宣扬恐怖主义、极端主义的图书、音频视频资料或者其他物品,或者通过讲授、发布信息等方式宣扬恐怖主义、极端主义的,或者煽动实施恐怖活动的犯罪;利用极端主义煽动、胁迫群众破坏国家法律确立的婚姻、司法、教育、社会管理等制度实施的犯罪;明知是宣扬恐怖主义、极端主义的图书、音频视频资料或者其他物品而非法持有,情节严重的犯罪;增加规定以暴力、胁迫等方式强制他人在公共场所穿着、佩戴宣扬恐怖主义、极端主义服饰、标志的犯罪。将资助恐怖活动培训的行为增加规定为犯罪,并明确对为恐怖活动组织、实施恐怖活动或者恐怖活动培训招募、运送人员的,追究刑事责任。

其三,将为实施恐怖活动准备凶器、危险物品或者其他工具,组织恐怖活动培训或者积极参加恐怖活动培训,为实施恐怖活动与境外恐怖活动组织或者人员联络,以及为实施恐怖活动进行策划或者其他准备等行为明确规定为犯罪。

亮点三:加强人身权利保护。针对猥亵儿童,虐待儿童、老年人的案件时有发生,社会影响恶劣的情形,《刑法修正案(九)》对《刑法》相关规定进一步作出完善。具体包括:

其一,修改强制猥亵、侮辱妇女罪,猥亵儿童罪,扩大适用范围,同时加大对情节恶劣情形的惩处力度。

其二,修改收买被拐卖的妇女、儿童罪,对于收买妇女、儿童的行为一律作出犯罪评价。对收买被拐卖的妇女、儿童,对被买儿童没有虐待行为,不阻碍对其进行解救的,将"可以不追究刑事责任"的规定,修改为"可以从轻处罚";按照被买妇女的意愿,不阻碍其返回原居住地的,将"可以不追究刑事责任"的规定,修改为"可以从轻或者减轻处罚"。

其三,增加规定对未成年人、老年人、患病的人、残疾人等负有监护、看护职责的人虐待被监护、看护的人,情节恶劣的,追究刑事责任。

其四,取消嫖宿幼女罪。根据各方面意见,取消《刑法》原第360条第2款规定的嫖宿幼女罪,对这类行为可以适用《刑法》第236条关于奸淫幼女的以强奸论、从重处罚的规定,不再作出专门规定。

亮点四:维护信息网络安全。《刑法修正案(九)》将加强公民个人信息保护,新增编造虚假信息犯罪。为维护信息网络安全,针对网络违法犯罪行为的新情况,《刑法修正案(九)》完善了惩处网络犯罪的法律规定,具体包括:

其一,修改出售、非法提供因履行职责或者提供服务而获得的公民个人信息犯罪的规定,扩大犯罪主体的范围,同时,增加规定出售或者非法提供公民个人信息情节严重的犯罪。

其二,针对一些网络服务提供者不履行网络安全管理义务,造成严重后果的情况，增加规定：网络服务提供者不履行法律、行政法规规定的信息网络安全管理义务，经监管部门责令采取改正措施而拒不改正，致使违法信息大量传播的，或者致使用户信息泄露，造成严重后果的，或者致使刑事案件证据灭失，情节严重的，以及有其他严重情节的，追究刑事责任。

其三，对设立用于实施诈骗、传授犯罪方法、制作或者销售违禁物品、管制物品等违法犯罪活动的网站、通讯群组的；发布有关制作或者销售毒品、枪支、淫秽物品等违禁物品、管制物品或者其他违法犯罪信息的；为实施诈骗等违法犯罪活动发布信息的，明确规定为犯罪。

其四，针对在网络空间传授犯罪方法、帮助他人犯罪的行为多发的情况，增加规定：明知他人利用信息网络实施犯罪，为其犯罪提供互联网接入、服务器托管、网络存储、通讯传输等技术支持，或者提供广告推广、支付结算等帮助，情节严重的，追究刑事责任。

其五，针对开设“伪基站”等严重扰乱无线电秩序，侵犯公民权益的情况，修改扰乱无线电通讯管理秩序罪，降低构成犯罪门槛，增强可操作性。

其六，将编造虚假的险情、疫情、灾情、警情，在信息网络或者其他媒体上传播，或者明知是上述虚假信息，故意在信息网络或者其他媒体上传播，严重扰乱社会秩序的此类行为规定为犯罪。

亮点五：加大惩处腐败力度，修改腐败犯罪。《刑法修正案（九）》删去贪贿罪具体数额规定，增设对于重特大贪贿犯罪的终身监禁制度。具体包括：

其一，修改贪污受贿犯罪的定罪量刑标准。我国《刑法》对贪污受贿犯罪的定罪量刑标准规定了具体数额。1988 年全国人大常委会根据当时惩治贪污贿赂犯罪的实际需要和司法机关的要求作出的这种规定。但在实践中，此类犯罪情况复杂，单纯考虑数额，难以全面反映具体个罪的社会危害性。同时，数额规定过死，有时难以根据案件的不同情况做到罪刑相适应，量刑不统一。因而，《刑法修正案（九）》删去对贪污受贿犯罪规定的具体数额，规定数额较大或者情节较重、数额巨大或者情节严重、数额特别巨大或者情节特别严重三种情况，并且相应地规定三档刑罚，且对数额特别巨大，并使国家和人民利益遭受特别重大损失的，保留适用死刑。

其二,增加关于终身监禁制度的规定。对犯贪污、受贿罪,被判处死刑缓期执行的,人民法院根据犯罪情节等情况可以同时决定在其死刑缓期执行二年期满依法减为无期徒刑后,终身监禁,不得减刑、假释。这一规定有利于体现罪刑相适应的刑法原则,维护司法公正,防止在司法实践中出现这类罪犯通过减刑等途径服刑期过短的情形,符合宽严相济的刑事政策。然而,该制度也面临一些质疑,例如该制度的立法程序是否存在瑕疵,该制度的适用是否符合罪责刑相一致原则等。本书有专节论述,在此不再赘述。

其三,加大对行贿犯罪的处罚力度。具体表现在两个方面:一是完善行贿犯罪财产刑规定。二是进一步严格对行贿罪从宽处罚的条件。将"行贿人在被追诉前主动交待行贿行为的,可以减轻处罚或者免除处罚"的规定,修改为"行贿人在被追诉前主动交待行贿行为的,可以从轻或者减轻处罚。其中,犯罪较轻的,对侦破重大案件起关键作用的,或者有重大立功表现的,可以减轻或者免除处罚"。

其四,严密惩治行贿犯罪的法网,增加规定为利用国家工作人员的影响力谋取不正当利益,向其近亲属等关系密切人员行贿的犯罪。

亮点六:惩治失信背信行为。《刑法修正案(九)》增加组织考试作弊等犯罪,并将虚假诉讼妨害司法的行为规定为犯罪。具体表现为:

其一,修改伪造、变造、买卖居民身份证的犯罪规定,将"证件"的范围扩大到护照、社会保障卡、驾驶证等依法可以用于证明身份的证件。同时将在依照国家规定应当提供身份证明的活动中,使用伪造、变造的居民身份证、护照、社会保障卡、驾驶证等依法可以用于证明身份的证件,情节严重的行为,规定为犯罪。

其二,增加规定组织考试作弊等犯罪。将在法律规定的国家考试中,组织作弊的,为他人提供作弊器材或者其他帮助的,向他人非法出售或者提供试题、答案的,以及代替他人或者让他人代替自己参加考试等破坏考试秩序的行为规定为犯罪。

其三,增加规定虚假诉讼犯罪。将以捏造的事实提起民事诉讼,妨害司法秩序或者严重侵害他人合法权益的行为,规定为犯罪。

亮点七：增加危险驾驶应追责情形，并将袭警行为依照妨害公务从重处罚。具体包括：

其一，完善惩治扰乱社会秩序犯罪的规定。一是修改危险驾驶罪，增加危险驾驶应当追究刑事责任的情形。① 二是修改抢夺罪，将多次抢夺的行为规定为犯罪。三是将非法生产、销售专用间谍器材或者窃听、窃照专用器材的行为规定为犯罪。四是将聚众扰乱社会秩序，情节严重，致使工作、生产、营业和教学、科研、医疗无法进行，造成严重损失的；多次扰乱国家机关工作秩序，经行政处罚后仍不改正，造成严重后果的；多次组织、资助他人非法聚集，扰乱社会秩序，情节严重的行为规定为犯罪。五是修改完善组织、利用会道门、邪教组织破坏法律实施罪，加大对情节特别严重行为的惩治力度，同时对情节较轻的行为规定相应的刑罚。

其二，为保障人民法院依法独立公正行使审判权，完善刑法有关规定。具体包括：一是将司法工作人员、辩护人、诉讼代理人或者其他诉讼参与人，泄露依法不公开审理的案件中不应当公开的信息，造成信息公开传播或者其他严重后果的行为规定为犯罪。二是修改扰乱法庭秩序罪，在原规定的“聚众哄闹、冲击法庭，殴打司法工作人员”等行为的基础上，增加“毁坏法庭设施，抢夺、损毁诉讼文书、证据等扰乱法庭秩序行为，情节严重的”行为。

其三，针对当前毒品犯罪形势严峻的实际情况和惩治犯罪的需要，对生产、运输易制毒化学品的行为作出专门规定。

其四，增加规定，暴力袭击正在依法执行职务的人民警察的，依照妨害公务罪的规定从重处罚。

11.《刑法修正案（十）》

《刑法修正案（十）》并未增设新罪，这是与前9个刑法修正案的相异之处。《刑法修正案（十）》将侮辱国旗、国徽罪的犯罪对象由国旗、国徽扩大到国歌，并且增加了一项关于“侮辱国歌”的刑法规定。

---

① 将“从事校车业务或者旅客运输，严重超过额定乘员载客，或者严重超过规定时速行驶的；违反危险化学品安全管理规定运输危险化学品，危及公共安全的”，规定为犯罪。

12.《刑法修正案(十一)》

《刑法修正案(十一)》共增设了 17 个新罪名。具体包括:《刑法》第 133 条之二"妨害安全驾驶罪";第 134 条之一"危险作业罪";第 142 条之一"妨害药品管理罪";第 160 条第 2 款"组织、指使欺诈发行股票、债券罪";第 219 条之一"为境外窃取、刺探、收买、非法提供商业秘密罪";第 236 条之一"负有照护职责人员性侵罪";第 277 条第 5 款"袭警罪";第 280 条之二"冒名顶替罪";第 291 条之二"高空抛物罪";第 293 条之一"催收非法债务罪";第 299 条之一"侵害英雄烈士名誉、荣誉罪";第 303 条第 3 款"组织参与国(境)外赌博罪";第 334 条之一"非法采集人类遗传资源、走私人类遗传资源材料罪";第 336 条之一"非法植入基因编辑、克隆胚胎罪";第 341 条第 3 款"非法猎捕、收购、运输、出售陆生野生动物罪";第 342 条之一"破坏自然保护地罪";第 344 条之一"非法引进、释放、丢弃外来入侵物种罪";第 355 条之一"妨害兴奋剂管理罪"。《刑法修正案(十一)》增设较多的新罪名,且多数为轻罪,也验证了学者的断言,法定犯时代已经来临,"随时根据社会治理的需要增设轻犯罪,实行必要的、积极的刑法干预"。①

(二)增设的新罪多为轻罪

《刑法修正案(八)》增设的危险驾驶罪是典型的轻罪,法定最高刑仅为拘役。除此之外,我国《刑法》增设的轻罪还包括:为了整顿营商环境,维护经济秩序而增设的虚开发票罪;为严厉打击恶意欠薪,保障劳动者权益而增设的拒不支付劳动报酬罪;旨在严惩失信行为,把守社会诚信底线,维护社会公平而增设的组织考试作弊罪、代替考试罪;目的在于维护网络安全,督促网络平台履行监管职责而增设拒不履行信息网络安全管理义务罪;等等,不一而足。这些新增罪名的法定刑多为 3 年以下有期徒刑、拘役、管制,或者可独立适用附加刑的轻罪。

近年来我国刑法大量增设轻罪,显示出我国在刑法立法扩张时并不是"只有重罪才入刑"的传统观念,而是综合评估社会治理效果,运用刑法和其他部

---

① 参见周光权:《积极刑法立法观在中国的确立》,载《法学研究》2016 年第 4 期。

门法，共同参与社会治理。对于其中应当受到刑罚处罚的行为，运用刑法进行规制，发挥刑法社会防卫法的功能，维护社会的公平正义。正如学者所言，增设轻罪，实行必要的、积极的刑法干预。既能保持刑事立法的明确性、稳定性，又能够确保刑法及时参与社会治理，解决社会突出矛盾，保持立法的活跃。① 轻罪大量入刑，也体现出我国刑法边界的日益扩张，刑法门槛的日益降低，刑法保护范围的进一步扩大。

一系列轻罪入刑，乃是立足于我国的现实国情，在刑事法治领域对我国经济和社会发展的维护与促进，是对阻碍社会进步的几类突出犯罪行为的法律遏制与刑法回应，也是在总结司法实践经验的基础上对社会中新型犯罪问题的适时法律应对。及时有效地补充调整刑法规定，既是满足限缩犯罪行为社会性的实际需要，也是国家进一步扩大犯罪圈、严密刑事法网的决心和魄力。因此，笔者选取几个重点罪名，进行重点阐述。

1. 危险驾驶罪

2011 年颁布的《刑法修正案（八）》，新设罪名危险驾驶罪，引起刑法理论界的强烈争议。同年 5 月 10 日，时任最高人民法院副院长的张军同志提出，不仅要从文意理解《刑法修正案（八）》的规定，更要与修改后的《道路交通安全法》相衔接，正确把握危险驾驶罪的构成要件，认为只要达到醉酒标准驾驶机动车就一律构成刑事犯罪的观点是片面的。②

关于醉酒驾驶机动车的行为应否入刑问题，学界存在激烈争论。一般认为，醉酒驾驶，是指在醉酒状态下在道路上驾驶机动车的行为。③

反对醉驾入刑的学者所持理由如下：首先，由于中外法律体系和法律传统的不同，醉驾在国外是犯罪，在中国却是应受治安管理处罚的行为。醉驾入刑会引起《刑法》《治安管理处罚法》两者之间的失衡。不仅如此，醉驾入刑后，应当按照刑事诉讼程序进行，从公安机关立案侦查、检察机关审查起诉、当事人委托辩护，到法院的一审、二审，乃至判决生效之后可能出现的申诉、再审等各

① 参见周光权：《积极刑法立法观在中国的确立》，载《法学研究》2016 年第 4 期。

② 参见赵秉志主编：《“醉驾入刑”专家谈》，法律出版社 2011 年版，第 1 页。

③ 参见张明楷：《刑法学》（下）（第 6 版），法律出版社 2021 年版，第 931 页。

个诉讼阶段，即便适用速裁程序，其消耗的社会资源、所耗费的人力、物力和财力，都会数倍乃至数十倍高于行政处罚。[①] 立法机关在制定法律的过程中要着重考虑这种投入与产出不平衡的情况，以免引起司法资源的浪费。其次，我国刑法采用的是重罪模式，危险驾驶罪入刑后会引发除了刑事责任外的一系列消极后果。具体体现为：国家工作人员要开除公职；中共党员要开除党籍等。犯罪人会长期带有严重的犯罪人标签，还要应付前科株连效应等。对于重罪刑事责任引发的消极影响，能否也要求轻罪承担同样的消极后果？既然我国罪刑模式已经发生了重大变革，刑事诉讼程序及相关制度是否也应做相应调整？我国犯罪圈日益扩大，与之相对应的刑法退出机制是否也应有所强调？这些都是危险驾驶罪入刑后应当考虑和解决的重要理论问题和现实问题。

赞同醉驾入刑的学者认为，“醉驾造成重大人员伤亡的事件一再发生，证明行政处罚对禁止醉驾的收效不大，醉驾对民众的生命健康造成的危害越来越大，社会上要求醉驾入刑的呼声一浪高过一浪，醉驾一律入罪是对民意的积极回应，体现了以人为本、保护民生的理念和法律对醉驾行为零容忍的司法精神”[②]。迄今为止，危险驾驶罪入刑已经10余年时间，社会效果立竿见影，但犯罪人标签等负面影响也相伴而来。有学者认为，醉驾入刑具有明显的民粹化色彩。[③] 从2019年起，危险驾驶罪就已经取代盗窃罪，成为受到刑事追诉的第一犯罪。[④] 根据最高人民检察院发布的2021年1月至9月的数据，危险驾驶罪在起诉罪名上排第1位，起诉人数263，281人，同比上升30.6%。[⑤] 全国2021年“两会”期间，全国人大代表周光权提出，危险驾驶罪是轻罪。[⑥] 但是，在目前的司法实务中，罪犯大多被判处实刑。每年有30万余人被打上“罪犯”的烙

---

① 参见黄太云：《〈刑法修正案（八）〉解读（二）》，载《人民检察》2011年第7期。

② 赵秉志主编：《“醉驾入刑”专家谈》，法律出版社2011年版，第144页。

③ 参见何荣功：《社会治理“过度刑法化”的法哲学批判》，载《中外法学》2015年第2期。

④ 在全国刑事案件总数中，醉驾型危险驾驶罪大约占1/3的比例，每年因本罪被判刑的人数高达30余万，实际上该罪的发案率已经超过盗窃罪成为排名第一的犯罪。

⑤ 参见《2021年1至9月全国检察机关主要办案数据》，载最高人民检察院网，https://www.spp.gov.cn/spp/xwfbh/wsfbt/202110/t20211018_532387.shtml#2。

⑥ 根据《刑法》第133条之一的规定，危险驾驶罪的最高刑是拘役，属于典型轻罪。

印,这实际上是司法和个人的两败俱伤。①

笔者认为,我国危险驾驶罪的犯罪数量居高不下,背后原因值得深入分析。是否应当修改刑事立法,提高入罪门槛,也值得进一步探讨。不过笔者仍持不赞同醉驾入刑的鲜明立场,刑事立法应当遵循刑法的谦抑性原则和刑法的迫不得已原则,对于没有造成任何实害性后果的醉驾行为,依照《治安管理处罚法》的规定进行处置,取消违法者的驾照或者终身禁止其驾驶机动车,社会效果可能更好,也不至于本应醉驾者本人承担的刑罚附随效果殃及家人。

2. 帮助恐怖活动罪

帮助恐怖活动罪也是轻罪的典型代表。所谓帮助恐怖活动罪,是指故意资助恐怖活动组织、实施恐怖活动的个人,或者资助恐怖活动培训,以及为恐怖活动组织、实施恐怖活动或者恐怖活动培训招募、运送人员的行为。② 该罪的设立对我国传统刑事立法观带来挑战,学界将这种新的立法举措称为"帮助犯的正犯化"。③ 对于帮助恐怖活动罪的具体分析如下:

国际方面,帮助恐怖活动罪的设立与国际背景有关。联合国安理会通过的第1373号决议中规定,"各国应将为恐怖活动提供或者筹集资金的行为规定为犯罪"。为履行对国际社会的承诺,也为了打击恐怖犯罪活动,切断恐怖活动组织赖以生存的经济来源,将资助恐怖活动组织的行为规定为犯罪予以惩处。因而,我国2001年《刑法修正案(三)》增加了资助恐怖活动罪,被称为恐怖主义融资犯罪化。恐怖主义融资的犯罪化既是反恐怖主义的需要,也是反洗钱工作的重要内容。继而2015年的《刑法修正案(九)》又将罪名修改为帮助恐怖活动罪。《刑法修正案(九)》的修改,是为了适应恐怖活动犯罪出现的新情况而作出的有针对性的规定,资助恐怖活动培训与资助恐怖活动组织、实施恐怖活动的个人都属于恐怖主义行为,具有同等程度的危害,应当立法予以严厉惩处。

理论层面,帮助恐怖活动罪是"帮助犯的正犯化"的新的立法模式。将本

---

① 参见刘嫚:《每年30万人醉驾入刑,人大代表周光权呼吁修法提高入罪门槛》,载搜狐网2021年3月10日,https://www.sohu.com/a/455048679_120151774。

② 参见张明楷:《刑法学》(下)(第6版),法律出版社2021年版,第902页。

③ 参见张明楷:《刑法学》(下)(第6版),法律出版社2021年版,第903页。

属于组织、领导、参加恐怖活动罪的帮助犯独立规定为犯罪，对其不再适用《刑法》第27条“对于从犯，应当从轻、减轻处罚或者免除处罚”的规定。此种新的立法举措是为了从源头遏制恐怖活动犯罪，体现我国对于恐怖主义犯罪“综合施策、标本兼治、实行防范为主、惩防结合和先发制敌、保持主动的原则”。而且，近年来，我国恐怖主义犯罪出现独狼式恐怖活动人员，或者临时结成准备实施恐怖活动的团伙，由于没有明确的组织形式，因而很难认定为恐怖活动组织。对于他们为实施恐怖活动给予资助的行为，应当认定为犯罪，以实现提前打击、惩防结合。

司法实践层面，应当注意两个问题：一是帮助恐怖活动罪与组织、领导、参加恐怖组织罪的区别。二罪的区别主要在于本罪只是资助组织和个人，不直接针对其所实施的恐怖犯罪活动且不参与恐怖活动，而组织、领导、参加恐怖组织罪的主体是实行犯。二是如果行为人与实施恐怖活动的主体通谋，则属于以共犯身份参与或者实施恐怖犯罪活动，依照共犯处罚，其处罚依据是《刑法》总则关于共犯的规定以及《刑法》分则关于具体罪名的规定。

此外，关于投放虚假危险物质罪及编造、故意传播虚假恐怖信息罪的立法缘由。近年来，恐怖主义犯罪活动出现了不同的表现形式，不仅有传统的杀人、放火等形式，一些现代化的恐怖主义犯罪手段也随着时代和科技的发展而出现。实践中，恐怖活动组织或者实施恐怖活动的个人，利用有毒有害物质的危险性，声称投放的非毒害物质为有毒有害物质，或者谎称要实施爆炸、生化等威胁，或者故意传播虚假的恐怖信息。由于虚假的恐怖信息同样会给广大人民的正常生活带来影响，也会一定程度上扰乱社会秩序，发生更为严重的社会后果，因而我国《刑法》将此类行为规定为犯罪。

3. 非法植入基因编辑、克隆胚胎罪

《刑法修正案（十一）》增设的典型罪名之一为“非法植入基因编辑、克隆胚胎罪”，规定在《刑法》第336条之一。① 此条款的立法修改体现出我国《刑法》

---

① 《刑法》第336条之一　【非法植入基因编辑、克隆胚胎罪】将基因编辑、克隆的人类胚胎植入人体或者动物体内，或者将基因编辑、克隆的动物胚胎植入人体内，情节严重的，处三年以下有期徒刑或者拘役，并处罚金；情节特别严重的，处三年以上七年以下有期徒刑，并处罚金。

与时俱进，与科技发展步调一致，与《民法典》的规定相协调。

非法植入基因编辑、克隆胚胎罪之所以被纳入刑法规制范围，与贺建奎非法基因编辑婴儿事件密不可分。当今世界上大多数国家都禁止非法人类基因编辑[①]行为，禁止人体胚胎实验等行为。但是南方科技大学原副教授贺建奎却冒天下之大不韪，2018 年 11 月 26 日向世界宣称"首例免疫艾滋病的基因编辑婴儿出生"，引发全世界的强烈抗议。[②] 贺建奎伙同其他人利用 CRISPR (clustered regularly interspaced short palindromic repeats) 基因编辑技术，通过剪断 DNA 链来禁用或改变有缺陷的基因，修改人类胚胎中的 CCR5 基因，使婴儿对艾滋病有抵抗力。但是 CRISPR 基因编辑技术在修改目标基因时，可能会"误伤"其他基因，有脱靶风险，会使受试者面临不可预知的风险，甚至会带来严重的后果。[③] 由此可见，基因编辑并非成熟的万无一失的技术，其脱靶效应并不能保证实验的完全成功，这是目前世界科学家和相关研究者都一致反对贺建奎采用基因编辑技术用于人类胚胎，并使基因编辑婴儿出生的重要原因。基因编辑婴儿事件并不意味着基因技术的巨大突破，而是开启了一场关于伦理、法理、情理的争论风暴。[④]《科学》杂志甚至将非法基因编辑婴儿事件评为 2018 年度三大负面事件之一。[⑤] 2019 年 12 月 30 日"基因编辑婴儿"案公开宣判，贺建奎犯非法行医罪，被判处有期徒刑 3 年，并处罚金人民币 300 万元，同

---

① 按照美国食品药品监督管理局(FDA)的定性，所谓基因治疗(genome treatment)，是指基于修饰细胞遗传物质而进行的医学干预。这种治疗方法将人类细胞放在体外修改(genome modification)，再重新注入患者体内，采用基因疗法使细胞发生遗传学改变。基因治疗的目的在于预防、治疗、诊断或者缓解人类疾病，最终目的是治愈人类疾病。

② See Cyranoski D. & Ledford H., *Genome-edited baby claim provokes international outcry*, Nature, 2018 Nov. 563(7733):607.

③ 参见王珊：《"基因编辑婴儿"案一审宣判，贺建奎被判 3 年》，载新浪财经网，https://finance. sina. cn/2019 - 12 - 30/detail-iihnzhfz9335016. d. html。

④ See Liu Shuang, *Legal reflections on the case of genome-edited babies in China*, Global Health Research and Policy.

⑤ 参见叶倾城：《〈科学〉评 10 大科学突破　基因编辑婴儿为"负面事件"》，载《科学与现代化》2019 年第 1 期。

案被告也受到了法律的严惩。①

就定罪而言，根据贺建奎案的具体案情，依照当时的法律，深圳市南山区人民法院的判决较为合理，贺建奎等人非法实施的基因编辑行为符合当时我国《刑法》规定的非法行医罪。理由在于：3 名被告人试图借助辅助生殖技术生育艾滋病免疫婴儿，非法采用人类胚胎基因编辑技术，并蒙蔽不知情的医务人员将基因编辑修饰后的人类胚胎移植入母体，造成 3 名基因编辑婴儿出生的后果，给社会乃至世界造成非常恶劣的影响。贺建奎等三人的行为严重逾越伦理法律边界，违反我国执业医师法相关规定，没有医师资格而实施医疗行为，根据《刑法》第 336 条规定，其行为构成非法行医罪。② 笔者认为，在当时（2019 年）立法并未具体规定非法基因编辑专门罪名的情况下，将此类行为定性为非法行医罪未尝不可。

就刑罚裁量而言，贺建奎案的刑罚裁量较轻。各国立法均对基因编辑行为进行法律上的规制，并给予严惩。我国立法与其他国家比较，法定刑规定得较轻。我国《刑法》第 336 条规定的非法行医罪，最高法定刑为 3 年以下有期徒刑，在我国刑法中属于轻罪，其他国家法律规定的惩治措施要严厉得多。例如法国 1994 年颁布的《生命伦理法》（对于此类行为判处 20 年以下有期徒刑）、英国 1990 年制定的《人类受精、胚胎研究法》（10 年以下有期徒刑或罚金）、德国 1990 年制定的《胚胎保护法》（5 年以下有期徒刑或罚金）、2002 年日本的《规范基因技术法》（10 年以下有期徒刑或罚金），等等。可见，世界各国对有关人类个体、胚胎的基因改良技术均设置了 5 年及以上的有期徒

① 贺建奎案基本案情：被告人贺建奎违反我国科研和医疗管理规定，不具备医生执业资格，擅自将基因编辑技术应用于人类辅助生殖医疗，严重扰乱我国医疗管理秩序，情节严重，其行为构成非法行医罪。判处有期徒刑 3 年，并处罚金 300 万元。同案被告张某礼被判处有期徒刑 2 年，并处罚金人民币 100 万元；覃某洲有期徒刑 1 年 6 个月，缓刑 2 年，并处罚金人民币 50 万元。

② 《刑法》第 336 条第 1 款　【非法行医罪】未取得医生执业资格的人非法行医，情节严重的，处三年以下有期徒刑、拘役或者管制，并处或者单处罚金；严重损害就诊人身体健康的，处三年以上十年以下有期徒刑，并处罚金；造成就诊人死亡的，处十年以上有期徒刑，并处罚金。

刑或罚金刑。[①] 比较我国刑法和国外立法的规定，显然国外立法对不当基因编辑行为的打击更为严厉。贺建奎等人擅自进行的基因疗法，致使3名基因编辑婴儿出生，其行为性质非常恶劣，未知风险不可预知。而且基因编辑并非艾滋病病毒母婴阻断的唯一方法，贺建奎等人明知故犯，以科学的名义，打着阻断艾滋病毒的旗号，实质是基于个人追逐名利的功利性和不可告人的目的，判处3年有期徒刑实属量刑较轻。

我国刑事立法与时俱进，随着时代发展和技术进步而适时立法，通过《刑法修正案(十一)》，增设新的罪名非法植入基因编辑、克隆胚胎罪，该罪名法定刑为3年以下有期徒刑或者拘役，并处罚金，属于轻罪。非法植入基因编辑、克隆胚胎罪写入刑法，顺应了科学技术的发展节奏，及时惩治违背人类伦理，逾越法律底线、造成严重后果的不当科研行为。从医学角度来看，以基因编辑手段实现阻断艾滋病病毒母婴传染过于极端和危险，服用抗病毒药物、产科干预或改变喂养方式等也可以实现阻断目的。根据2003年《人胚胎干细胞研究伦理指导原则》(以下简称《伦理指导原则》)第6条第2项的规定，人胚胎干细胞研究不得将已修改基因的人囊胚植入生殖系统。[②]《人类辅助生殖技术规范》也明确规定，禁止以生殖为目的对人类配子、合子和胚胎进行基因操作……男女任何一方患有严重性传播疾病，不得实施体外受精—胚胎移植及其衍生技术。我国颁布的《民法典》第1009条[③]也对此类进行了规定。贺建奎等人逾越

---

① 法国《生命伦理法》规定，严禁将未受精卵的卵核取出，再取出其体细胞植入到人类胚胎内，将该胚胎植入母体诞生人类的行为，违反者处20年以下有期徒刑。英国《人类受精、胚胎研究法》规定，禁止与上述类似的行为，违反者处10年以下有期徒刑或科处罚金。德国《胚胎保护法》规定，全面禁止对人类个体、胚胎实施基因改良、混合技术，并对体外受精、人类胚胎的干扰予以限制，违反者处5年以下有期徒刑或科处罚金。日本《规范基因技术法》规定，对于生产人类基因个体、人与动物基因改良或混合个体的行为予以禁止，违反者处10年以下有期徒刑，单处或并处1000万日元以下罚金。参见刘立杰：《基因编辑婴儿的三大法律问题》，载《方圆》2018年第23期。

② 《伦理指导原则》第6条规定："进行人胚胎干细胞研究，必须遵守以下行为规范：(一)利用体外受精、体细胞核移植、单性复制技术或遗传修饰获得的囊胚，其体外培养期限自受精或核移植开始不得超过14天。(二)不得将前款中获得的已用于研究的人囊胚植入人或任何其它动物的生殖系统。(三)不得将人的生殖细胞与其他物种的生殖细胞结合。"

③ 《民法典》第1009条规定："从事与人体基因、人体胚胎等有关的医学和科研活动，应当遵守法律、行政法规和国家有关规定，不得危害人体健康，不得违背伦理道德，不得损害公共利益。"

伦理法律底线，给两位婴儿带来终身的不可预知性和危险，造成严重的社会危害结果以及非常负面的国际影响，理应受到道德的谴责、伦理的批判、终身职业禁止以及严厉的刑事处罚。只有这样，才能做到罪刑相适应，才能威慑其他潜在犯罪嫌疑人再打着科学的名义实施类似违背伦理和法律的基因编辑行为。随着现代科技的飞速发展，基因编辑技术也突飞猛进，一方面，基因编辑新技术给人们带来预防、治疗、治愈疑难杂症的希望；另一方面，也有可能给人类健康带来未知的风险和巨大的挑战。应加强科研人员的法律、伦理、道德意识，严格把握科学研究与伦理、法律的界限。基因编辑婴儿案虽然已经尘埃落定，但给全世界的科学研究工作者以警示，我们必须尊重生命，遵守法律，遵循伦理规则。医疗技术的进步离不开科研创新，但任何科学实验都不能罔顾个体健康安全，更不能逾越科研伦理底线。既要鼓励科研人员大胆进行科学尝试和实验探索，不得使其动辄得咎，防止科学停滞不前；又要适时制定专门的法律法规，出台具有时效性、前瞻性、专门性的监管措施，及时惩处不当违法行为，维护人类尊严和社会的公平正义。

笔者认为，近年来我国立法机关陆续颁布多个刑法修正案，增设的新罪大多以轻罪为主。理论层面，是积极刑法立法观的鲜明体现；实践层面，是风险社会和科技迅猛发展引发的新风险、新问题亟须刑法应对的附带后果。对于新增的轻罪罪名，在定罪量刑时，应当坚守我国刑法规定的三项基本原则，实现刑法防卫社会、保障人权的功能。我国正处于依法治国的关键时期，要实现良法善治，需有法可依，刑法作为法律体系的重要组成部分，根据社会发展及时做出反应，适当增设新罪的同时避免重刑化，不仅是完善法律体系的题中之义，也是我国提升治理能力的必然要求。

**二、新罪涉及的重点领域**

关于立法的重要性，哈耶克认为是“人类所有发明中充满了最严重后果的发明之一，其影响甚至比火和火药的发明还要深远”。[①] 我国刑法立法扩张在增设新罪的过程中，并非不加限制地管控社会生活各个方面，而是根据社会发

① 参见[英]弗里德利希·冯·哈耶克：《法律、立法与自由》(第1卷)，邓正来、张守东、李静冰译，中国大百科全书出版社2000年版，第113页。

展在重点领域进行相应的刑法规制，以应对社会情势巨大变革所引发的一系列新挑战。

（一）网络空间领域

当今时代，全球化趋势不可避免，科学技术迅猛发展，人工智能发展势不可当，给人们带来生活便利的同时，也引发了诸多矛盾，衍生出新的犯罪类型。互联网经历了“网络1.0时代”“网络2.0时代”再到现在的“网络3.0时代”。网络社会为我们展示出一种新的社会形态，信息化技术和知识力量得到空前显现，传统意义的社会结构也经历着重大的改变与重塑。[①] 互联网不断升级更替，网络空间的内涵随着互联网发展不断丰富，网络犯罪形式也不断发展演变。科学技术的发展具有两面性，一方面给人们带来科技进步的便利和发展红利，另一方面也可能构成新的犯罪土壤给人们生活带来潜在威胁。例如，在网络技术迅猛发展的情况下，几乎人人离不开网络，自媒体时代的到来，无论是电子支付还是网络资源共享，对网络安全的要求都大幅提升。尤其是面对2020年新冠疫情这一突发性重大社会风险，网络学习、网络办公更是成为保证生产学习有序进行的重要方式。人们对信息技术的依赖性增强，反之也意味着信息技术的犯罪行为对社会生产生活的危害性、影响性也在增强，信息技术安全成为事关民生的重点领域，网络空间刑事理念的发展面临一系列挑战。网络空间刑事理念应当重塑：树立国际网络刑事新理念、坚持罪刑法定原则、坚持宽严相济刑事政策、坚守刑法谦抑性底线，实现我国网络空间依法治理目的，完成建立网络共同体的目标。[②] 通过及时刑事立法，防止网络成为“法外之地”，成为滋生犯罪、造谣生事、传播有害信息的平台，为治理网络犯罪做出刑法应对。

（二）恐怖犯罪领域

近年来，国际范围内恐怖主义活动频发，互联网技术使得恐怖主义思想、极端主义思想的传播更为猖獗，我国也出现了新疆和田劫机事件、广州火车站暴力袭击事件、乌鲁木齐火车站暴力袭击事件等恐怖主义活动，造成严重的人

① 参见方金友：《网络社会的嬗变进程与基本特征》，载《学术界》2014年第9期。

② 参见刘霜、陈佳玉：《论网络空间刑事理念面临的挑战、应对与重塑》，载《河南社会科学》2020年第8期。

员伤亡。恐怖主义犯罪的独有特征(侵犯对象不特定、危害后果非常严重、受害者众多等)可能造成社会严重恐慌,公民的社会安全感极度降低,因而需要刑法提前介入,以防止严重危害结果的现实发生。我国刑法增设一系列关于恐怖主义犯罪新罪名,[①]对恐怖主义犯罪活动进行深入和细化规定,及时对恐怖主义犯罪进行规制,不仅是维护我国国家安全、社会稳定的需要,也是与国际打击恐怖主义犯罪立法接轨的必然要求。

(三)金融犯罪领域

金融犯罪领域涉及的相关罪名较多,以骗取贷款罪为例展开论述。《刑法修正案(六)》在《刑法》第175条"高利转贷罪"之后增设骗取贷款、票据承兑、金融票证罪作为第175条之一。所谓骗取贷款罪,是指行为人以欺骗手段取得银行或者其他金融机构贷款,给银行或者其他金融机构造成重大损失或者有其他严重情节的行为。[②] 立法机关对于我国刑法增设骗取贷款罪的初衷作出权威解释,因为实践中公安机关、人民银行等部门多次提出,有些单位和个人骗取银行或者其他金融机构的贷款,由于难以认定行为人主观上具有非法占有贷款的目的,致使对这类案件的处理陷入两难境地,要么无罪,要么重刑(贷款诈骗罪),客观层面会造成骗取贷款案件的高发趋势,危害到金融安全。

骗取贷款罪与贷款诈骗罪在实践中容易造成混淆。黄太云教授认为,贷款诈骗罪处罚的主要是行为人基于非法使用目的骗取银行贷款的情形。[③] 虽然两罪采取的手段相似,但区分两罪的关键在于主观要件:骗取贷款罪并不以非法占有为目的,有归还贷款的意愿。而贷款诈骗罪则是以非法占有为目的,并不具有归还贷款的意愿,主观是以非法占有贷款为犯罪目的。是否构成"非法占有",最高人民法院于2001年1月21日颁布《全国法院审理金融犯罪案件

---

① 新增的罪名包括:准备实施恐怖活动罪,宣扬恐怖主义、极端主义、煽动实施恐怖活动罪,利用极端主义破坏法律实施罪,强制穿戴宣扬恐怖主义、极端主义服饰、标志罪等。

② 参见高铭暄、马克昌主编:《刑法学》(第8版),北京大学出版社、高等教育出版社2017年版,第402页。

③ 参见黄太云:《〈刑法修正案(六)〉的理解与适用》(下),载《人民检察》2006年第15期。

工作座谈会纪要》,该纪要专门规定了认定“非法占有目的”的法定情形①,以这种明确列举的方式加以规定,这样使得司法实务部门掌握统一操作标准,以便认定是否构成贷款诈骗罪。

（四）民生保护领域

以拒不支付劳动报酬罪为例。诚信乃为人之本,言必信、行必果。然而在多元文化交流冲击、社会发展环境日益复杂的情况下,信用缺失已经到了相当严重的地步,成为社会进步的一大阻碍,建立完善的信用监管体系及失信惩戒体系刻不容缓,因此刑法增设多个与诚信犯罪相关的罪名。我国刑法立法增设拒不支付劳动报酬罪,被称为《刑法修正案(八)》保护民生的亮点工程。②

刑法是否应当增设拒不支付劳动报酬罪,曾经在学界引起较大争论。梁慧星教授提出,“轻易采取刑法打击欠薪行为不妥,把老板判几年刑,工厂垮了,劳动者又会失去工作,无益于问题的解决,建议从民事立法的角度,加强保护劳动者的工资债权”。③ 拒不支付劳动报酬罪顶着巨大争议入刑,将其规定在《刑法》第276条之一。现在看来,无论是处罚的正当性,抑或立法技术,都存在值得商榷之处:

第一,拒不支付劳动报酬罪的行为性质仍然是债权债务关系。实践中,欠债不还的行为在社会中经常发生,本罪亦是如此。即便在债务对象上不同于普通债务,但也没有将其纳入刑法调整对象的特殊理由。何况刑法具有迫不得已原则的约束,如果通过其他部门法可以调整,就不应纳入刑法调整范畴。

---

① 《全国法院审理金融犯罪案件工作座谈会纪要》规定:金融诈骗犯罪都是以非法占有为目的的犯罪。在司法实践中,认定是否具有非法占有为目的,应当坚持主客观相一致的原则,既要避免单纯根据损失结果客观归罪,也不能仅凭被告人自己的供述,而应当根据案件具体情况具体分析。根据司法实践,对于行为人通过诈骗的方法非法获取资金,造成数额较大资金不能归还,并具有下列情形之一的,可以认定为具有非法占有的目的:(1)明知没有归还能力而大量骗取资金的;(2)非法获取资金后逃跑的;(3)肆意挥霍骗取资金的;(4)使用骗取的资金进行违法犯罪活动的;(5)抽逃、转移资金、隐匿财产,以逃避返还资金的;(6)隐匿,销毁账目,或者搞假生产、假倒闭,以逃避返还资金的;(7)其他非法占有资金、拒不返还的行为。

② 参见黄太云:《〈刑法修正案(八)〉解读(二)》,载《人民检察》2011年第7期。

③ 参见《“恶意欠薪”入罪有坚实的民意基础》,载中国农网,https://www.farmer.com.cn/2010/03/14/99772740.html。

第二，刑法既有罪名——拒不执行判决、裁定罪可以解决拖欠劳动报酬的问题。因此，没有必要单独设立新罪对此类行为定罪处罚。当然，有学者可能会提出，拒不执行判决、裁定罪的主体范围并不包括单位。如果实践中出现单位实施此行为且情形严重却无法可依。笔者并非没有注意到本罪主体范围的限定，但司法实践中也有刑法没有明确条文规定单位为犯罪主体，但单位实施犯罪的情况，如由单位实施盗窃等。对于此类问题的解决理论上有较多观点。从目前立法和司法解释上看，可以将单位主管人员和其他直接责任人员作为处罚对象。

第三，拒不支付劳动报酬罪属于不作为犯罪。现代刑法一般以处罚作为犯为主，处罚不作为犯为辅，以此来限制不作为犯的范围。即便对于不作为犯方式实施的故意杀人罪等严重罪行，刑法原则上也以构成要件结果的出现作为处罚要件。现行刑法将其规定为行为犯，难以认为是必要和正当的。①

由此可见，刑法增设新罪既是积极刑法观的鲜明体现，也是犯罪圈逐年扩大的具体表征。根据刑法的谦抑性原则，只有在其他部门法难以处罚的情况下，才能动用刑罚手段加以惩治。刑法中有些罪名②确实不需要动用刑罚手段加以惩处，适用《治安管理处罚法》完全可以达到惩治效果。依照刘艳红教授的观点，这种立法行为是“违背刑法不得作为最先保障法原则，并且也因此使该罪成为立法者的法，而不是民众的法”。③ 笔者认为，我国刑法可以实施相关罪名的退出机制。刑法立法不仅可以根据情势变更时代变迁增设新罪，对于不合时宜、不再符合时代价值理念的“过时”罪名，也可以通过修改刑法，使其退出历史舞台，维护我国刑法的权威性，维护社会的公平正义。

---

① 参见何荣功：《社会治理“过度刑法化”的法哲学批判》，载《中外法学》2015 年第 2 期。

② 例如，《刑法修正案（六）》增设《刑法》第 262 条之一有关组织残疾人、儿童进行乞讨的犯罪行为，《刑法修正案（七）》增设的有关组织未成年人实施违反治安管理活动的犯罪行为，等等。

③ 参见刘艳红：《当下中国刑事立法应当如何谦抑？——以恶意欠薪行为入罪为例之批判性分析》，载《环球法律评论》2012 年第 2 期。

## 第二节　扩大既有罪名适用范围

我国刑法立法的扩张分为两种方式，一是横向扩张即增设新罪，二是纵向扩张，既有罪名保持不变，将同种行为的犯罪化程度加深。通过增加行为方式、降低入罪门槛、扩大处罚范围等方式实现。

### 一、增加行为方式

犯罪行为不是一成不变的。同一罪名的行为方式具有普遍性，但随着时代的发展，由于不同行为人生活方式以及价值观念的多样性，行为人的行为方式可能会出现较大差异。面对犯罪行为的复杂多变，刑法需要在原有罪名的基础上增加犯罪行为方式来应对不断发展变化的犯罪态势。

以寻衅滋事罪为例。寻衅滋事罪的行为方式涵盖范围较广，刑法理论中称此类犯罪为口袋罪，该条款也被称为兜底条款。《刑法修正案(八)》将恐吓他人增加为寻衅滋事罪的行为方式。通过立法修改细化寻衅滋事罪的行为方式，不仅是刑事立法的完善，也是司法层面的限制适用。司法实践中，黑恶势力经常采取威胁、恐吓他人的手段实现犯罪目的，这是套路贷案件中追讨债务的常用非法手段。近年来网络小额贷款平台迅速增多，这些贷款平台大多数以无担保，到账速度快作为吸引他人贷款的“优势”。然而由于网络平台自身的特点，使得对该种贷款交易平台监管不易，查处起来难度较大，取证也更为困难。犯罪人往往注册成立多家网贷公司，利用多个关联贷款平台，采用收取高额服务费或者砍头息、会员费的方式，导致借款人需还款的数额远超借款数额，同时由于还款周期短，行为人引诱借款人从不同的关联平台不断贷款来偿还，也就是所谓的“套路贷”，使得被害人债台高筑、倾家荡产。而为了催收贷款，犯罪人常常不分时段地频繁拨打电话，不断发送恐吓短信、微信，采用各种软暴力方式，对被害人及其亲朋好友进行骚扰和恐吓，使被害人产生恐惧心理，高压状态下无法正常生活工作，严重侵犯被害人的合法权益，扰乱社会秩序。对于“套路贷”行为，由于其行为性质方面具备诈骗罪的犯罪构成，刑法已然将这种犯罪行为涵盖,可将实施套路贷的行为人依照诈骗罪定罪处罚。然而套路贷派生的非法讨债行为,即使同样造成了严重的社会危害,但在《刑法修正案(八)》以前却没有与之相应的罪名予以规制,出现法律规制的空白地带。基于此,《刑法修正案(八)》在寻衅滋事罪的基础上增加了恐吓他人这一行为方式,在一定程度上弥补了刑法规定的缺失,使非法讨债的软暴力行为得到应有的惩罚,维护社会秩序,保障公民正常生活生产,提升公民安全感。

再如扰乱法庭秩序罪。我国《刑法修正案(九)》将该罪的行为方式由两种增加至四种。[①] 刑法增加扰乱法庭秩序罪行为方式的立法目的在于,保护司法工作人员的人身安全,保障司法秩序的有序进行,维护法庭尊严。此外,我国《刑法修正案(九)》还增加了聚众扰乱社会秩序罪的行为方式,将犯罪客体“社会秩序”的范围扩大至“医疗秩序”,将“医闹”行为纳入刑法规制范畴。如果“医闹”行为符合法定条件,就可以定性为聚众扰乱社会秩序罪。医院乃救死扶伤之地,为公民生命健康提供重要保障,医疗场所往往人员流动性大,聚集性高,医患矛盾避无可避,对其公共秩序的维护是一项艰巨的任务。刑法将聚众扰乱医院正常医疗秩序,危害医护人员人身安全的“医闹”行为纳入刑法调整范畴,既是对公民切身利益的保护,也是维护良好社会秩序的要求。

《刑法修正案(十)》对《刑法》第299条进行修改,增加了侮辱国歌罪的行为方式。根据我国《宪法》及《国旗法》《国歌法》《国徽法》的规定,国旗、国歌、国徽均是国家象征,尊重国旗、国歌、国徽既是公民的基本义务,也是爱国主义精神的凝聚。根据我国《刑法》规定,应当保护国旗、国徽、国歌。《刑法》对侮辱国歌的行为进行惩治和打击,不仅是维护国家尊严、凝聚人民爱国主义精神的需要,也是完善刑法与宪法及相关法律衔接的必然选择。

《刑法修正案(十一)》也有对于原有罪名行为方式的扩张规定。该修正案第13条对《刑法》第182条规定进行了修改,在原有规定操纵证券、期货市场罪

---

① 《刑法》第309条　【扰乱法庭秩序罪】有下列扰乱法庭秩序情形之一的,处三年以下有期徒刑、拘役、管制或者罚金:(一)聚众哄闹、冲击法庭的;(二)殴打司法工作人员或者诉讼参与人的;(三)侮辱、诽谤、威胁司法工作人员或者诉讼参与人,不听法庭制止,严重扰乱法庭秩序的;(四)有损坏法庭设施,抢夺、损毁诉讼文书、证据等扰乱法庭秩序行为,情节严重的。

有4种行为类型的基础上,增加规定了3种行为类型。① 可见,刑法立法的扩张,不仅包括增设新罪,还包括对于原有罪名犯罪化程度的加深规定。因此,此次刑事立法修改对于证券和期货类犯罪的惩治更为精准和有力,司法机关适用标准更为明确统一,同时也使我国的刑事法网更加严密。

## 二、降低入罪门槛

取消犯罪构成的限制性条件,降低入罪门槛也是一种刑法立法扩张的体现。此外,降低入罪门槛与刑法介入早期化有一定重合之处,不过两者还是有所区分的。降低入罪门槛是针对既有罪名而言的,而刑法介入早期化则未必都是既有罪名,也可能是增设新罪名,或者新的立法现象。

### (一)降低入罪标准

以《刑法修正案(八)》对盗窃罪的修改为例,修正案删去《刑法》第264条规定的"多次盗窃""入户盗窃""携带凶器盗窃""扒窃"这4种行为方式的数额要求,即只要行为人符合这4种情形即构成盗窃罪。由此可见,盗窃罪的入罪标准除了数额外,还有特定行为方式的限定。只要符合法定构成要件,就可以认定为构成盗窃罪。值得注意的是,此次刑法立法修正并不是取消所有盗窃行为类型的数额要求,而是针对相较普通盗窃行为而言,社会危害性更为严重的4种行为类型。具体而言:其一,多次盗窃即构成犯罪,不再有数额要求。多次盗窃者相较初犯来说,行为人主观恶性较大,甚至出现犯罪分子利用盗窃罪有数额要求这一点,每次实施盗窃行为均控制盗窃数额,使得单次盗窃不构成犯罪,借此逃避法律责任的追究。因此,修正后的《刑法》对多次盗窃行为取消数额较大的限制,这样不仅完善了盗窃罪的刑事立法,也遏制了犯罪分子的

---

① 《刑法》第182条第1款 【操纵证券、期货市场罪】有下列情形之一,操纵证券、期货市场,影响证券、期货交易价格或者证券、期货交易量,情节严重的,处五年以下有期徒刑或者拘役,并处或者单处罚金;情节特别严重的,处五年以上十年以下有期徒刑,并处罚金:(一)单独或者合谋,集中资金优势、持股或者持仓优势或者利用信息优势联合或者连续买卖的;(二)与他人串通,以事先约定的时间、价格和方式相互进行证券、期货交易的;(三)在自己实际控制的帐户之间进行证券交易,或者以自己为交易对象,自买自卖期货合约的;(四)不以成交为目的,频繁或者大量申报买入、卖出证券、期货合约并撤销申报的;(五)利用虚假或者不确定的重大信息,诱导投资者进行证券、期货交易的;(六)对证券、证券发行人、期货交易标的公开作出评价、预测或者投资建议,同时进行反向证券交易或者相关期货交易的;(七)以其他方法操纵证券、期货市场的。

侥幸心理。其二,入户盗窃。《刑法修正案(八)》对入户盗窃取消盗窃数额的限制,以实现对入户盗窃的防控。盗窃罪中的“户”,一般指的是家庭及其成员与外界相对隔离的生活场所,是一种具有高度隐私性的场所。入户盗窃不仅是对公民财产权的一种侵犯,还会使人们对自己赖以生活的隐私性极高的家庭场所是否安全产生恐慌,造成恶劣的社会影响,因此,修正后的《刑法》取消入户盗窃的数额限制,降低该种行为的入罪门槛。其三,携带凶器盗窃。《刑法修正案(八)》之所以取消携带凶器盗窃的数额限制,也与该行为方式可能造成的严重危害后果相关。携带凶器进行盗窃,其行为的危险性本身就大于一般的盗窃行为,因此刑法无须规定数额,只要行为人携带凶器盗窃,即可定罪处罚。其四,扒窃。发生在公共场所的扒窃,例如在公共交通工具、车站、市场、广场等地方,其本身就具有扰乱社会秩序的危险性,且由于窃取的是公民随身携带的物品,在造成公民财产损失的同时,对公民的人身安全也具有较大的潜在威胁,因此刑法对该种盗窃行为降低入罪标准,将其纳入刑法规制范围,以维护社会秩序和公民的财产安全。由此可见,《刑法修正案(八)》关于盗窃罪的修改,体现了勿以恶小而为之的价值观念,为公民树立行为标准,使公民认识到无论是一分钱还是一万元,均是盗窃,是违法犯罪行为,是不能逾越的底线。

以污染环境罪为例,《刑法修正案(八)》将“重大环境污染事故罪”修改为“污染环境罪”,体现我国进一步严厉打击污染环境犯罪的坚强决心。修正案取消了对于土地、水体、大气的地点限制以及造成污染事故、遭受人身伤亡和财产损失的后果要求。这不仅是刑法介入早期化的体现,也是取消刑法条款的限制性条件,降低污染环境罪入罪门槛的具体体现。

以抢夺罪为例,《刑法修正案(九)》增加了多次抢夺也可构成犯罪的规定,即构成抢夺罪不再要求数额较大,只要实施多次抢夺行为,即使抢夺的数额未达到较大的标准,也构成该罪。这也是降低入罪门槛的具体表现。

再以扰乱法庭秩序罪为例,《刑法修正案(九)》删去该罪关于“严重扰乱法庭秩序”的罪量要求。因为法庭是进行庭审查清事实的核心场所,代表司法威严,是神圣严肃的地方,如果行为人故意实施聚众哄闹、冲击法庭、殴打司法工作人员或者诉讼参与人等具有严重社会危害性的行为,藐视司法威严,忽视法律权威,对法庭秩序造成严重影响,即可构成扰乱法庭秩序罪。由此可见,修正后的刑法不再要求达到严重扰乱法庭秩序的程度,降低了入罪门槛,目的在于维护法庭秩序和司法尊严。

(二)取消部分犯罪"情节严重"的限制条件

随着社会文明的高度发展,人们对自我权利的保护越发重视,公民的个人隐私权越发重要,而随着网络技术的迅猛发展,诸多手机软件需要输入个人信息方能使用。如果网络平台对于个人信息保护不力,加之不法分子肆意盗取公民个人信息,就极易泄露公民个人信息甚至造成严重后果。但是,实践中倒卖公民或者非法买卖公民个人信息的行为禁止难度较大,立法机关应当为保护公民个人信息积极立法,相关规定也应适时修改,以实现公民个人信息及隐私权的有效保护。基于此,《刑法修正案(七)》增设了第253条之一,对出售、非法提供、非法获取公民个人信息的行为进行规制,并划定了行为主体范围,规定了"情节严重"这一限制条件。《刑法修正案(九)》进一步取消该罪名第2款、第3款中"情节严重"的入罪限制,对于行为人将在其履职或者提供服务过程中获得的公民个人信息出售、提供给他人以及窃取或非法获取公民个人信息的两种情形均不再要求"情节严重",只要实施上述行为即可构本罪。这是因为该种情形往往出现在国家机关单位或者医疗、教育、电信等具有社会公信力的单位,人们在接受服务或者履行义务的过程中出于对单位公信力的信任提供个人信息,此种情形下侵犯公民个人信息不仅是对公民个人利益的损害,也是对国家公信力和社会诚信体系的冲击破坏,因此取消其"情节严重"的限制,降低入罪门槛,对该类行为进行严厉打击是刑法保护公民个人信息的合理选择。两个刑法修正案相继对侵犯公民个人信息的犯罪行为进行规制,由此可见,刑事立法也需要与时俱进,应当根据社会发展新态势,及时对重要法益进行更为全面的保护。

(三)降低刑事责任年龄

《刑法修正案(十一)》降低刑事责任年龄的立法举措,在及时回应民众呼声、威慑低龄未成年人犯罪等方面的积极作用不言而喻,然而学界质疑并未彻底削减,降低刑事责任年龄的正当性依据缺乏理论支撑,刑事立法功能性转变的正当性受到质疑。就立法论而言,降低刑事责任年龄的立法举措,也是刑法立法扩张的鲜明体现,并且被称为我国现行刑法对于总则的一次重大修改。

1. 降低刑事责任年龄的立法缘由

近年来我国发生多起低龄未成年人实施的重大恶性案件,2017 年四川达州 13 岁男孩袁某某持刀弑母案;2018 年 12 月湖南沅江 12 岁男孩弑母案;2019 年大连 13 岁蔡某某杀害 10 岁女童案;2020 年安徽郎溪 13 岁杨某某杀害堂妹抛尸案等。这些案件的行为人都因未达到最低刑事责任年龄不承担刑事责任而致民意沸腾。为及时回应社会关切,预防和惩治低龄未成年人犯罪,2020 年 12 月 26 日第十三届全国人民代表大会常务委员会第二十四次会议通过《刑法修正案(十一)》。其第 1 条第 3 款规定,“已满十二周岁不满十四周岁的人,犯故意杀人、故意伤害罪,致人死亡或者以特别残忍手段致人重伤造成严重残疾,情节恶劣,经最高人民检察院核准追诉的,应当负刑事责任”。

2021 年 6 月 16 日最高人民法院、最高人民检察院联合发布《关于常见犯罪的量刑指导意见(试行)》(以下简称《量刑指导意见》),于 2021 年 7 月 1 日起实施。《量刑指导意见》在第三部分“常见量刑情节的适用”中明确规定:已满 12 周岁不满 16 周岁的未成年人犯罪,减少基准刑的 30% ~60% ;已满 16 周岁不满 18 周岁的未成年人犯罪,减少基准刑的 10% ~50% 。《量刑指导意见》明确规定对于未成年人犯罪,尤其是低龄未成年人犯罪,在量刑方面予以减轻处罚。至此,我国对降低刑事责任年龄的立法修改尘埃落定,相关司法解释也与之配套规定。降低刑事责任年龄的立法举措在回应社会关切、纠正传统“惩治未成年人犯罪过于宽纵”的做法、威慑低龄未成年人犯罪等方面具有积极意义。

然而,刑法学界的质疑之声仍然不绝于耳。[①] 其一,《刑法修正案(十一)》

---

① 参见刘宪权、石雄:《对刑法修正案调整最低刑事责任年龄的商榷》,载《青少年犯罪问题》2021 年第 1 期;彭文华、傅亮:《论〈刑法修正案(十一)〉关于刑事责任年龄的规定》,载《青少年犯罪问题》2021 年第 1 期;徐久生、徐隽颖:《降低刑事责任年龄否定论》,载《当代青年研究》2020 年第 2 期。

颁布实施以来已有一年时间，尚没有一例 12 ~ 14 周岁未成年人犯罪的实际判决，是否意味着此次立法仅为学界批判的象征性立法或者宣示性立法？其二，即便降低刑事责任年龄已然入刑，但此次立法举措的正当性问题并未得到真正解决，反而因为立法程序的瑕疵①而使得质疑更多。其三，降低刑事责任年龄毕竟是重大的刑事立法变革，为何学界观点与社情民意立场迥异？最低刑事责任年龄降至 12 周岁的立法依据何在？为何是部分降低而非全面下调？此次立法究竟是权宜之计②还是长久之策？司法实践应当如何适用？上述一系列问题亟须进行深入探讨，挖掘其背后体现的立法机理，为今后我国刑事立法提供借鉴和参考。

2. 降低刑事责任年龄的学术论争

我国刑法学界对于应否降低刑事责任年龄的学术论争大体可以概括为赞同论、否定论和弹性调整论，各派争议不休，一直未有定论。

(1)赞同论及其评析

赞同论者认为，应当降低刑事责任年龄，以便应对当前日益严峻的未成年人犯罪的发展态势，对犯罪低龄化现象及时作出回应。持赞同观点的论者范围较广，既包括刑法学者，也包括诸多社会人士。在立法机关尚处于犹豫踌躇期间，有学者就已经激进地提出，“应当毫不犹豫地降低刑事责任年龄”。③

赞同论者的具体理由如下：其一，就国际范围而言，2007 年《第 10 号一般性意见——少年司法中的儿童权利》(以下简称《第 10 号一般性意见》)第 32 段次规定，刑事责任年龄起点不应规定得太低，应当考虑到情绪和心智成熟的实际情况。各国最低刑事责任年龄至少应规定为 12 周岁。④ 其二，从我国现实国情出发，随着社会经济的发展和生活水平的提高，青少年日益呈现出心智

① 2021 年 10 月 13 日《刑法修正案(十一)(草案)》(二审稿)提请全国人大常委会审议，刑事责任年龄拟下调至 12 岁等内容纳入刑法修正案。

② 参见舒登维：《刑事责任年龄“个别下调”，过渡时期最优方案》，载《人民法院报》2021 年 7 月 29 日，第 6 版。

③ 参见王恩海：《应毫不犹豫降低刑事责任年龄》，载《青少年犯罪问题》2020 年第 2 期。

④ 参见王登辉：《降低未成年人刑事责任年龄的基本问题研究》，载《西南政法大学学报》2020 年第 4 期。

早熟的特征。当前12周岁的未成年人已经具备辨认是非与控制行为的能力,理应对自己的重大危害社会行为承担相应的刑事责任。[①] 其三,就未成年人犯罪发展态势而言,我国未成年人犯罪日益低龄化,12周岁至14周岁未成年人实施的触法行为[②]难以得到有效惩治。其四,从被害人角度来看,对低龄未成年人实施刑事处罚,能够有效抚慰被害人的心灵,消解其仇恨心理,维护社会的和谐稳定。其五,就刑法的功能而言,刑法属于社会防卫法,也是惩罚措施最为严厉的部门法,以刑法惩治触法未成年人既可以有效打击犯罪,也有利于威慑潜在的未成年犯罪人。

赞同论者立场鲜明,从不同角度论证我国刑法应当降低刑事责任年龄。与弹性调整论相较而言,赞同论者提倡的刑事责任年龄制度属于刚性规定。但是,赞同论者的说理并不充分,例如最低刑事责任年龄为何降至12周岁?为何应当全面降低而非"部分下调"?如何证明12周岁的未成年人具备辨认和控制能力等,这些关键问题的说理并不充分,甚至被刻意回避。

还需要补充的是,我们不能片面解读国际公约的规定。《第10号一般性意见》并非建议各缔约国将刑事责任年龄降至12周岁,而是主张应当继续提高最低刑事责任年龄的幅度,尤其是低于12周岁的,至少应当提至12周岁作为绝对最低责任年龄,然后逐步提高其幅度。例如《第10号一般性意见》第32段次规定,儿童权利委员会"鼓励各缔约国将其较低的最低刑事责任年龄提高到12岁为绝对最低责任年龄,并继续提高最低刑事责任年龄的幅度"。第33段次规定,"委员会促请各缔约国不要将最低刑事责任年龄降低至12岁。较高的最低刑事责任年龄,诸如14岁或16岁,可促进少年司法制度……"[③]

---

① 参见刘宪权、石雄:《对刑法修正案调整最低刑事责任年龄的商榷》,载《青少年犯罪问题》2021年第1期。

② 触法行为,是指因为未满刑事责任年龄,或者因为未成年人刑事政策因素而不予刑事处罚的行为。这一行为的特点与判断标准是:如果是成年人所为,即构成犯罪,未成年人实施,则不是犯罪或者不予刑事处罚。参见姚建龙:《论〈预防未成年人犯罪法〉的修订》,载《法学评论》2014年第5期。

③ See Committee on the Rights of the Child, General Comment No. 10, Children's rights in juvenile justice (Forty-fourthsession, 2007), U. N. Doc. CRC/C/GC/10(2007).

(2)否定论及其评析

否定论也可以称为维持论,持此论者反对降低刑事责任年龄,认为应当维持我国1997年《刑法》对于最低刑事责任年龄的规定。否定论者立场坚定,即使我国《刑法修正案(十一)》已经明确降低刑事责任年龄,其对此仍然持否定或者商榷态度。[①] 否定论者认为,与其通过降低刑事责任年龄实施严刑峻法,不如转而关注如何预防未成年人犯罪、如何完善少年司法体系等更为关键的问题。

概括起来,否定论者的具体理由如下:其一,就国际规则而言,《联合国少年司法最低限度标准规则(北京规则)》(以下简称《北京规则》)第4条规定,"在承认少年负刑事责任的年龄这概念的法律制度中,该年龄的起点不应规定得太低,应考虑到情绪和心智成熟的实际情况"。[②] 其二,就法律的稳定性而言,1979年以来我国《刑法》从未对刑事责任年龄进行修改。即便刑事立法一再调整,但连续颁布10个刑法修正案都未对刑事责任年龄做出调整,体现出立法者严谨审慎、维护法律稳定性的立法理念。正如有学者所言,"盲目降低刑事责任年龄起点会掏空责任概念,带来刑法解释和适用上一系列的问题,加剧法律规则的统一性和个案公正性之间的紧张关系"。[③] 其三,就未成年人法律体系而言,未建立独立的少年司法体系前,不宜降低刑事责任年龄标准。[④] 其四,就未成年人犯罪成因的复杂性而言,不主张降低刑事责任年龄,并不意味着对低龄未成年人恶性触法和罪错现象放任不管,触法未成年人的收容教养和工读教育应予真正激活并规范运作。[⑤]

笔者认为,否定论者反对降低刑事责任年龄,对于维护刑事立法的稳定性而言值得肯定。至于是否应当完善少年司法体系以及未成年人的收容教养及

---

① 参见姚建龙:《论〈预防未成年人犯罪法〉的修订》,载《法学评论》2014年第5期。

② 参见《联合国少年司法最低限度标准规则(北京规则)》,载联合国官网1985年11月29日,https://www.un.org/zh/documents/treaty/A-RES-40-33。

③ 参见刘俊杰:《论降低刑事责任年龄起点的不可行性》,载《法学杂志》2020年第7期。

④ 参见姚建龙:《中国少年司法的历史、现状与未来》,载《法律适用》2017年第19期。

⑤ 参见邓君韬:《年龄与认知:"降低刑事责任年龄"引发的思考》,载《中国政法大学学报》2020年第4期。

工读教育(此类问题相关立法已作修改)等问题,均不属于是否降低刑事责任年龄的核心问题。虽然上述问题也很重要,但是仅属于配套制度或者少年司法体系完善问题,上述否定理由并未涉及问题实质。为何最低刑事责任年龄应当维持在14周岁?当今"00后""10后"的青少年与1979年的青少年相比是否心智发育更为成熟,接受的信息是否更为广泛,辨认和控制能力是否有所增强等,这些都不容忽视,也是否定论者应当直面的问题。

(3)弹性调整论及其评析

持弹性调整论的学者认为,应当根据不同情形,设定弹性的刑事责任年龄区间,有区分地对实施特定犯罪的未成年人施以刑罚。① 有学者提出,弹性调整论可以分为激进弹性调整论和保守弹性调整论。激进的弹性理论主要是针对传统的英美恶意补足年龄制度而言的,而保守弹性调整论则是指在弹性区间内一般推定未成年人为无责任能力人,采取"定性+定量"模式对部分行为进行规制。"定性"是指部分社会危害极大且无须较高辨认能力和控制能力的暴力犯罪;"定量"是指在满足定性的前提下,在量刑上足以对其定较高有期徒刑、无期徒刑或者死刑。②

支持弹性调整论的具体理由如下:其一,刚性刑事责任使刑法的震慑作用被大幅削弱,忽略了被害人的利益。而弹性调整论则是将刑事责任年龄划分为不同区间,采取不同的处遇方式,较之刚性制度更为灵活。③ 其二,年龄的界限不能成为意识范畴认识辨别能力的绝对界限,人的认识、辨别能力属于意识范畴……以14周岁为界限,满14周岁有认识、辨别能力,不满14周岁则无辨别能力,这显然是不能成立的。④ 其三,弹性调整论有利于贯彻落实"教育为主、惩罚为辅"的刑事政策。有学者提出,"对未成年人'教育为主,惩罚为辅'

① 参见彭文华、傅亮:《论〈刑法修正案(十一)〉关于刑事责任年龄的规定》,载《青少年犯罪问题》2021年第1期;陈艳:《刑事责任年龄弹性规定之我见》,载《青少年犯罪问题》2000年第2期;张拓:《最低刑事责任年龄弹性化之提倡》,载《青少年犯罪问题》2017年第2期。

② 参见彭文华、傅亮:《论〈刑法修正案(十一)〉关于刑事责任年龄的规定》,载《青少年犯罪问题》2021年第1期。

③ 参见彭文华、傅亮:《论〈刑法修正案(十一)〉关于刑事责任年龄的规定》,载《青少年犯罪问题》2021年第1期。

④ 参见陈艳:《刑事责任年龄弹性规定之我见》,载《青少年犯罪问题》2000年第2期。

很大程度上是以不足量的惩罚来达到教育未成年人的最大效果……对未成年人的任何保护性处罚措施,都是源于未成年人较之于成年人的特殊性,正是这一特殊性使得刑罚在未成年人刑事法律中刻意收敛,从而也使得常态下的刑罚功能有所减损”。[①]

出于担心部分下调刑事责任年龄会扩大刑罚处罚范围的忧虑,有刑法学者提出,“可以考虑适用英美法系国家恶意补足年龄规则,以此无须降低刑事责任年龄”。[②] 笔者认为,激进的弹性理论即恶意补足年龄制度并不一定适应我国现实国情。所谓恶意补足年龄规则(malice supplies the age),是指特定低龄化儿童在触犯刑事法律时,依据行为时的恶意来推断认定其是否具备刑事责任能力,以弥补一定区间年龄段各个异化情形的忽视适用。[③] 恶意补足年龄规则是英美法系国家判定处于一定年龄段的低龄未成年人是否具有责任能力的规则。依据该规则,如果有足够的证据表明低龄未成年人具有主观恶意而且能够区分是非,且行为违法,即使不到刑事责任年龄,仍然可以通过恶意推定,追究未成年人的刑事责任。

笔者认为,恶意补足年龄规则在中国可能因为水土不服而在适用上面临重重困难:其一,低龄未成年人的恶意应当由谁认定?其二,“恶意”的认定标准应当如何把握?其三,适用于英美法系的规则能否在我国法律体系内找到立足之地?是否符合主客观相统一原则?其四,超出刑法规定认定未达到刑事责任年龄的未成年人构成犯罪,是否严重违背罪刑法定原则?正如有些学者所言,对于主客观相统一原则的例外,必须是基于极其重大且特殊的理由,即在法益衡量层面,必须存在更为紧迫的目的导向以及国家保护未成年人的

---

① 参见陈伟:《教育刑与刑罚的教育功能》,载《法学研究》2011 年第 6 期。

② 参见陈伟、熊波:《校园暴力低龄化防控的刑法学省思——以“恶意补足年龄”规则为切入点》,载《中国青年社会科学》2017 年第 5 期;张文秀:《刑事责任年龄下限问题研究——兼论将“强制教养”纳入刑事诉讼法特别程序》,载《社会科学论坛》2016 年第 5 期;郭大磊:《未成年人犯罪低龄化问题之应对——以“恶意补足年龄”规则为借鉴》,载《青年研究》2016 年第 6 期。

③ See Blackstone William, *Commentaries of the Law of England Volume IV of Public Wrongs (1769)*, The University of Chicago Press, 1979, p.36,53.

公共政策价值追求。① 由此可见，发源于英美法系的恶意补足年龄规则在我国的法律体系内并无适用空间，而且认定标准、认定主体均是难题。

保守的弹性调整论与我国刑事立法的修改模式类似，划定一定区间，行为人对于该区间内具有严重社会危害性且人身危险性较为严重的犯罪承担刑事责任。申言之，由立法设定特定的区间，在区间内“推定”未成年人是否具有刑事责任能力。笔者认为，保守的弹性调整论缺乏明确的统一适用标准，有违罪刑法定原则。笔者更倾向于我国立法机关采取的“部分下调刑事责任年龄”的立法举措。既回应社会关切，也符合我国“教育为主、惩罚为辅”的未成年人刑事政策，同时也体现了我国刑事立法的灵活性。

赞同论、否定论与弹性调整论三种观点所持立场各不相同。1979 年以来，40 余年时间里我国刑事立法从未对刑事责任年龄作任何修改，为何此次《刑法修正案（十一）》突然在二审稿中加入降低刑事责任年龄的条款？为何立法机关没有一步到位，仅作部分下调而非全面降低？为何刑事责任年龄降至 12 周岁？令人遗憾的是，以上三种争议观点均未对上述问题有明确合理的解答。否定论者反对降低刑事责任年龄，但阐述理由中未涉及为何刑事责任年龄的起点应当定于 14 周岁而不允许做任何改变。赞同论者虽然主张降低刑事责任年龄，但也回避了为何降至 12 周岁的难题。弹性调整论者虽然主张部分下调，却没有学者对于 12 周岁作为刑事责任年龄起点展开科学系统的论证。

3. 降低刑事责任年龄的正当性考察

民众普遍呼吁降低刑事责任年龄的原因在于，多起低龄未成年人实施的重大恶性案件，行为人由于未达到最低刑事责任年龄而不受刑罚处罚。世界各国对于刑事责任年龄起点如何规定？仅以媒体曝光的个别极端恶性事件能否得出我国未成年人犯罪逐年恶化的结论？我国立法降低刑事责任年龄的依据何在？笔者拟通过国际权威儿童权利保护机构 CRIN（Child Rights

① 参见彭文华、傅亮：《论〈刑法修正案（十一）〉关于刑事责任年龄的规定》，载《青少年犯罪问题》2021 年第 1 期。

International Network)①,我国的国家统计局、最高人民法院、最高人民检察院等国家机关发布的权威数据,总结归纳出我国刑事立法部分降低刑事责任年龄至12周岁的现实依据。

(1)大多数国家刑事责任年龄起点为12～14周岁

国际儿童权利保护机构CRIN每年都对各国规定的刑事责任年龄起点进行统计。根据CRIN于2017年3月发布的权威数据,我们可以了解和掌握各国刑事责任年龄的最低起点及分布区域。

第一,刑事责任年龄起点规定为14周岁的国家最多。根据国际儿童权利保护机构CRIN发布的数据,各国规定的刑事责任年龄最低起点各不相同,从0周岁到16周岁,在各个年龄段均有分布。依照从低到高的顺利排列,刑事责任年龄起点定为0周岁或者没有规定刑事责任年龄起点的有7个国家;刑事责任年龄起点定为7周岁的有26个国家;起点为8周岁的有11个国家;起点为9周岁的有6个国家;起点为10周岁的有27个国家;起点为11周岁的有2个国家;起点为12周岁的有33个国家;起点为13周岁的有20个国家;起点为14周岁的有46个国家;起点为15周岁的有12个国家;起点为16周岁的有7个国家。其中将最低刑事责任年龄起点定为14周岁的国家数量最多,共有46个国家,且多为欧洲和亚洲国家。仅有2个国家将刑事责任年龄起点定为11周岁。可见,我国原有刑法将刑事责任年龄起点规定为14周岁属于国际通行做法,并不违背世界潮流和国际刑事立法的发展趋势。

第二,12周岁是各国规定最低刑事责任年龄起点的"分水岭"。根据国际儿童权利保护机构CRIN公布的数据,世界范围内规定刑事责任起点为0～11周岁的国家,总数为79个。最低刑事责任年龄起点从13～16周岁的国家总数为85个,两个年龄段基本持平,以12周岁为"分水岭",低于12周岁和高于12周岁的国家数目相差不大。除了上述年龄段,还有6～9周岁、10～11周岁和

① CRIN(Child Rights International Network)是一个国际儿童权利机构。该机构成立于1995年,设立目的在于保护儿童权利而不是慈善,并呼吁各国政府和全社会对儿童的态度和做法发生真正的转变。该机构与世界近3000个组织相联系,该机构以出版物,研究成果和信息共享方式,在世界每个国家/地区致力于保护儿童权利。

16～18周岁这些年龄段,分别分布在不同国家,不过对应国家的数目相对较少。不仅如此,国际机构儿童权利委员会建议《儿童权利公约》各个缔约国规定的最低刑事责任年龄不能低于12周岁。[①] 外国学者指出,“最低刑事责任年龄在国际上的中间值是12岁”。[②] 据CRIN统计,世界范围内共有33个国家将最低刑事责任年龄起点定为12周岁。

第三,我国刑法对于刑事责任年龄的规定符合国际趋势。我国原有刑法将刑事责任年龄最低规定为14周岁,与世界上大多数国家相一致。此次刑事立法修改,将刑事责任年龄部分下调至12周岁也并不违反国际通行做法,毕竟12～14周岁的未成年人仅对特定罪名、在符合特定情形、依照特定程序的情况下才承担刑事责任。我国立法机关在修订未成年人相关立法时,充分考虑了社情民意,且参照国际通行做法,将刑事责任年龄有限制地审慎下调,符合我国一贯奉行的“教育为主,惩罚为辅”的惩治未成年人犯罪的刑事政策。

(2)我国是世界上未成年人犯罪率最低的国家之一

最高人民法院司法大数据研究院于2018年发布《我国未成年人权益司法保护和未成年人犯罪特点及其预防》的调研报告,对于全国未成年人犯罪数量进行跟踪调研(见图1)。该调研报告显示,从2009年至2017年,我国未成年人犯罪人数连续9年持续下降,创造了预防未成年人犯罪的奇迹。其中,近五年犯罪人数下降幅度较大,平均降幅超过12%,2016年降幅更是达到18.47%。我国已成为世界上未成年人犯罪率最低的国家之一。[③]

根据最高人民法院发布的数据,可知我国未成年人犯罪率是世界上最低的国家之一,并未如某些媒体所言低龄未成年人犯罪发展态势恶化。由此,我国刑事责任年龄根本没有必要进行大幅调整,但如果基于社会情势的变化或者民众呼声,对于刑事责任年龄进行部分微调则在合理的范围之内。

---

① See Committee on the Rights of the Child, General Comment No. 10, Children's rights in juvenile justice (Forty-fourth session, 2007), U. N. Doc. CRC/C/GC/10 (2007).

② See Don Cipriani, *Children's Rights and the Minimum Age of Criminal Responsibility: A Global Perspective*, Ashgate Publishing, 2009, p. 110.

③ 参见《从司法大数据看我国未成年人权益司法保护和未成年人犯罪特点及其预防》,载最高人民法院网2018年6月1日,https://www.court.gov.cn/zixun-xiangqing-99402.html。

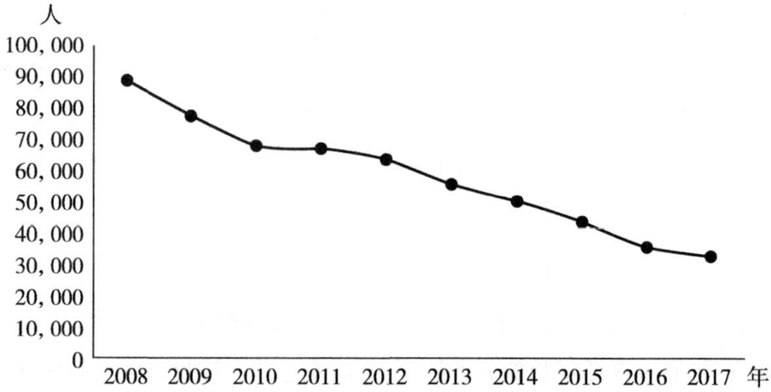


**图1 全国未成年人犯罪人数(2008~2017年)**

(3)近年来我国未成年人犯罪发展态势并未恶化

从2011年起,国家统计局每年发布中国儿童发展纲要,其中一项重要内容是当年的未成年人犯罪情况。2020年12月18日,国家统计局发布最新的《2019年〈中国儿童发展纲要(2011—2020年)〉统计监测报告》。① 根据国家统计局发布数据,我们制作了图2和图3,以便全面掌握我国近年来未成年人犯罪占比情况和青少年作案人员的占比情况,为相关刑事立法提供现实依据和科学参考。

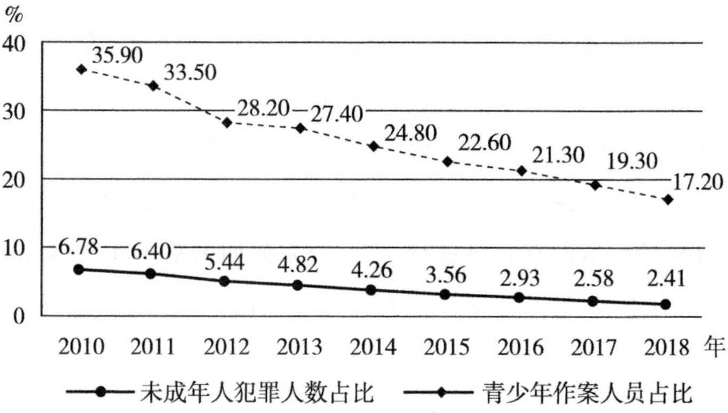


**图2 未成年人犯罪与青少年作案人员占比**

① 参见《中国儿童发展纲要(2011—2020年)》,载国家统计局官网,http://www.stats.gov.cn/sj/zxfb/202302/t20230203_1900547.html。

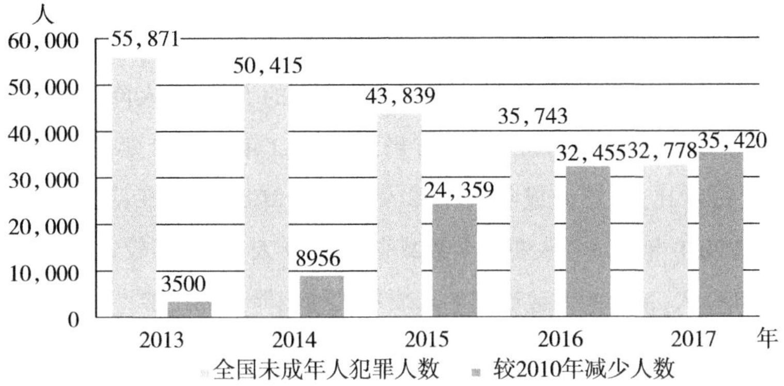


**图 3　2013～2017 年全国未成年人犯罪人数及其较 2010 年减少人数**

第一,未成年人犯罪人数占同期犯罪人数的比重非常低,且降幅明显。根据国家统计局发布的权威数据(见图 2),我们可以看出,从 2010 年到 2018 年,未成年人犯罪人数占同期犯罪人数的比例最多为 6.78%(2010 年),最少仅为 2.41%(2018 年)。2019 年的数据为 2.59%。[①] 相较于 2018 年,略有上升,但绝对占比仍然较低。由此可见,未成年人犯罪人数占同期犯罪人数的比例从 2010 年到 2018 年,降幅非常明显,且下降趋势继续保持。客观地说,自 2006 年、2012 年两次修改《未成年人保护法》以来[②],检察机关特别强调"教育为主,惩罚为辅"的政策导向,对未成年人犯罪的不捕不诉率大幅提高,这在客观上降低了法院 2013～2018 年的最终统计数据。然而,即使如此,也不能忽视或者否认未成年人犯罪逐年递减的趋势。

第二,我国青少年作案人员占比较低,呈现逐年递减趋势。根据国家统计局发布的数据(见图 2),2010 年青少年作案人员占全体作案人员的比例为 35.90%,到了 2018 年占比仅为 17.20%。由此可见,青少年在全体作案人员中

① 参见《中国儿童发展纲要(2011—2020 年)》。

② 2020 年 10 月 17 日我国再次修订《未成年人保护法》,自 2021 年 6 月 1 日起施行,国家统计局数据截至 2019 年(数据查询截至 2023 年 3 月 24 日)。

不仅占比较低，而且呈现逐年递减趋势。①

第三，我国未成年人犯罪人数呈逐年递减趋势。② 根据国家统计局发布的数据（见图3），未成年人犯罪人数从2013年的55,871人降至2017年的32,778人，减少了2万余人，国家统计局还将2013年至2017年的数据与2010年数据进行对比，发现未成年人犯罪人数较之2010年也在持续减少，其中2013年比2010年未成年人犯罪人数减少了3500人，2017年较之2010年则减少了35,420人，减少的人数比当年未成年人的犯罪人数还多。国家统计局发布的《中国儿童发展纲要（2011—2020年）》中，2018年未成年人犯罪人数比2010年减少3.4万人，降幅达49.6%。可见，从2013年至2018年，我国未成年人的犯罪人数保持持续减少的良好态势。

由此可见，近年来社会上即使发生若干起重大恶性案件，但也仅仅是个案，并不能据此提出我国未成年人犯罪态势恶化的不当论断。从2010年到2019年，无论是未成年犯罪人数还是同期犯罪占比，都呈现逐年递减趋势。全面降低刑事责任年龄并非必须之策，不降或者部分降低刑事责任年龄才是理性选择。

（4）未成年人重新犯罪率较低，全面下调并不现实

最高人民检察院2021年6月1日发布《未成年人检察工作白皮书（2020）》。该白皮书全面梳理总结了2020年全国检察机关未检工作情况，2020年未成年人犯罪数量有所下降，涉嫌罪名相对集中，严重暴力犯罪、毒品犯罪、校园欺凌和暴力犯罪情况持续好转。

白皮书披露的一组数据值得重视，即我国未成年人重新犯罪率较低，整体发展平稳。2016年至2020年，检察机关受理审查起诉未成年人的案件中曾受过刑事处罚的分别为2246人、1938人、2054人、2349人、2092人，分别占同期

---

① 青少年作案人员是指实施严重违法行为的未成年人。由于未达到刑事责任年龄，其行为不构成犯罪，故不能称其为未成年犯罪人。基于此，国家统计局发布的数据中未成年犯罪人数与青少年作案人员人数是分别统计的。

② 国家统计局发布的2018年全国未成年人犯罪人数为3.4万，由于该数字并没有按照2013～2017年发布的数据标准精确到个位数，为了数据的精确性和标准的统一性，在图3中没有体现2018年的数据。

受理审查起诉未成年人总数的3.80%、3.25%、3.52%、3.83%、3.83%，保持在3%～4%，平均重新犯罪率为3.65%左右。继2019年受理审查逮捕、审查起诉未成年犯罪嫌疑人同比上升7.51%、5.12%之后，2020年同比分别下降21.95%、10.35%，为5年来最低。

通过最高人民检察院发布的数据可知，我国未成年人重新犯罪率较低，平均占比约为3.65%。未成年人相较成年犯罪人而言心智并未完全成熟，辨认和控制能力自然有所减弱，对其进行刑罚处罚后，再犯罪率低至3.65%，可见对未成年人的刑罚效果不错，特殊预防的刑罚目的得到有效实现。因而，即便是刑事责任年龄规定为14周岁，重新犯罪率也仍然不高。这就意味着当前我国对于未成年人犯罪的惩治效果不错，未成年人普遍能够认识到自己的行为危害性，从而大多数人不再去实施新的犯罪。这也就意味着，我国刑事立法全面降低刑事责任年龄毫无必要。

综上所述，我国刑法将刑事责任年龄部分下调至12周岁，而不是全部降低，体现严谨审慎的立法理念。既契合国际潮流（12～14周岁），也符合我国未成年人犯罪的发展态势。正如有学者所言，“对我国现阶段及今后未成年人的心智发育状况和对他们的违法犯罪情况做实证的分析和研究，以此作为评价刑事责任年龄起点的客观依据，从这种认识出发，所确定的责任年龄才可能更具有合理性和科学性”。[①] 无视刑事责任年龄设定的历史背景和刑罚轻缓化的趋势，全面降低我国刑法刑事责任年龄的讨论存在只见树木不见森林的片面性。[②] 有限下调刑事责任年龄就是回应民众关切的例证。[③] 刑事立法必须建立在科学有效调研的现实基础之上，坚持刑事立法的独立性。媒体关于未成年人犯罪发展态势逐年恶化的说法危言耸听。舆论可以监督立法，但不能过度干预立法，更不能对刑事立法指手画脚，误导民众。

---

① 参见张建军：《我国刑事责任年龄之检视》，载《政法学刊》2007年第4期。

② 参见张旭：《中国刑法学研究：现状梳理、问题分析与发展前瞻》，载《当代法学》2020年第6期。

③ 参见周光权：《刑事立法进展与司法展望——〈刑法修正案（十一）〉总置评》，载《法学》2021年第1期。

4. 降低刑事责任年龄的立法机理

我国刑事立法从相对保守、相对消极转向功能性、积极性已经是一个不得不承认的事实。当代刑法立法的功能性特征极其明显，立法者反应更为迅捷。[①] 刑事立法面对大量出现的低龄未成年人暴力行为如果还是墨守成规，坚持以往的体系一致性而忽视社会转型的个体化差异，则违背了刑事立法的先进性、适时性原则。社会上一些突发重大案件触动社会神经，影响公众的“治安印象”，从而形成处罚呼吁，需要刑法及时作出回应。《刑法修正案(十一)》对于刑事责任年龄的调整是“有限制、附条件地部分微调”。正如有学者所言，“设置最低刑事责任年龄本质上是一个立法问题，应当回归立法机理”。[②]

(1)规范责任论的理论指引

责任能力的判断以规范责任论为根据。我国立法规定刑事责任年龄以规范责任论为理论根基。就责任论而言，有道义责任论、社会责任论及规范责任论等诸多观点。道义责任论认为，责任能力乃是非善恶辨别能力，即自由意思决定能力。[③] 社会责任论者则主张刑事责任为社会责任，责任能力为刑罚能力。对于有责任能力人，科处刑罚，对于无责任能力者，则施以保安处分。[④] 道义责任论认为无责任能力人之行为与一般自然现象无异，故其立论不能被新派接受。而社会责任论如果扩张过甚，亦非允当。规范责任论在德国、日本都是通说。

理论层面，关于责任能力的判断多以规范责任论为根据。持规范责任论的学者主张，“罪责的本质在于意思决定即意思活动之可非难性，不在于心理状态(故意或者过失)，而在于对该心理状态所为的规范之非难评价”。[⑤] 规范责任论不是单纯的生物、心理等事实判断，而是价值判断。法官判断行为人是否具有刑事责任能力时，考察“行为人应当具有的辨认和控制能力”，而不是“事实上具有的辨认和控制能力”。前者是价值判断，后者是事实判断。通过

---

① 参见周光权：《积极刑法立法观在中国的确立》，载《法学研究》2016 年第 4 期。

② 参见姚建龙：《论〈预防未成年人犯罪法〉的修订》，载《法学评论》2014 年第 5 期。

③ 参见韩忠谟：《刑法原理》，北京大学出版社 2009 年版，第 173 页。

④ 参见韩忠谟：《刑法原理》，北京大学出版社 2009 年版，第 174 页。

⑤ 参见林钰雄：《新刑法总则》，中国人民大学出版社 2009 年版，第 224 页。

价值判断,法官认定行为人是否具有辨认和控制能力。

司法层面,责任能力的判断实际上是无责任能力的判断。对于无责任能力的判断,在整个世界范围都还没有找到令人满意的方法与标准。[①] 根据规范责任论,自由意志只是评价责任能力的参考,而非决定性因素。例如《意大利刑法》第 85 条第 1 款规定:"如果行为时没有刑事责任能力(不可归罪),任何人不得因实施被法律规定为犯罪的事实而受到处罚。"[②]第 97 条规定:"实施行为时未满 14 周岁的人,没有刑事责任能力。"依照意大利刑法学者杜里奥·帕多瓦尼(Tullio Padovani)教授的观点,第 97 条规定是一种绝对的关于无刑事责任能力的推定。这种推定并不符合人格发展形成的渐进性(对特定实施行为的认识能力和控制能力,绝不是在刚刚满 14 周岁的第二天就一下子形成的)。但是,这种推定却为维护法律的确定性和法律面前人人平等所必需。[③] 在意大利司法实践中,人们以"成熟"作为衡量未成年人有无认识能力和控制能力的标准。这里的"成熟",既包括生理器官方面的因素(如思维器官的发育)、心理方面的因素(如激情和情绪的成熟),也包括社会方面的因素(如与社会环境的相容性)。[④] 按照德国学者罗克辛教授的观点,排除孩子(未成年人)责任的根据要么是孩子(未成年人)在规范上还不具有可交谈性,要么是对他/她还不存在预防性刑事惩罚的必要性。[⑤] 英美法系国家刑法理论也采纳规范责任论,法律应该期望青少年"具有自控力、坚定力和知识,由此才适合称为正常的、自我尊重的青少年"。[⑥]

笔者赞同意大利刑法学者帕多瓦尼教授的观点,刑法对于刑事责任年龄的规定是一种推定,达到最低刑事责任年龄,即可推定其具备刑事责任能力。

---

① 参见张明楷:《刑法学》(第 5 版),法律出版社 2016 年版,第 304 页。

② Luigi Alibrandi e Piermaria Corso: Codice Penale e di Procedura Penale e Leggi Complementari. Trentatreesima Edizione, Piacenza: Casa Editrice La Tribuna, 2012, p. 130.

③ See Tullio Padovani: Dritto Penale. X Edizione, Milano: Giuffrè, 2012, p. 193.

④ See Tullio Padovani: Dritto Penale. X Edizione, Milano: Giuffrè, 2012, p. 193.

⑤ 参见[德]克劳斯·罗克辛:《德国刑法学总论——犯罪原理的基础构造》(第 1 卷),王世洲译,法律出版社 2005 年版,第 598 页。

⑥ 参见[英]安德鲁·阿什沃斯:《刑法的积极义务》,姜敏译,中国法制出版社 2018 年版,第 257 页。

虽然这种推定不符合自然人人格发展的渐进性,但是却可以维护刑法的确定性,也符合刑法平等适用原则。同时,德国刑法相关理论也值得借鉴,对于未成年人惩罚的根据在于,未成年人是否应当具有辨认和控制能力,即德国刑法中提出的在规范上是否具有可交谈性,且对未成年人是否有预防性刑事惩罚的必要性。

(2)综合考量未成年人的行为能力与受刑能力

我国刑法学者一般认为,责任是法律责任的基本前提,责任能力的根据是辨认能力和控制能力。一个人既有辨认能力,又有控制能力,才能认为这个人具有责任能力,应当承担责任。① 值得注意的是,行为人具备责任能力应当承担责任,这是在"应然"范畴。然而在"实然"层面,未成年人不仅具有责任能力,还应具有受刑能力,才能确保公正审判,才能真正实现刑罚目的。然而,刑法学者一贯重视未成年人的刑事责任能力问题,但忽视对于未成年人受刑能力的研究。未成年人受刑能力的判定不仅是当前解决最低刑事责任年龄问题面临的最大难题,也是实践中难以验证的问题。

刑事责任年龄是否应当降至 12 周岁,不仅应当考虑 12 周岁的未成年人是否具有责任能力,还需要重视未成年人的受刑能力问题。《刑法修正案(十一)》将刑事责任年龄部分下调至 12 周岁,与未成年人的受刑能力不无关系。未成年人即使具有辨认和控制能力,也应当有理解诉讼和审判的能力,这样才能符合程序正义。有学者提出,"应当区分行为能力与受刑能力,14 周岁以下的儿童即便具有行为能力也不具有受刑能力"。② 欧洲人权法院在第 24724/94 号判决中也曾提出,"在指控儿童犯罪时,必须考虑其年龄、成熟程度以及智力和情感能力。同时,也应保障其有理解和参与诉讼的能力"③。

欧洲人权法院的做法值得借鉴,未成年人由于心智尚未完全成熟,虽然可能具有辨认和控制能力,但是对于复杂的诉讼程序乃至刑罚后果,未必完全理

---

① 参见陈兴良:《口授刑法学》,中国人民大学出版社 2007 年版,第 212 页。

② 参见何显兵:《降低刑事责任年龄的刑罚根据分析及其司法适用》,载《预防青少年犯罪研究》2021 年第 2 期。

③ T v. United Kingdom-Application No. 24724/94, ECtHR.

解和知晓,因而对于未成年人刑事责任年龄的规定,不仅要考虑实体权利,而且要考虑未成年人参与刑事程序和接受刑罚后果的能力。联合国儿童权利委员会在《第10号一般性意见》第46段次"切实参与诉讼的权利"中重申,"公正审理要求被指控或被控触犯刑法的儿童能够切实参与审理,因此该儿童需要了解指控以及可能的后果和惩罚"。[①] 当前并没有科学的数据证明未成年人具有成熟的受刑能力,反之,近年来发生多起低龄未成年人实施的重大恶性案件,这反而是这些青少年心智并未完全成熟、自控能力较差、易怒冲动、行为不计后果的显著表现。

笔者认为,对于未成年人的受刑能力,并非仅凭12周岁或者14周岁单个年龄因素即可判定,需要综合考量未成年人的心智成熟程度、家庭教育和学校教育水平、社会环境影响、个人性格等多方面因素。未成年人是成长中的公民,其意思能力处于渐进发展中,无法像成年人那样理性、安全地待人接物。即使父母或者其他监护人能够给予未成年人适当的教育、照顾、引导或保护,未成年人也难免在必要的社会交往中因一时冲动、意志力薄弱、判断力匮乏等,作出致人损害的举动或行为。[②] 一般而言,距离14周岁越近,辨认控制能力和受刑能力就越强,反之,越是接近12周岁,其刑事责任能力和受刑能力就越弱。就我国现实情况而言,近年来我国未成年人犯罪发展态势向好,受刑能力也无法按照统一标准进行操作,因而完全没有必要将刑事责任年龄全面降至12周岁。基于社会反应和威慑性立法所需,部分下调刑事责任年龄并严控其适用范围反而是更为合理的立法举措。基于此,不宜全面降低刑事责任年龄。

(3)积极刑法观的有力助推

《刑法修正案(十一)》增设降低刑事责任年龄的内容,不得不说积极刑法观的立法理念发挥了重要的助推作用。积极刑法观是现代刑法的发展方向,主张刑法应当积极介入社会治理,侧重刑法的社会保护功能。刑法应当随着

---

① See Committee on the Rights of the Child, General Comment No. 10, Children's rights in juvenile justice(Forty-fourth session,2007),U. N. Doc. CRC/C/GC/10(2007).

② 参见朱广新:《论未成年人致人损害的赔偿责任》,载《法商研究》2020年第1期。

社会发展态势的变化而变化,因时而变,因势而变,适时立法。

首先,积极刑法观契合社会情势的发展变化,部分降低刑事责任年龄符合我国未成年人犯罪的现实情况。马克思认为,“社会不是以法律为基础的。那是法学家们的幻想。相反地,法律应该以社会为基础”①。法律应当及时反映社会变化。随着风险社会的来临,全球化迅猛发展,继续坚守消极刑法观略显保守。刑法已经由消极法益保护(有法益受到侵害时,刑罚权才启动),转变为积极法益保护(立法上积极评估未来可能出现的法益侵害并及时跟进,确立相对较低的行为入刑标准)。② 刑法作为社会防卫法,及时介入社会治理,对社会情势变化做出积极反应,及时惩罚犯罪,才能提升刑法的公众认同感,维护人民的合法权益,这是积极刑法观的应有之义。

其次,积极刑法观可以有效解决刑法规范的滞后性问题。当前,各国刑事立法都开启了刑法观的转向,从形而上学的理性思考转向更为现实的具体考量;从结果导向转向行为导向;从惩罚传统犯罪转向恐怖主义犯罪、网络犯罪;从报应转向积极的一般预防。③ 现代社会治理及风险控制是在整体性的规范体系下运行的,既有道德伦理规范,也有法律规范。有论者认为,“对于社会问题和法益侵害风险,如果非刑法规范整体性供给不足时,刑法的功能就会被倚重,刑法就会扩张、膨胀。面对当前的风险社会与信息社会,世界范围内各国的既有制度对风险的治理,都显现出严重滞后、治理不足或无效等问题”。④

最后,积极刑法观以立法建构论为基础,质疑固守传统而漠视现代刑法应有使命的古典刑法理论⑤,提倡刑法主动调整社会关系,顺应社会情势变化,及时立法应对社会呼吁,这正是积极刑法观的“积极”一面。此次降低刑事责任年龄的立法修改,社会呼声的推动作用不容小觑,立法机关回应社会关切,适时立法,体现的正是积极刑法观的“积极”一面。然而积极刑法观对于如何限

---

① [德]卡尔·马克思、[德]弗里德里希·恩格斯:《马克思恩格斯全集》(第6卷),中共中央马克思恩格斯列宁斯大林著作编译局编译,人民出版社1961年版,第291~292页。

② 参见周光权:《积极刑法立法观在中国的确立》,载《法学研究》2016年第4期。

③ 参见周光权:《积极刑法立法观在中国的确立》,载《法学研究》2016年第4期。

④ 参见何荣功:《预防刑法的扩张及其限度》,载《法学研究》2017年第4期。

⑤ 参见孙国祥:《新时代刑法发展的基本立场》,载《法学家》2019年第6期。

制立法扩张、如何划定刑法边界等问题尚缺少理性思考和系统性规划。因此积极刑法观也应适度,否则可能发展成刑法万能主义或刑法工具主义,造成过度侵害法益的风险,国家刑罚权的无限扩张,此为积极刑法观的"消极"一面。为避免积极刑法观的"消极"面可能导致的负面影响,立法者采取严格审慎立法理念,仅对刑事责任年龄做个别微调,为该法律条款设置特定罪名、规定特定情形,附加特定程序。

可见,刑事立法既要充分考虑打击犯罪的需要,又必须采取特别谨慎的态度,始终将刑法对经济社会的干预限制在一定的范围,在对罪名和刑罚的设定上,都应当适度,防止刑法的扩大适用。①

(4)刑事政策的适度回应

当前,低龄未成年人恶性犯罪引发社会高度关注。民意的普遍诉求是对实施重大恶性犯罪的低龄未成年人刑事追责。刑事立法不能罔顾社会普遍共识、社会情感与主流民意,否则刑法"惩恶扬善"的权威会受到质疑,民众对于法律的信任度会有所降低。对刑事责任年龄作出适当调整,是解决当前社情民意对刑事立法提出的现实要求,同时也是通过及时立法维护人民意志和社会利益的实际体现,符合法治的价值追求。在积极刑法观的立法基础上,刑法应当发挥社会防卫法的作用,及时惩治实施危害特别大、社会影响特别坏、情节特别恶劣的危害行为,这对于回应社会关切,保障被害人合法权益,维护安定的社会秩序和社会公平正义都具有积极意义。

与1979年相比,由于未成年人所处社会环境发生巨大变化,居民生活水平普遍提高,相同年龄的未成年人生理和心智发育程度可能更为成熟。2020年年初完成的第八次全国学生体质与健康调研结果显示,2019年全国6~22岁学生体质健康达标优良率为23.8%,优良率较高的地区为东部经济发达和沿海地区。2014年教育部颁布实施《国家学生体质健康标准》以来,我国学生体质健康达标优良率总体呈上升趋势,13~22岁年龄段学生优良率从2014年的

① 参见郎胜:《在构建和谐社会的语境下谈我国刑法立法的积极与谨慎》,载《法学家》2007年第5期。

14.8%上升到2019年的17.7%，上升了2.9个百分点。初中生上升最为明显。[①] 上述数据显示，我国学生（未成年人）心智较之5年前更为成熟，身体素质也有显著提高。因而，在刑法立法上适当降低刑事责任年龄，规定低龄未成年人对于特定罪行、特殊情形、适用特定程序承担刑事责任，有助于有效威慑潜在的低龄未成年犯罪人，预防未成年人犯罪的发生。

最低刑事责任年龄是刑法规定行为人承担刑事责任的底线，是根据未成年人的平均智识水平作出的立法推定，用意在于维护法律适用的统一和稳定性。但过于刚性的刑事责任年龄制度，可能导致部分具有严重人身危险性的行为人利用年龄进行责任规避，使得个案中的公平正义难以体现。《刑法修正案（十一）》部分降低刑事责任年龄的做法，能够在有效保证绝对最低刑事责任年龄的基础上，对于少数社会影响特别恶劣、符合法定情形可以追责的个案适用特别规定，做到依据实际情况精准追责、区别对待，最大限度地维护社会稳定，实现个案公正。

由此可见，此次立法部分降低而非全面下调刑事责任年龄是理性的立法选择。这次立法举措是仅针对特定罪名、特定情形的个别下调，充分显示了刑事立法的灵活性和及时性。既符合罪刑法定原则，也有助于实现刑法的威慑功能，不仅是保护未成年人理念的切实贯彻，更是积极刑法观的重要体现。

5. 降低刑事责任年龄的司法审慎适用

降低刑事责任年龄的立法举措秉承的是严谨审慎的立法理念。《刑法修正案（十一）》下调刑事责任年龄不仅是部分下调，而且是附条件、附情形、采用特定程序的微调。立法机关专门就降低刑事责任年龄的立法理念作出解释，坚持对未成年人违法犯罪适用“教育为主、惩罚为辅”的原则，结合未成年犯罪人特点，兼顾被害人和社会感受，作了极其慎重、非常有限制、有条件的微调。[②] 全国人大常委会法工委臧铁伟强调，《刑法修正案（十一）》采用“双管齐下”的

---

① 参见《第八次全国学生体质与健康调研结果发布：我国学生体质健康达标优良率逐渐上升》，载央视新闻客户端，http://news.cctv.com/2021/09/03/ARTIs7nnOefaaN31XT4I44gI210903.shtml。

② 参见罗沙、刘硕：《刑法完成新一轮大修，刑事责任年龄作出调整》，载中国人大网，http://www.npc.gov.cn/npc/c30834/202012/fea3d29515fe481b892b33599db33069.shtml。

方式,一方面,对于刑事责任年龄进行适当调整,规定在特定情形下,经特别程序,对法定最低刑事责任年龄作个别下调;另一方面,统筹考虑《刑法》修改和《预防未成年人犯罪法》修改相关问题,在完善专门矫治教育方面做好衔接。[①]

降低刑事责任年龄的法律条款贯彻严谨审慎的立法理念,对于降低刑事责任年龄的条款附加了四重限制:第一重限制是罪名限制,必须是故意杀人罪或者故意伤害罪。更为精确的说法是指故意杀人或者故意伤害两种罪行(下文详述)。12 周岁至 14 周岁的未成年人实施其他触法行为[②],即使是严重的暴力性行为,如绑架、强奸等也不负刑事责任。第二重限制是特定后果限制,要么是致人死亡,要么是以特别残忍手段致人重伤且造成严重残疾。第三重限制是情节限制,必须是情节恶劣。即使某些案件具备特定罪名,满足特定后果,是否追究刑事责任,还要由最高人民检察院判定情节是否恶劣才能决定。第四重限制是程序限制,对于低龄未成年人实施的重大恶性案件,应当采用特定程序,且仅最高人民检察院有是否追诉的核准权。司法适用应当贯彻严谨审慎理念,审慎化适用降低刑事责任年龄条款,使其既不虚置,也不被扩大化适用,以实现对未成年人的有效保护。

(1)适用理念:兼顾"教育为主、惩罚为辅"与最有利于未成年人原则

我国未成年人犯罪立法一贯采用"教育为主、惩罚为辅"的刑事政策。不过在实践过程中显得"宽纵有余,惩治不足",以至于未成年人犯罪态势并未得到有效遏制。有学者多次批评这种"宽容而纵容"的未成年人立法制度设计,对于有高危行为的未成年人,缺乏合法、科学、有针对性的干预措施,因而实际上只能"养大了再打,养肥了再杀",造成"养猪困局"。[③] 笔者认为,对于未成年人立法的制度设计,仍应坚守"教育为主、惩罚为辅"的刑事政策不动摇。未成年人制度首要或最核心的指导思想在于教育涉罪未成年人以实现防止其再

---

① 参见黄钰钦:《全国人大常委会法工委谈未成年人刑责年龄:特定情形下拟个别下调》,载中国新闻网,https://www.chinanews.com.cn/gn/2020/10-12/9310721.shtml。

② 参见姚建龙:《论〈预防未成年人犯罪法〉的修订》,载《法学评论》2014 年第 5 期。

③ 参见姚建龙:《论〈预防未成年人犯罪法〉的修订》,载《法学评论》2014 年第 5 期。

犯与助其复归社会的目的。[①] 由于未成年人心智尚未完全成熟,因此对其仍应以教育为主,但如果未成年人实施犯罪或者违法行为抑或触法行为,则必须区分不同的行为类型施以不同的惩治措施,方能遏制未成年人犯罪,并威慑潜在犯罪人。如果过于宽纵,则可能适得其反,使得触法未成年人游离于法律惩罚范围之外,忘乎所以,为所欲为,反而不利于预防未成年人犯罪,不利于未成年人的保护。

我国2020年首次确立最有利于未成年人原则,这是我国未成年人保护的重大法治进步。2020年10月17日中华人民共和国第十三届全国人民代表大会常务委员会第二十二次会议修订通过《未成年人保护法》,自2021年6月1日起施行。该法第4条第1句规定,“保护未成年人,应当坚持最有利于未成年人的原则”。最有利于未成年人原则是国际通行的“儿童利益最大化原则”的具体体现。儿童利益最大化原则也是国际儿童保护的指导性原则。1989年11月20日第44届联合国大会第25号决议通过《儿童权利公约》。《儿童权利公约》第3条第1款规定,“关于儿童的一切行动,不论是由公私社会福利机构、法院、行政当局或立法机构执行,均应以儿童的最大利益为一种首要考虑”[②]。《儿童权利公约》施行以来,未成年人的保护观念发生重大变革。《儿童权利公约》起草者洛帕特卡(Lopatka)认为,儿童不仅仅是关怀和照顾的目标,相反,其也是基本权利和基本自由的主体。[③]《儿童权利公约》此项规定具有重要意义,儿童不再被视为法律保护的消极主体,而成为权利和基本自由的享有者。[④] 这就意味着,儿童与成年人一样属于自治主体,《儿童权利公约》以赋予儿童权利的方法对儿童利益最大化原则进行了详细规定,儿童享有生命权、受保护权、

---

① 参见何挺:《附条件不起诉扩大适用于成年人案件的新思考》,载《中国刑事法杂志》2019年第4期。

② 1989年11月20日联合国通过《儿童权利公约》,该公约于1990年9月2日生效。1991年12月29日中国加入《儿童权利公约》。1992年4月2日该公约在我国生效后,儿童利益最大化原则成为我国司法机关处理涉及儿童案件可参照的行为准则。

③ See Adam Lopatka, *An Introduction to the United Nations Convention on the Right of the Child*, Transnational Law & Contemporary Problems, Vol. 6, No. 3, 1996, p. 254.

④ See Nuno Ferreira, *Fundamental Rights and Private Law in Europe: The Case of tor law and children*, Routledge, 2011, p. 120.

发展权和参与权。1985 年 11 月 29 日联合国大会通过第 40/30 号决议，发布《北京规则》。《北京规则》规定，“在承认少年负刑事责任的年龄这一概念的法律制度中，该年龄的起点不应规定得太低，应考虑情绪和心智成熟的实际情况……尽量减少少年司法制度进行干预的必要，减少任何干预可能带来的害处”。《北京规则》确立的最少司法干预原则，体现了最有利未成年人原则的精神内涵。

儿童利益最大化原则虽然在世界范围影响巨大，但在我国仅为概括性的原则规定，具体案件判定过程中需要以最有利于未成年人原则为依据。有学者质疑，既然坚守最有利于未成年人原则，为何还要对低龄未成年人追究刑事责任。具体分析如下：

其一，追究触法低龄未成年人的刑事责任，并不意味着不保护未成年人。恰恰相反，低龄未成年人实施的重大恶性案件，受害人多为未成年人。我国刑法原来规定的刑事责任年龄为 14 周岁，这些触法未成年人由于未达到最低刑事责任年龄而不受刑罚处罚，引发社会强烈关注。当今社会，各国从单纯关注被告人利益转向被告人、被害人和社会利益并重。我国刑事立法也不例外，不仅应当关注触法未成年人，更应当关注受害的未成年人。追究这些实施故意杀人、故意伤害罪低龄未成年人的刑事责任，就是对受害未成年人的有力保护。

其二，刑事责任年龄有限下调而非整体降低，是最有利于未成年人原则的具体体现。立法机关在降低刑事责任年龄时指出，针对未成年人实施犯罪的现实情况，12 周岁至 14 周岁的未成年人仅对于特定罪名、特定情形、适用特定程序承担刑事责任。必须强调的是，此次立法修改不是整体下调刑事责任年龄，不是一概追究所有 12 周岁至 14 周岁未成年人的刑事责任，而是严谨审慎适用，体现出对于心智尚未完全成熟未成年人的法律保护。

此次部分降低刑事责任年龄，在既有宽容的基础上，兼顾了未成年人、受害人、社会和国家等多方面利益的平衡，体现出我国刑事立法理性、务实的定位，也预示着我国未来少年司法工作对于未成年人由绝对保护向相对保护转变，相应地我国刑事立法理念从消极立法观向积极立法观转变。

（2）适用罪名：故意杀人和故意伤害罪应当限定为两种罪行

《刑法修正案（十一）》规定，12 周岁至 14 周岁的未成年人承担刑事责任的前提条件是“犯故意杀人罪或者故意伤害罪”。刑法学界对此存在争论。如果理解为两个特定罪名，那么该款规定与我国《刑法》第 17 条第 2 款规定的立法精神和司法解释有矛盾冲突之处；如果理解为两种特定罪行，就会扩大对低龄未成年人的刑罚适用范围，在一定程度上违背“教育、感化、挽救”方针，并与“教育为主、惩罚为辅”原则相背离。

笔者认为，故意杀人罪或者故意伤害罪应当限定为两种罪行，而不是两个罪名。根据《刑法》第 17 条第 2 款规定，14 周岁至 16 周岁的未成年人犯罪的，无论是立法解释，还是司法解释都采用“行为说”，对“故意杀人、故意伤害致人重伤或者死亡、强奸、抢劫、贩卖毒品、放火、爆炸、投放危险物质罪”这 8 种罪行而不是 8 个罪名承担刑事责任。2002 年 7 月 24 日全国人大常委会法制工作委员会发布《关于已满十四周岁不满十六周岁的人承担刑事责任范围问题的答复意见》。该答复指出，《刑法》第 17 条第 2 款规定的 8 种犯罪，“是指具体犯罪行为而不是具体罪名”。2003 年最高人民检察院发布《关于相对刑事责任年龄的人承担刑事责任范围有关问题的答复》、最高人民法院发布《关于审理未成年人刑事案件具体应用法律若干问题的解释》均确认了上述答复的解释。目前刑法学界和司法实务界的主流观点和裁判依据均采纳“行为说”，全面否定“罪名说”。年满 14 周岁不满 16 周岁的未成年人犯罪，应当对 8 种特定罪行承担刑事责任，而不是对 8 个特定罪名负责。

依照《刑法》第 17 条第 2 款立法规定的逻辑推理，此次降低刑事责任年龄，不应当仅仅局限于故意杀人罪和故意伤害罪这两个具体罪名，而应当是对故意杀人或故意伤害这两种罪行承担刑事责任。这样涉及的范围可能更为广泛，不仅仅包括故意杀人罪，还包括转化故意杀人罪、故意伤害罪，甚至包括数罪并罚中包含故意杀人、故意伤害行为的情形。根据我国《刑法》第 238、247、248、289、292 条的规定，对非法拘禁使用暴力致人死亡的、刑讯逼供或暴力取证致人死亡的、虐待被监管人致人死亡的、聚众“打砸抢”致人死亡的、聚众斗殴致人死亡的，依照故意杀人罪定罪处罚。对于故意伤害罪，根据我国《刑法》

第 238、247、248、289、292、333 条的规定，对非法拘禁使用暴力致人伤残的、刑讯逼供或暴力取证致人伤残的、聚众"打砸抢"致人伤残的、聚众斗殴致人重伤的、非法组织或强迫他人出卖血液造成伤害的，依照故意伤害罪定罪处罚。以上情形均属于转化犯，由其他罪名转化为故意杀人或者故意伤害罪。如果 12 周岁至 14 周岁的未成年人实施上述行为，符合法定情形，且情节恶劣，经最高人民检察院核准应当追诉的，则追究未成年人的刑事责任。

故意杀人或故意伤害罪还可能包括数罪并罚的情形。例如在抢劫、强奸的过程中，为了灭口或者逃避刑事侦查而将被害人故意杀害或者伤害的，应当按照故意杀人罪与抢劫罪、强奸罪数罪并罚。此种情形比单纯实施故意杀人、故意伤害罪社会危害性更大，行为主体的主观恶性更高。如果行为主体是 12 周岁至 14 周岁的低龄未成年人，实施上述行为致人死亡且情节恶劣的，经最高人民检察院核准，应当追究其刑事责任。

（3）适用情节：严格认定"情节恶劣"

笔者认为，在立法已经降低刑事责任年龄，扩大处罚对象范围的情况下，其适用条件应当更为严格。基于这一要求，"情节恶劣"应当是"犯故意杀人、故意伤害罪，致人死亡或者以特别残忍手段致人重伤造成严重残疾"之外的限制性条件，即只有同时满足后果及情节恶劣条件时才能进行适用。

关于"情节恶劣"的具体认定，究竟是一种主观判断还是客观裁量？学界尚存争论。笔者认为，应当坚持主客观相一致的原则，情节恶劣不仅是主观判断，也应该有客观裁量的因素。不仅考虑未成年行为人的行为动机与目的，还应当从行为人的行为手段、行为对象、行为后的表现，以及造成的社会影响等各个方面进行综合考量。例如，因强奸不成而连捅数刀致人死亡并毁尸灭迹的，或者以残忍手段杀害儿童并毁尸灭迹的，等等。为防止司法机关对"情节恶劣"进行扩大化解释，降低入罪门槛，后期应当出台相关司法解释对"情节恶劣"的认定标准进行明确规定。

需要强调的是，部分下调刑事责任年龄，并不意味着对于低龄未成年人采取"放弃"政策。对于年满 12 周岁不满 14 周岁的低龄未成年人，如果犯故意杀人、故意伤害罪，即使致人死亡或者以特别残忍手段致人重伤且造成严重残疾,也并非一律受到刑事追究,还应当有“情节是否恶劣”的判断。[①] 最高人民检察院在核准是否追诉时,可以认定某些案件因为不属于“情节恶劣”而不予追诉。

(4)适用程序:严格遵循特定程序

为进一步限制降低刑事责任年龄的适用,《刑法修正案(十一)》还同时规定了“经最高人民检察院核准追诉”的适用条件。笔者认为,此条规定的立法目的在于从程序上加以严格限制,即使将来出现12周岁至14周岁的低龄未成年人实施重大恶性案件,致人死亡,且情节恶劣,也不一定一律惩治,而需要报请最高人民检察院核准后,才能最终追究其刑事责任。由此体现出立法机关对于未成年人优先保护的原则理念,严谨审慎适用刑法的立法精神。

2021年4月底,最高人民检察院刑事检察业务协调领导小组就《刑法修正案(十一)》的理解和适用予以明确解答,对符合条件的已满12周岁不满14周岁的未成年人追究刑事责任…… 一般应当由公安机关启动报请核准追诉的程序,由同级人民检察院受理并以书面方式层报最高人民检察院审查决定。未经最高人民检察院核准,不得对案件提起公诉。最高人民检察院目前正在研究制定关于办理核准追究未成年人刑事责任案件若干问题的规定,拟尽快下发。[②]

《刑法》第87条对追诉时效的规定中也有关于须经“最高人民检察院核准”的规定,即“如果二十年以后认为必须追诉的,须报请最高人民检察院核准”。从字面上看,二者均有“最高人民检察院核准”的要求。笔者认为,“最高人民检察院核准”对二者的影响并不相同。对于追诉时效的规定而言,核准意味着超过追诉时效的诉讼程序只有经过最高人民检察院的核准才能启动,未经核准不得启动。因此,此处的核准是指核准立案,即对于已过追诉时效的案件,只有经最高人民检察院核准后才能立案,继而进入侦查、审查起诉、审判等

---

① 参见周光权:《刑事立法进展与司法展望——〈刑法修正案(十一)〉总置评》,载《法学》2021年第1期。

② 最高人民检察院刑事检察业务协调领导小组:《最高人民检察院〈关于刑法修正案(十一)相关问题的解答〉》,载腾讯网,https://new.qq.com/omn/20220302/20220302A05F2700.html。

程序。由此可见，最高人民检察院核准之后仍有可能出现公安机关撤销案件、检察院不起诉、法院判决无罪等不追究刑事责任的情形。从这个意义上讲，对于已过追诉时效的案件，即使经过最高人民检察院的核准，仍有不追究其刑事责任的可能性。但对于降低刑事责任年龄的规定而言，最高人民检察院核准应当追究刑事责任，则行为人在某种程度上就要承担刑事责任。只要满足特定罪名、特定情形、情节恶劣等条件，并经由最高人民检察院核准，未成年人承担刑事责任的可能性就大为提高。降低刑事责任年龄的"核准追诉"与超过追诉时效"经由最高人民检察院核准"应当在司法适用中区别开来。

(5)不同刑法条款的协调适用

有学者提出，《刑法修正案(十一)》一方面降低未成年人刑事责任年龄，另一方面提高了未成年人的性承诺年龄①，应当如何解决刑法条款之间的冲突？笔者认为，表面上看似自相矛盾的立法，实质上是基于根本立场不同而作出的理性立法抉择。其一，刑法降低刑事责任年龄针对的是低龄未成年人为加害人的情况，对于实施了重大恶性案件的12周岁至14周岁的低龄未成年人，如果其行为符合法定情形，依照特定程序和刑法规定就可以追究其刑事责任。其二，刑法提高未成年人性承诺年龄，是针对未成年人成为受害者的情况，负有特定职责的人员实施性侵犯罪，无论未成年人是否同意，都应追究其刑事责任。此次立法修改体现了"最有利于未成年人原则"的价值内涵。特定人员因履行监护、收养、看护、教育、医疗等职责而处于一种"权威地位"(position of authority)和"受信赖地位"(position of trust)，未成年人对其有某种依附或依赖关系。在这种特殊境遇下未成年人处于弱势地位，不可能完全具有性自主权。为了充分保护未成年人的合法权益，刑法专门规定，无论未成年人是否同意，负有监护等特定职责的人员与该未成年女性发生性关系的，都应当追究其刑事责任。如果成年人利用其权威或信赖地位，使未成年人与之发生性关系，那么法律有理由不认可未成年人做出性承诺的有效性。有些国家规定，如果成

① 参见姚建龙：《期待少年法庭王者归来》，载微信公众号"未成年人法研究"2020年12月29日，http://mp.weixin.qq.com/s?_biz=MzAwOTIZNzg2MQ==&mid=2649023479&idx=/&Sn=4333413170ab01b6b8f06f91316docfc。

年人处于权威地位或者可信赖地位，即便未成年人做出的性承诺是发自内心的，成年人没有胁迫或威胁，未成年人此时做出的性承诺也是无效的，成年人与未成年人发生性行为即构成犯罪。澳大利亚部分州、英格兰、威尔士等国家的法律都有类似规定。由此可见，虽然刑法一方面部分降低刑事责任年龄，另一方面提高了未成年人的性承诺年龄，但这是基于不同立场所做的理性选择。前者的立法目的在于惩治低龄未成年人实施的重大恶性犯罪，未成年人处于侵害者地位；后者的立法目的是基于"最有利于未成年人原则"，未成年人处于受害者地位，提高未成年人的性承诺年龄恰恰是为了更好地保护未成年人的合法权利。

6. 积极刑法立法与司法审慎适用的有益互动

积极刑法观理念促进刑事责任年龄的部分下调，目的是实现犯罪化，预防和惩治低龄未成年人犯罪。积极刑法观视野下，由于其自身理论的先天不足，可能导致立法扩张以致过度侵害法益，还需要在司法层面限缩适用，以维护刑法谦抑性原则，体现人权保障与社会保护的双重机能。

（1）积极刑法观与刑法谦抑性原则的博弈与再造

我国刑法结构长期处于"厉而不严"的状态，法网不够严密，由于风险社会、全球化及网络空间犯罪的迅猛发展，刑事立法需要积极应对。在当下，我国需要采取积极刑法观，需要推进犯罪化。① 为了避免立法扩张造成的消极影响，可用刑法谦抑性原则来约束。而刑法谦抑性原则是刑法学者所广泛尊崇的重要原则，也是现代刑法重要的刑法理念。该原则对于促进刑法的人权保障机能，限制国家刑罚权的发动等方面，起着举足轻重的作用，至今仍被认为是刑法发展的"铁则"。然而随着时代的发展与社会背景的演变，刑法谦抑性原则不可避免地需要重新审视，以赋予其新的内容与活力。

积极推进犯罪化的过程，也是积极刑法观与刑法谦抑性原则的博弈过程。为了协调两者之间的矛盾，有学者提出，"刑法谦抑主义事实上同时包括'入罪谦抑'和'刑罚谦抑'两个方面的内容。根据我国的实际情况，对刑法谦抑主义

---

① 参见张明楷：《增设新罪的观念——对积极刑法观的支持》，载《现代法学》2020年第5期。

的贯彻,应当从实现'入罪谦抑'到'刑罚谦抑'的重心转换"①。刑罚是刑事法的核心要素也是通过刑法惩罚犯罪的最终落脚点,适当的刑罚量自然成为刑法谦抑性原则必须考虑的刑法面向。② 现阶段对于刑法谦抑性原则的关注点应当转移至"刑罚谦抑",这样不仅与国际轻刑化潮流相匹配,而且有助于解决我国刑罚设置的严厉化与适用过程中过刑化的陈年痼疾。有学者提出,从刑法谦抑性强调的最后手段性来看,刑法对法益的保护并非平均保护,而是根据比例原则在个罪保护和刑罚手段之间进行衡量,不为某一法益的保护投入超过的刑罚量,以期实现总体利益均衡和刑法效益的最大化。③ 笔者赞同这种说法,虽然积极刑法观逐渐占据主流地位,刑法谦抑性原则仍应当坚守,但是其内容也应当根据社会情势的变化与时俱进,完成从"入罪谦抑"到"刑罚谦抑"的转变,与我国刑法立法观从消极刑法观到积极刑法观的转变步调一致。

积极刑法观本质是犯罪化,刑法谦抑性则要求"入罪谦抑",但也应"刑罚谦抑"。刑罚谦抑既包括刑罚设置的谦抑,也包括司法适用的谦抑。刑法的谦抑,需要从形式和实质两个侧面、在刑事立法和刑事司法两个层面进行有机地结构性展开,才能够把立法到司法的用刑之道层层剖析厘清,方能探得其完整的内涵,进而予以科学实现。④ 虽然积极刑法观与刑法谦抑性原则存在矛盾冲突,但可以在"刑罚谦抑"方面达成一致,即积极刑法观可能造成的立法扩张,由刑罚谦抑解决,尤其是与司法适用方面的刑罚谦抑达成一致,使得个罪保护与罪刑均衡一致,实现刑法效益的最大化。

(2)审慎司法对积极立法的钳制与补足

随着社会结构的变化、民意的兴起与立法博弈模式的出现,刑法工具主义的内涵逐步从实用主义向政策主义转化。⑤ 为克制积极立法的先天不足,应当

---

① 敦宁:《刑法谦抑主义的西方立场与中国定位》,载赵秉志主编:《刑法论丛》(第52卷),法律出版社2018年版,第413页。

② 参见储槐植、何群:《刑法谦抑性实践理性辨析》,载《苏州大学学报(哲学社会科学版)》2016年第3期。

③ 参见简爱:《一个标签理论的现实化进路:刑法谦抑性的司法适用》,载《法制与社会发展》2017年第3期。

④ 参见田宏杰:《立法扩张与司法限缩:刑法谦抑性的展开》,载《中国法学》2020年第1期。

⑤ 参见魏昌东:《新刑法工具主义批判与矫正》,载《法学》2016年第2期。

以比例原则[1]限制我国刑事立法的扩张。其一,合理性判断。由刑事立法者确认该制度入刑是否具有合理性。如果用其他手段可以控制或达到惩治效果,则完全不必写入刑法,不必纳入刑法规制范畴。其二,必要性判断。判定刑罚处罚是否为社会防卫的最后手段,是否存在刑罚替代措施,是否运用其他手段可以达到刑罚惩治效果。如果有,则不可归入刑罚处罚范围。其三,相称性判断。需要判断刑罚处罚后果与侵害法益行为所造成的后果是否相称,是否符合罪刑相适应原则,罚当其罪。[2] 以比例原则作为判定标准,可以理性地在人权保障与社会防卫方面作出正确抉择,以调和立法建构论与立法批判论之间的矛盾冲突,寻求理性立法与严格司法的平衡点。

刑法是一种不得已的恶。用之得当,个人与社会两受其益;用之不当,个人与社会两受其害。因此,对于刑法可能的扩张与滥用,必须保持足够的警惕,不得已的恶只能不得已而用之。[3] 刑法的谦抑性仍应严格遵守,并注重发挥司法谦抑的功效。刑事司法的谦抑必须以刑事立法即犯罪化的规定为根本前提。只有在刑事立法之制刑规定和刑事立法之用刑授权的疆域内,刑事司法的谦抑才有闪转腾挪的空间。[4] 简言之,只有在刑事立法规定的基础上,司法谦抑才有发挥适用的空间。要么司法出罪,要么适用较轻的刑罚,此所谓司法用刑的最高境界,也符合国际轻刑化的发展潮流。可见,以严格司法来钳制立法的无限扩张,不失为遵从刑法谦抑性原则、防止过度侵害法益的合理路径。

应当以务实的态度应对立法活跃趋势。[5] 在大数据、全球化、信息化的时

---

① 比例原则被称为“帝王法则”,包括三个原则:(1)妥当性,即所采取的措施可以实现所追求的目的;(2)必要性,即除采取的措施之外,没有其他给关系人或公众造成更少损害的适当措施;(3)相称性,即采取的必要措施与其追求的结果之间并非不成比例。参见[德]哈特穆特·毛雷尔:《行政法学总论》,高家伟译,法律出版社2000年版,第238~239页。

② 参见刘霜:《终身监禁制度的司法限缩及其路径——以2015—2020已决案例为样本的分析》,载《法学》2020年第12期。

③ 参见[英]哈特:《法律的概念》(第3版),许家馨、李冠宜译,法律出版社2018年版,第162~163页。

④ 参见魏昌东:《新刑法工具主义批判与矫正》,载《法学》2016年第2期。

⑤ 参见周光权:《积极刑法立法观在中国的确立》,载《法学研究》2016年第4期。

代背景下,恐怖活动犯罪、网络犯罪等新型犯罪的特性迫使刑法及时作出回应,不能沉溺于传统刑法观以致刑法滞后性严重。司法实务人员应当根据自己的价值判断对于法律文本做出符合现实意义的精准解读,应当从批判立法的思维中摆脱出来,对现行法律进行合理解释,规范司法适用标准,以利于法院适当地、逐渐翻新地适用刑法,从而在很大程度上实现法安全和法公正。①

笔者认为,刑事立法与司法适用之间应当保持一种平衡:当立法主体比较积极时,司法主体在适用法律时应当采取谨慎、相对谦抑的态度,从而避免立法过猛而带来的消极和负面影响。② 简言之,"立法层面适度扩张,司法层面审慎适用"。正如有学者所言,刑法必须始终秉持法益保护原则,满足比例原则的要求,以动态实现刑法立法扩张和刑事司法限缩的统一。③

由此可见,降低刑事责任年龄是重大的刑事立法变革,在一定程度上能够有效遏制低龄未成年人犯罪趋势,回应社会关切,维护法律的威慑力,保护被害方的合法权益。刑法学者应当及时进行立法反思,正确领会刑事立法,规范司法适用,协调诸法矛盾,把立法修改的批判性思维调整到如何更好地规范适用路径上来。这既是尊重刑事立法的教义学要求,也是保证司法规范适用的当务之急。

未成年人犯罪尤其是低龄未成年人犯罪毕竟有别于成年人,严谨立法与司法层面的审慎化适用应当形成有益互动,既要防止该条款被虚置,也要警惕扩大化适用,方能实现未成年人保护的根本目的。儿童利益最大化,就是社会利益最大化,以良法善治促进未成年人保护之公共政策目标的实现,才是预防和应对未成年人犯罪的根本解决之策。

### 三、扩大犯罪对象

《刑法修正案(九)》将《刑法》第 237 条规定的强制猥亵、侮辱妇女罪的犯罪对象由"妇女"修改为"他人",既包括妇女,也包括成年男性。强制猥亵、侮

---

① 参见[德]汉斯·海因里希·耶赛克、[德]托马斯·魏根特:《德国刑法教科书》(上),徐久生译,中国法制出版社 2017 年版,第 59 页。

② 参见黎宏:《预防刑法观的问题及其克服》,载《南大法学》2020 年第 4 期。

③ 参见田宏杰:《刑法法益:现代刑法的正当根基和规制边界》,载《法商研究》2020 年第 6 期。

辱妇女罪的犯罪对象范围扩大,处罚范围也相应扩张。最高人民法院、最高人民检察院发布《关于执行〈中华人民共和国刑法〉确定罪名的补充规定(六)》,明确将强制猥亵、侮辱妇女罪更名为强制猥亵、侮辱罪。笔者认为,修改上述立法的原因在于,随着时代的发展、多元文化和价值观念的改变,不仅仅是女性、儿童的性自由权利需要进行保护,成年男性的性自由权利也应受到保护。

《刑法修正案(九)》修改《刑法》第280条第3款规定的伪造、变造居民身份证罪的犯罪对象,由原本的身份证扩大到护照、社会保障卡、驾驶证等依法可以用来证明个人身份的证件,并且增加了买卖身份证件的行为方式,罪名也相应修改为"伪造、变造、买卖身份证件罪"。

《刑法修正案(九)》对《刑法》第290条规定的聚众扰乱社会秩序罪进行修改,具体包括以下三个方面:其一,犯罪对象扩大。将聚众扰乱医疗场所秩序纳入刑法调整范畴,此罪的修改是针对当前扰乱医疗单位案件多发的实际情况,增加了扰乱医疗秩序违法行为的刑法规制,即所谓的"医闹入刑"。其二,增加了多次扰乱国家机关工作秩序,经行政处罚后仍不改正,造成严重后果的犯罪行为。其三,增加了多次组织、资助他人非法聚集,扰乱社会秩序,情节严重的犯罪行为。

《刑法修正案(十一)》扩大了《刑法》第160条规定的欺诈发行股票罪①的犯罪对象的范围,由"股票"扩展为"证券",条款规定修改为"股票等发行文件"以及增加了"存托凭证或者国务院依法认定的其他证券",并将罪名变更为欺诈发行证券罪。从"欺诈发行股票、债券罪"到"欺诈发行证券罪",对于该罪的修改过程,我们可以看出,该罪不仅犯罪对象有所扩展,而且罪名也相应变

---

① 《刑法》第160条　【欺诈发行证券罪】在招股说明书、认股书、公司、企业债券募集办法等发行文件中隐瞒重要事实或者编造重大虚假内容,发行股票或者公司、企业债券、存托凭证或者国务院依法认定的其他证券,数额巨大、后果严重或者有其他严重情节的,处五年以下有期徒刑或者拘役,并处或者单处罚金;数额特别巨大、后果特别严重或者有其他特别严重情节的,处五年以上有期徒刑,并处罚金。控股股东、实际控制人组织、指使实施前款行为的,处五年以下有期徒刑或者拘役,并处或者单处非法募集资金金额百分之二十以上一倍以下罚金;数额特别巨大、后果特别严重或者有其他特别严重情节的,处五年以上有期徒刑,并处非法募集资金金额百分之二十以上一倍以下罚金。单位犯前两款罪的,对单位判处非法募集资金金额百分之二十以上一倍以下罚金,并对其直接负责的主管人员和其他直接责任人员,依照第一款的规定处罚。

更,刑事立法进一步扩张。

此外,取消犯罪主体限制条件也是扩大既有罪名适用范围的表现。以侵犯公民个人信息罪为例,《刑法修正案(七)》在增设该罪名时,对该罪的犯罪主体进行了限制,规定该罪的犯罪主体是国家机关或者金融、电信、交通、教育等单位的工作人员。然而在互联网技术的迅猛发展下,网络资源的丰富和获得渠道的多样性,犯罪成本以及犯罪技术要求有所降低,不仅是这些特定单位的工作人员有渠道获得公民个人信息,一般公民也有可能实施侵犯公民个人信息的行为。例如点餐外卖,或者安装新的手机应用程序等,抑或关注微信公众号或者进入小程序,都需要输入个人手机号码或者身份证号码等个人信息。对于该罪而言,一般主体实施该类犯罪行为的概率也是相当之高。因此,取消侵犯公民个人信息罪中犯罪主体的条件限制①,扩大处罚范围,才有利于有效打击侵犯公民个人信息的犯罪。

与取消犯罪主体限制相类似,增加单位作为犯罪主体也是立法扩张的表现形式之一。例如利用计算机信息系统实施的犯罪行为,可能因为网络传播速度快,覆盖面广而造成更为严重的后果。而且,一般情况下单位实施犯罪的社会危害性远远超过自然人犯罪。因此《刑法修正案(九)》对于三类计算机类犯罪涉及的 4 个罪名②进行修改,增加单位作为这类犯罪的主体,以扩大对该类犯罪的打击范围,维护网络安全,创造良好的网络空间秩序。

---

① 《刑法》第 253 条之一　【侵犯公民个人信息罪】违反国家有关规定,向他人出售或者提供公民个人信息,情节严重的,处三年以下有期徒刑或者拘役,并处或者单处罚金;情节特别严重的,处三年以上七年以下有期徒刑,并处罚金。违反国家有关规定,将在履行职责或者提供服务过程中获得的公民个人信息,出售或者提供给他人的,依照前款的规定从重处罚。窃取或者以其他方法非法获取公民个人信息的,依照第一款的规定处罚。单位犯前三款罪的,对单位判处罚金,并对其直接负责的主管人员和其他直接责任人员,依照各该款的规定处罚。

② 涉及计算机类犯罪的具体罪名分别是《刑法》第 285 条规定的"非法侵入计算机信息系统罪"、"非法获取计算机信息系统数据、非法控制计算机信息系统罪"以及"提供侵入、非法控制计算机信息系统程序、工具罪"。

## 第三节 刑法介入早期化

近年来,我国刑事立法呈现早期化介入倾向。无论是网络犯罪,还是恐怖主义犯罪的刑法修改,都体现出刑法介入早期化的特征。所谓刑法介入早期化,是指为了预防严重社会危害结果的出现,将原本未规定为独立犯罪的实害犯规定为独立的犯罪。[①] 刑法介入早期化关注的重点是对社会可能造成危害的危险行为,因而需要刑法提前介入并加以规制,以防止严重危害后果的现实发生。社会治理一旦出现难以惩罚的情况,立法者往往第一时间想到修改刑事立法,动用刑罚手段加以惩治。不过这种方式过于激进,违反了刑法的迫不得已原则,违背刑法社会防卫法的性质。

刑法介入早期化是我国刑事立法晚近出现的新的立法现象,其产生原因值得深入分析。以恐怖主义犯罪为例,近年来我国发生多起重大恶性暴恐案件,造成极其恶劣的社会影响。恐怖活动犯罪分子以不可告人的政治目的或者以颠覆国家政权、推翻社会主义制度为目标,实施恐怖犯罪活动。此类恐怖活动呈现事件常态化、后果严重性的趋势,我国针对东突恐怖活动采取的反常态化的刑事前置化模式和非常态的刑事追责政策,都体现出新惩罚主义提倡的刑罚前置化的苗头。[②] 刑法对于该类犯罪采取前置化规制的理由是什么?刑法提前介入的原因何在?提前介入会不会过度侵害法益?以上问题的解答,有助于帮助我们了解和把握刑法介入早期化的原因、面临的困境以及解决路径。

在风险社会下刑法介入早期化,是由于当今社会生活越来越复杂,犯罪手段越来越高科技化,如果犯罪一旦得逞,便会产生十分严重的侵害结果,因而

---

① 参见刘志伟:《〈刑法修正案(九)〉的犯罪化立法问题》,载《华东政法大学学报》2016 年第 2 期。

② 参见王新:《〈刑法修正案(九)〉第 120 条前置化规制的法理探析》,载《北方法学》2016 年第 3 期。

必须要对法益进行提前保护。刑法对特定领域进行早期化介入的原因是保障刑法能够维系社会的有效运作和社会功能的正常化。[①] 由此可见，刑法介入早期化的产生与风险社会来临、科技迅猛发展、恐怖活动犯罪日益猖獗等因素密切相关。为了应对风险社会中的风险，预防严重社会危害后果的出现，刑法前置性地介入社会治理中，将这些行为提前纳入刑法规制范畴，以防患于未然。

## 一、帮助行为正犯化

### （一）帮助行为正犯化挑战传统共同犯罪理论

帮助行为正犯化与传统共同犯罪理论有本质上的区别。我国《刑法》第25条规定了共同犯罪。[②] 根据该规定，共同犯罪的成立应当具备以下要件：一是共同犯罪的主体必须是两个以上具有刑事责任能力的人或单位。二是必须具有共同的犯罪行为，即各行为人的行为都指向同一犯罪，互相联系配合，形成一个统一的犯罪活动整体。三是必须具有共同的犯罪故意。[③]

依照传统刑法理论，共同犯罪的成立要求行为人具备共同的犯罪行为和共同的犯罪故意。共同犯罪行为根据分工不同，可以分为实行行为、帮助行为、教唆行为以及组织行为。所谓实行行为，是指《刑法》分则规定的具体犯罪客观构成要件的行为，是由具体罪刑规范规定的行为。实施实行行为的人可以称为实行犯……帮助行为，则是指在共同犯罪中起辅助作用的行为。[④] 帮助行为在性质上不属于实行行为，对于共同犯罪目标的实现仅仅起到辅助作用。依照共犯从属性理论，如果正犯不成立，狭义共犯自然也就无从成立。也就是说，帮助行为附属于实行行为而成立，帮助犯也是依附于正犯的成立而成立的。

帮助行为正犯化是新的立法现象，对传统共同犯罪理论提出挑战。依照共同犯罪理论，帮助犯成立的前提是实行犯构成犯罪，然而帮助行为正犯化则是将帮助犯的帮助行为立法规定为独立犯罪，不再依附于正犯的成立而成立。

---

① 参见舒洪水、张晶：《法益在现代刑法中的困境与发展——以德、日刑法的立法动态为视角》，载《政治与法律》2009年第7期。

② 《刑法》第25条规定：共同犯罪是指二人以上共同故意犯罪。二人以上共同过失犯罪，不以共同犯罪论处；应当负刑事责任的，按照他们所犯的罪分别处罚。

③ 参见高铭暄主编：《刑法专论》，高等教育出版社2006年版，第330～333页。

④ 参见贾宇主编：《刑法学》，高等教育出版社2019年版，第232页。

一般认为,帮助行为正犯化是指刑法直接将某种帮助行为规定为正犯,设置独立的法定刑,并且不再按照《刑法》总则第27条对于从犯的处罚规定处罚。[①]由此可见,帮助行为正犯化体现出刑法提前介入社会治理,积极进行犯罪预防的特征。值得提出的是,一般情况下,帮助行为既包括物理层面的帮助,也包括心理层面的帮助。但就帮助行为正犯化的立法现象而言,应当仅指物理上的帮助行为。

(二)帮助行为正犯化的典型罪名

鉴于帮助行为正犯化属于新的立法现象,我国刑法理论研究成果不多。笔者以帮助信息网络犯罪活动罪为例,展开系统论述。

1.帮助信息网络犯罪活动罪的立法渊源

关于帮助信息网络犯罪活动罪的立法渊源,全国人大常委会、国务院、最高人民法院、最高人民检察院等均发布过相关立法解释、司法解释和部门规章(见表1)。在现有法律体系下,我国关于帮助信息网络犯罪活动罪的规定更为详细具体,定罪量刑标准更为明确,司法实践标准更为统一,刑法对于网络帮助行为的提前介入治理,目的在于实现我国刑法对于网络犯罪所侵害法益的提前保护。

**表1　帮助信息网络犯罪活动罪的立法渊源**

| | | | |
|---|---|---|---|
| 2011年 | 国务院 | 《计算机信息安全保护条例》 | 规定计算机系统概念的内涵,提出增强对计算机系统的保护 |
| 2015年 | 全国人大常委会 | 《刑法修正案(九)》 | 增设帮助信息网络犯罪活动罪 |
| 2016年 | 最高人民法院、最高人民检察院、公安部 | 《关于办理电信网络诈骗等刑事案件适用法律若干问题的意见》 | 规定《刑法》第287条之一、第287条之二与诈骗罪发生想象竞合的情形时从重处罚的解决措施 |

① 参见张明楷:《〈刑法修正案(九)〉若干条款的理解与适用——论帮助信息网络犯罪活动罪》,载《政治与法律》2016年第2期。

续表

| | | | |
|---|---|---|---|
| 2019 年 | 最高人民法院、最高人民检察院 | 《关于办理非法利用信息网络、帮助信息网络犯罪活动等刑事案件适用法律若干问题的解释》 | 规定成立帮助信息网络犯罪活动罪"情节严重"的具体内容，当被帮助主体身份特殊时帮助行为仍然独立成立 |

2. 帮助信息网络犯罪活动罪的入刑背景

从 2015 年到 2019 年，帮助信息网络犯罪活动罪的实践案例从最初的 2 例发展到 197 例。[①] 最高人民检察院发布数据，从 2021 年 1 月至 9 月，全国检察机关主要办案的数据显示，帮助信息网络犯罪活动罪已经排到第四位。[②] 实施帮助信息网络犯罪活动罪的人数达到 79，307 人，同比上升 21.3 倍。通过研判中国裁判文书网发布的数据以及最高人民检察院发布的 2021 年的最新数据，可见该罪的发案数量逐年增加并受到裁判。值得注意的是，2021 年帮助信息网络犯罪活动罪迅速提高，竟然提升了 21 倍之多。帮助信息网络犯罪活动罪一年之内暴涨的原因值得进一步深入研究。我国刑法增设帮助信息网络犯罪活动罪，有着深刻的背景原因和实践需求。具体分析如下：

首先，帮助实施网络犯罪活动行为的独立性显著增强。借助虚拟网络，在整个网络犯罪过程中，实行犯和帮助犯可能不会见面甚至根本就不认识，双方有明确分工，帮助犯提供技术支持，实行犯利用帮助犯提供的技术支持实施犯罪行为。即使双方并无明确的意思联络，但客观上实行犯实施了犯罪行为，帮助犯的主观罪过并不依附于实行犯，具有独立性。[③] 网络犯罪的帮助行为客观上与实行行为之间并无密切联系，网络空间里的帮助行为完全可以评价为独立的犯罪行为。

其次，刑法增设帮助信息网络犯罪活动罪是共犯从属性理论的鲜明体现。

---

① 中国裁判文书网，https://wenshu.court.gov.cn/website/wenshu/181029CR4M5A62CH/index.html。

② 2021 年 1 月至 9 月，最高人民检察院发布的数据，从罪名看，第一位是危险驾驶罪，同比上升 30.6%；第二位是盗窃罪，同比上升 6.7%；排在第三位的是诈骗罪，同比下降 10.9%。

③ 参见刘霜、陈佳玉：《帮助信息网络犯罪活动罪的界定》，载《天津法学》2020 年第 2 期。

共犯从属性理论主张,狭义共犯(帮助犯、教唆犯)成立须以正犯成立为前提。[①]具体到帮助信息网络犯罪活动罪而言,该罪的实质是帮助行为,帮助他人实施网络犯罪。依照共犯从属性理论,帮助犯的成立应当以正犯的成立为前提,但是刑法明确将此类帮助行为单独规定为犯罪,目的就是刑法提前介入,使帮助行为单独成罪,以便及早惩治该类行为。

3. 帮助信息网络犯罪活动罪的性质

关于帮助信息网络犯罪活动罪的性质,学界有三种争议观点,分别为帮助行为正犯化说、帮助犯量刑规则说以及中立帮助行为说。

(1)帮助行为正犯化说

一般认为,帮助行为正犯化是指刑法直接将特定共同犯罪中的帮助行为犯罪化,使其单独成为一个新的犯罪实行行为。我国《刑法》第 287 条之二规定的帮助信息网络犯罪活动罪和第 358 条第 4 款规定的协助组织卖淫罪就是帮助行为正犯化的典型罪名。[②] 在法益保护严苛化和刑法介入前置化的立法精神指导下,限缩中立帮助行为的出罪空间,将帮助行为正犯化,是刑法积极预防功能的体现,也是对过往司法解释的一种确认。[③]

(2)帮助犯量刑规则说

张明楷教授提倡帮助犯量刑规则说。所谓帮助犯的量刑规则是指帮助犯没有被提升为正犯,只是在《刑法》分则中规定了不同于总则的独立法定刑,帮助信息网络犯罪活动罪的刑法条款实质上属于帮助犯的量刑规则。[④] 张明楷教授认为,在《刑法》分则中单独规定法定刑,并不意味着帮助信息网络犯罪活动的行为就是实行行为,将这种法律条款认定为量刑规则更为合理。[⑤]

---

① 参见吴情树:《网络帮助行为的入罪化路径及其适用——以帮助信息网络犯罪活动罪为中心展开》,载《人民检察》2018 年第 7 期。

② 参见刘宪权、房慧颖:《帮助信息网络犯罪活动罪的认定疑难》,载《人民检察》2017 年第 19 期。

③ 参见赵秉志:《中国刑法的最新修正》,载《法治研究》2015 年第 6 期。

④ 参见张明楷:《论帮助信息网络犯罪活动罪》,载《政治与法律》2016 年第 2 期。

⑤ 参见张明楷:《论帮助信息网络犯罪活动罪》,载《政治与法律》2016 年第 2 期。

(3)中立帮助行为说

中立帮助理论源于德国,依据行为人的认识和意愿即主观方面判断行为性质。[①] 中立帮助行为是指行为外观上不具有社会危害性,也没有违反刑法规定,但客观上促进了犯罪行为的实施,并且行为人能够认识到该行为的存在。笔者赞同中立帮助行为说,具体理由如下:

首先,中立帮助行为说有利于有效限制刑法立法扩张。中立帮助行为说强调网络技术提供行为的中立性,过多惩治网络帮助行为会打击网络空间的活跃性,不利于大数据时代下的网络发展。

其次,有利于维护市场的稳定和社会的繁荣。互联网发展,离不开网络技术提供者提供的诸如互联网接入等网络技术支持和网络服务。将帮助行为归为中立帮助行为,有利于维护互联网秩序的稳定,维护网民的安定感,维护新兴技术的发展。

最后,符合刑法的谦抑性原则。刑法的谦抑性强调刑法是法律评价的底线,入罪门槛较高。将提供网络技术支持的行为视为中立帮助行为,由其他法律来规制,而不是使其受到刑罚惩罚。这样既可以维护刑法的谦抑性原则,也可以促进网络技术的迅猛发展,防止刑法过度介入社会治理,维护网络秩序,促进新兴科技的发展壮大。

(三)帮助行为正犯化之评析

当今时代,网络发展突飞猛进,从“网络1.0时代”“网络2.0时代”发展到数字化网络时代,网络帮助行为的危害性不断增加,独立性日益增强,提供技术支持的行为成为犯罪成立的关键环节。[②] 随着5G时代的到来,网络空间犯罪案件多发,为规避刑法制裁,犯罪行为的实施更加隐蔽,实行行为和帮助行为、犯罪行为与犯罪结果之间地域跨度更大,犯罪群体日益庞大,网络犯罪管理难度更大。[③] 帮助行为正犯化作为近年来新的立法现象,有必要深入探讨其

---

① 参见王肃之:《论网络犯罪参与行为的正犯性——基于帮助信息网络犯罪活动罪的反思》,载《比较法研究》2020年第1期。

② 参见刘霜、陈佳玉:《帮助信息网络犯罪活动罪的界定》,载《天津法学》2020年第2期。

③ 参见陈洪兵:《帮助信息网络犯罪活动罪的限缩解释适用》,载《辽宁大学学报(哲学社会科学版)》2018年第1期。

优越性及不足。

首先,帮助行为正犯化打破传统共同犯罪理论,使刑法得以提前介入,对共犯从属性理论是一种突破。帮助行为正犯化积极介入社会治理,可以有效打击独立性日益增强的帮助行为。依照共犯从属性理论,如果只能在共同犯罪成立的基础上惩罚网络帮助行为,会放纵犯罪分子,使其逃脱法律规制。有学者提出,由于网络传播迅速,获取信息途径众多,一个帮助行为无形中加大了网络管理秩序的管理难度。① 实践中,帮助信息网络犯罪活动罪中,帮助犯往往与实行犯之间在主观方面并没有意思联络,并不符合我国共同犯罪理论所要求的“犯罪主体为二人以上,具有共同犯罪行为和共同犯罪故意”成立要件。传统共同犯罪理论显然不能涵盖所有应当受到刑罚处罚的帮助行为。② 刑法将帮助信息网络犯罪活动罪规定为独立罪名,其法定最高刑为3年有期徒刑,且可以并处或者单处罚金,属于典型的轻罪。这种规定对于司法的威慑力明显不足,且适用过程中“明知”(他人利用网络实施犯罪)的认定也是难题。

其次,帮助犯量刑规则说之评析。有学者认为,《刑法》第287条之二虽然规定了帮助信息网络犯罪活动罪,但是并不能就此认定该罪就是帮助行为正犯化的规定。③ 我国刑法中定罪原则为主客观统一原则,主张犯罪本质是行为人在主观意志支配下实施的侵犯法益的行为。网络帮助行为如果剥离犯罪实行行为进行单独评价则并不具有社会危害性,例如,提供互联网接入、技术支持、服务器托管等行为,即使帮助行为人明知他人利用网络实施犯罪,但是根据共同犯罪理论,尤其是共犯从属性理论,只要正犯行为没有构成犯罪,帮助犯自然也就不成立犯罪。共犯从属性是指从犯行为的成立必须以正犯行为的实施为前提。量刑规则说是在共犯从属性的框架内形成的理论。有学者主张量刑规则说,认为可以将帮助网络犯罪活动罪视为一种拟制性的纯粹刑罚适

① 参见张勇、王杰:《帮助信息网络犯罪活动罪的“从犯主犯化”及共犯责任》,载《上海政法学院学报(法治论丛)》2017年第1期。

② 参见孙运梁:《帮助信息网络犯罪活动罪的核心问题研究》,载《政法论坛》2019年第2期。

③ 参见张明楷:《论帮助信息网络犯罪活动罪》,载《政治与法律》2016年第2期。

用条款。① 申言之，量刑规则说认为正犯是否成立犯罪并不影响网络帮助行为的定罪，这类似于我国刑法对于结果加重犯的处罚规定。即使刑法不增设相关罪名，司法者也能在实践中合理地评价帮助行为。笔者认为，量刑规则说值得商榷。该说过于强调刑法的评价功能，却忽略了刑事立法功能，而且在《刑法》分则条款中设立量刑规范或惩罚规则，与现有《刑法》分则的规定存在矛盾冲突。

再次，中立帮助行为说之评析。中立帮助行为说强调了网络服务提供者所具有的一般经营者的地位，保证真正提供技术服务的网络人员正常工作，有利于稳定网络秩序。但是，笔者认为帮助信息网络犯罪活动罪中的行为是否具有中立性存疑。《刑法》明确规定该罪成立应以"明知他人利用信息网络实施犯罪"为前提。依照此规定推理，帮助犯如果要成立犯罪，应当具有"明知他人实施犯罪行为，仍然提供帮助行为的故意"，因而帮助行为并非纯粹的中立行为。此外，我国刑法增设拒不履行信息网络安全管理义务罪，对于平台、管理者等没有尽到网络安全管理义务的行为规定为犯罪，应当受到刑罚处罚。因此，中立帮助行为说的结论显然不太具有说服力，理论上仍需进一步探讨。

最后，帮助信息网络犯罪活动罪的司法适用。具体包括以下几个方面：其一，应当贯彻罪刑相适应原则。我国《刑法》第 5 条规定罪刑相适应原则，即刑罚的轻重，应当与犯罪分子所犯罪行和承担的刑事责任相适应。具体到帮助信息网络犯罪活动罪的司法适用，应当综合考虑行为人的主观恶性和人身危险性。网络帮助行为被单独定罪，并规定在《刑法》分则条文中，说明我国重视对网络帮助行为的惩罚，提倡刑法的提前介入，注重对于网络空间正常秩序的维护。其二，应当贯彻宽严相济刑事政策。随着网络社会的不断发展，网络帮助行为的独立性日益增强，社会危害性显著加重，网络帮助行为突破时间、空间等限制，以较小的犯罪成本获得更大的犯罪收益，而且网络犯罪一般查处难度较大，取证难度较高，因此刑法将其规定为独立罪名进行惩治。宽严相济刑

① 参见王华伟：《网络语境中帮助行为正犯化的批判解读》，载《法学评论》2019 年第 4 期。

事政策是我国的基本刑事政策，同样适用于帮助信息网络犯罪活动罪，对于构成犯罪的，严格按照刑法规定以独立罪名进行惩处。对于犯罪情节显著轻微的，可以依照《刑法》第 13 条但书的规定，予以出罪。其三，有助于实现刑法设立该罪的立法目的。刑法将帮助信息网络犯罪活动罪设为单独罪名的目的在于打击网络帮助行为，防止更为严重危害结果的发生。毕竟网络空间为虚拟空间，网络犯罪一般为积量犯罪。只有刑法提前介入，才能防患于未然，维护网络空间的正常管理秩序。其四，能够有效回应司法实践的需求。网络犯罪形式多样，网络技术支持行为被广泛应用于各种犯罪行为，网络犯罪侦查难度增加，司法实践中提供网络帮助行为的案例逐年增多。为有效遏制帮助信息网络犯罪的行为，维护网络用户的合法权益，敦促网络平台和网络管理者正确履行网络服务的安全管理义务，《刑法修正案（九）》设立了帮助信息网络犯罪活动罪。由于网络帮助行为独立性增强，社会危害性增大，亟须刑法规制，帮助行为正犯化的入刑回应了司法实践对网络帮助行为危害性增大亟须刑法规制的需求。

习近平总书记指出："网络空间是人类共同的活动空间，网络空间前途命运应由世界各国共同掌握。"①在构建网络命运共同体的过程中，帮助信息网络犯罪活动罪的性质引起争论，是因为其刚好处在中立帮助行为理论与共犯理论的结合点上。② 笔者认为，应当在理论层面明确帮助行为正犯化的法律定位，在司法层面正确适用帮助网络犯罪活动罪，打击故意为网络犯罪提供技术支持的网络帮助行为，以期稳定网络秩序，构建和谐社会。

### 二、预备行为实行化

所谓预备行为实行化，是指立法者将某种准备工具或者制造条件的犯罪预备行为单独规定在《刑法》分则的条文当中，对预备行为进行单独评价，同时不受《刑法》总则对于预备犯规定的制约。对于这种将预备行为单独规定在分则条文当中的做法，有的学者将其称为"预备行为实行化""预备行为正犯化"，

---

① 《习近平就共同构建网络空间命运共同体提出 5 点主张》，载新华网，http://www.xinhuanet.com/world/2015-12/16/c_128536396.htm。

② 参见熊亚文：《帮助信息网络犯罪活动罪的司法适用》，载《刑事法评论》2016 年第 2 期。

笔者采用“预备行为实行化”这一说法，因为预备行为与实行行为二者是在同一层面进行的讨论，“实行化”这一说法更能体现预备行为与实行行为之间的关系，同时语境也更为和谐统一。

按照我国《刑法》总则的规定，预备行为具有可罚性。但是在司法实践中，由于犯罪预备行为危害性不大，因而各国刑事立法一般不处罚预备犯。只有极其严重犯罪的预备犯才会受处罚。近年来，我国乃至全世界都面临恐怖主义、极端主义的威胁，我国也发生多起暴恐犯罪，造成严重后果，加剧公民的不安恐惧感。这类行为一旦进入实行阶段，就会严重侵害公民的生命健康安全，造成重大的经济损失，严重破坏社会秩序。待危害后果发生后再进行“事后处罚”，对受到侵害的法益已经没有保护效果。恐怖主义、极端主义犯罪组织经常采取残忍的手段对不特定人群发起攻击，具有反人类特性，向人们灌输反社会、反人类的极端主义思想，加剧与社会主流价值观念的冲突。通过刑法对这类犯罪进行事前打击、提前介入是必要的。因此修正后的刑法将暴恐犯罪的部分预备行为直接规定为独立犯罪，将诸如资助恐怖活动培训等预备行为实行化，同时增设持有型、煽动型犯罪，以防患于未然，对这类特殊的犯罪预备行为进行前置性打击。对于暴恐犯罪的预备行为实行化立法表明了我国对恐怖主义、极端主义犯罪坚决打击的态度，同时也是与国际反恐立法接轨的体现。

《刑法修正案(九)》颁布以后，预备行为实行化这个概念开始进入民众视野，但是预备行为实行化的罪名很早就出现在刑法中了。从 1997 年《刑法》将组织、领导、参加黑社会性质组织等行为纳入刑法的调整范围，到《刑法修正案(九)》新增的准备实施恐怖活动罪，我国刑法已经出现预备行为实行化罪名，例如《刑法》第 120 条之二“准备实施恐怖活动罪”、第 253 条之一“侵犯公民个人信息罪”、第 287 条之一“非法利用信息网络罪”等。

需要强调的是，预备行为实行化应受我国刑事政策约束。目前，我国主要适用宽严相济刑事政策，该刑事政策的实行有利于预防和减少犯罪、化解社会矛盾，同时，也维护社会的和谐稳定。将严重暴恐犯罪的预备行为实行化，目的在于维护社会稳定，保障重大法益不受侵害。《刑法修正案(九)》关于预备行为实行化的立法,主要体现在恐怖活动犯罪与网络犯罪领域。预备行为实行化的规定,体现的是宽严相济刑事政策中“严”的一面。如果某类犯罪的预备行为不具有严重的社会危害性,则可以依照《刑法》第13条的但书规定予以出罪,由此体现宽严相济刑事政策中“宽”的一面。

在恐怖活动犯罪领域,《刑法修正案(九)》颁布之前,只有《刑法》第120条“组织、领导、参加恐怖组织罪”和第120条之一“帮助恐怖活动罪”具有预备行为实行化特征。为了应对越发严重的恐怖活动犯罪,立法机关决定,将刑法介入的时间点提前到犯罪预备阶段,将准备实施恐怖活动的行为明确规定在《刑法》分则中。这种立法现象被称为预备行为实行化,同时具有刑法介入早期化的特征。预备行为实行化的立法目的在于实现刑法的预防犯罪功能。刘志伟教授提出,恐怖主义犯罪通常针对的是无辜平民,同时具有造成大规模人身伤亡的危害特点,其社会危害性甚至比危害国家安全的犯罪还要大,因而对其实行刑法介入早期化具有充分的必要性和正当性。[①] 恐怖活动的预备行为增加了可能造成严重危害的风险,因而需要对其进行提前规制。当然,反恐的治本之策也需要尽可能多地使用非刑事手段,只有在非刑事手段对极端行为不能奏效或者收效甚微时,刑法才能介入,而且,刑法也应该果断介入。[②]

在网络犯罪领域,近年来利用网络犯罪的案件逐渐增多,小到短信诈骗,大到跨国电信诈骗,作案手段越来越高明,危害人数呈现海量增长趋势。为了及时遏制网络犯罪日益猖獗的态势,《刑法修正案(九)》新增3种非法利用信息网络犯罪的情形,分别规定在《刑法》第285条第1款、第285条第2款、第287条之一这3个刑法条文当中。与恐怖主义犯罪相比,网络犯罪预备行为可能造成的危害更大。因为恐怖活动犯罪是在现实空间中实施,但是网络犯罪是在虚拟空间中进行,不受空间、时间限制。一旦犯罪者开始实行犯罪,危害后果就会立刻显现。以《刑法》第285条第2款“非法获取计算机信息系统数

---

① 参见刘志伟:《〈刑法修正案(九)〉的犯罪化立法问题》,载《华东政法大学学报》2016年第2期。

② 参见王胜华:《“预备行为实行化”立法的正当性根据——基于刑法第120条“准备实施恐怖活动罪”的考察》,载《石河子大学学报(哲学社会科学版)》2017年第3期。

据、非法控制计算机信息系统罪”为例，犯罪者一旦控制了计算机系统，即使不立即对该系统进行攻击，但由于计算机系统的控制权在犯罪者手中，如果犯罪者想要实施犯罪行为，那么犯罪后果的出现也将是极为迅速的。因此，有学者指出，虚拟网络空间中的预备行为造成的危险往往是直接的、紧迫的，网络空间中的预备行为造成的危险转化为现实危险的可能性是很高的。①

虽然有些学者对于网络犯罪领域中预备行为实行化的立法持保留意见，还存有一定疑问。但笔者认为，为了维护公共安全和网络空间的正常管理秩序，加之所涉及领域关系到国家、社会和人民的重大利益，刑法介入早期化的这种立法还是值得肯定的。毕竟刑法介入早期化问题属于新的立法现象，还需要在理论上多加探讨，以期寻求合理的解决路径。

**三、增设危险犯**

当前我们正处于风险社会，刑法也进入法定犯时代，我国刑法理论不再拘泥于法益的实害结果，开始注重对抽象法益的保护。相应地，刑法功能从事后处罚转向事前预防。例如，《刑法修正案（八）》增设了危险驾驶罪，将醉驾行为纳入刑法规制范畴。《刑法修正案（九）》在危险驾驶罪的基础上，又增加了两种行为方式，将校车、旅客运输严重超载或严重超速，违规运输危险化学品的行为规定为危险驾驶罪。在危险驾驶罪纳入刑法规制前，此类行为都是在出现侵犯法益的实害结果时按照交通肇事罪处理，或者在其具有严重的现实危险时按照以危险方法危害公共安全罪处理。但是这样的处理方式存在弊端，危害结果已然形成，无力挽回，难以达到预防犯罪的刑罚目的，并且危险驾驶行为本身就是违法行为，多依照行政法规处理，但由于这些行为有导致危害结果的高度危险性，行政处罚的效果有限，因此立法机关决定，采用刑法规制的方法将其单独规定为危险驾驶罪。这样能更好地打击醉驾等高度危险的违法行为，最重要的是降低了由此引发交通事故的危险性，增强社会公共秩序的安全性，保障公民的生命财产安全。

再如，《刑法》第 141 条规定的生产、销售、提供假药罪。修正案将此罪由

---

① 参见《网络空间中犯罪预备行为的制裁思路与体系完善——截至〈刑法修正案（九）〉的网络预备行为规制体系的反思》，载《法学家》2017 年第 6 期。

具体危险犯转变为抽象危险犯，严重危害人体健康不再是此罪成立的必备条件。刑法修改的原因在于：健康与每个公民息息相关，治疗用药是事关公民切身利益的重大问题。生产、销售假药的行为不仅是对公民人身健康的伤害，同时也会使公民对其所购买使用药品的真实性产生怀疑，是对医疗秩序和市场秩序的破坏。因此，对该种行为不应等到被害人遭受身心伤害后再进行打击，而是应在生产、销售过程中就及时遏制，以免造成严重的危害后果。

《刑法修正案(八)》修改了原第338条"重大环境污染事故罪"，改为"污染环境罪"。新修订的法条中规定，只要实施了违反国家规定的行为，严重污染环境，即可成立本罪，不再要求引发重大环境污染事故，致使公私财产遭受重大损失或者人身伤亡的严重后果。修法的原因在于，生态环境一旦遭到破坏，恢复的可能性很低甚至不可恢复，且恢复过程也很困难，投入人力、物力、资源等成本相当高。生态环境的特殊性要求法律对环境的保护不能滞后，不能在造成环境被破坏、出现人身伤亡、财产损失的危害结果时才进行规制，因此刑法将污染环境犯罪修改为危险犯，这正是保护生态环境的必然要求。①

刑事立法增设危险犯，或者通过刑法修正案的方式修改个别罪名的构成要件，使原有罪名由实害犯转化为危险犯，将这些严重危害国家安全、社会秩序和人民合法权益且具有高度危险性的行为规定为危险犯，不再要求有现实的危害后果。只要实施了刑法所禁止的行为，该种行为具有抽象的危险，刑法就要对其进行处罚。这是刑法介入早期化，进行立法扩张的具体体现。同时，必须强调的是，刑法是社会防卫法，不得过度介入社会治理，应当坚守刑法谦抑性原则，不应当过度扩大刑罚权，以维护社会秩序和公民的合法权益。

## 第四节　刑罚的扩张

刑法的立法扩张不仅包括犯罪圈的扩张，也包括刑罚方面的扩张。一方

---

① 杨牧男：《我国刑法介入早期化研究》，河南大学2018年刑法专业硕士毕业论文。

面,刑罚的扩张体现为增加刑罚种类或者增设保安处分措施等。所谓刑罚结构是指一个国家刑罚方法的组合形式。[①] 随着社会的迅速发展和经济生活水平的提高,刑罚结构也应当相应调整。有学者认为,“我国刑罚结构存在结构性缺陷,就是死刑过重、生刑过轻……极大地妨碍了刑罚功能的发挥”[②]。

对于传统刑法而言,由于我国刑法模式为重罪模式,因而对应的刑罚种类也是针对重罪设置的,包括死刑、无期徒刑、有期徒刑、拘役和管制。2013 年劳教制度废除后,受罪刑相适应原则限制,刑罚体系的设置应当与增设的大量新罪(大多数为轻罪)相适应,我国刑法也增加了类似保安处分的刑罚制裁措施,诸如专门矫治教育、从业禁止、禁止令等措施。另外,部分罪名虽然刑种没有改变,但是在处罚力度和幅度方面有所增加,这应该也视为刑罚扩张的一种表现形式。最高人民法院喻海松法官提出,新近刑法扩张的着力点是“完善刑罚规定,进一步减少适用死刑的罪名”。[③] 孙国祥教授也认为,“《刑法修正案(十一)》织密法网,加大处罚力度……凸显了刑法积极发展的趋势,我国刑法学界将其称为刑事立法的活性化”。[④]

## 一、刑罚扩张的表现形式

### (一)增设终身监禁制度

2015 年 8 月 29 日《刑法修正案(九)》增设终身监禁。2016 年 4 月 18 日最高人民法院、最高人民检察院联合发布《关于办理贪污贿赂刑事案件适用法律若干问题的解释》。该解释第 4 条第 3 款明确规定,终身监禁适用于重特大贪污受贿犯罪分子,法院在判处其死刑缓期 2 年期满后,同时裁判决定其死缓执

---

① 参见陈兴良:《犯罪范围的扩张与刑罚结构的调整——〈刑法修正案(九)〉述评》,载《法律科学(西北政法大学学报)》2016 年第 4 期。

② 陈兴良主编:《宽严相济刑事政策研究》,中国人民大学出版社 2007 年版,第 14 页。

③ 参见喻海松:《刑法的扩张——〈刑法修正案(九)〉及新近刑法立法解释司法适用解读》,人民法院出版社 2015 年版,第 2 页。

④ 参见孙国祥:《积极谨慎刑法发展观的再倡导——以〈刑法修正案(十一)〉为视角》,载《西南民族大学学报(人文社会科学版)》2021 年第 9 期。

行期满减为无期徒刑后，适用终身监禁，不得减刑、假释。[①] 虽然学界对于终身监禁的法律定位存在争议，但是增设终身监禁被视为是我国刑法立法扩张的表现，大部分学者对此持赞同意见。

终身监禁属于终身刑的一种。所谓终身刑，是指将犯人终身关押在监狱的刑罚方法，包括绝对终身刑和相对终身刑。[②] 我国刑法规定的终身监禁是绝对终身刑。我国增设终身监禁制度有利于维护司法公正，防止在司法实践中出现这类犯罪通过减刑等途径服刑期过短的情形。[③] 赵秉志教授认为，“一方面对于原本应判处死缓的贪污受贿犯罪案件，如果规定死缓二年期满后减为无期徒刑，不得减刑和假释进而予以终身监禁，这在一定程度上是加重了对死缓犯的刑罚严厉性；但从另一方面看，若是对本来罪该判处死刑立即执行的特别严重的贪污受贿犯罪适用死缓并最终转化成终身监禁，又有宽大的精神，因而可以说是对严重贪污受贿犯罪之处罚融宽严于一体的新举措”[④]。终身监禁的立法进程虽然略显仓促，但不能认为是应景之作。终身监禁制度的确立体现出我国政府从严打击腐败的坚定决心，同时也能实现我国“少杀、慎杀”、控制死刑适用的目标，与我国逐步限制和废除死刑的发展趋势相协调。

1. 终身监禁的法律定位

我国刑法理论界和司法实务界对于终身监禁的法律定位存在较大争议。具体包括以下几种学说：特殊执行措施说、特别死缓说、中间刑罚说以及死刑替代措施说。

(1) 特殊执行措施说及其评析

有论者认为，终身监禁是一种特殊执行措施。2015 年 8 月 29 日全国人大

---

① 《关于办理贪污贿赂刑事案件适用法律若干问题的解释》第 4 条第 3 款明确规定，终身监禁适用于犯贪污、受贿数额特别巨大，犯罪情节特别严重、社会影响特别恶劣、给国家和人民利益造成特别重大损失的犯罪分子，根据犯罪情节等情况可以判处其死刑缓期 2 年执行，人民法院可以同时裁判决定在其死刑缓期执行 2 年期满依法减为无期徒刑后，适用终身监禁，不得减刑、假释。

② 参见张明楷：《死刑的废止不需要终身刑替代》，载《法学研究》2008 年第 2 期。

③ 参见王比学、徐隽：《重特大贪污受贿罪犯将终身监禁》，载《人民日报》2015 年 8 月 25 日，第 11 版。

④ 赵秉志：《论中国贪污受贿犯罪死刑的立法控制及其废止——以〈刑法修正案（九）〉为视角》，载《现代法学》2016 年第 1 期。

常委会法工委刑法室原副主任臧铁伟强调,“终身监禁这种措施不是一个新的刑种,它的对象只是针对贪污受贿被判处死缓的犯罪分子在具体执行中的一个特殊的措施”。[①] 可见,立法机关认为,终身监禁并非独立刑种,而是针对重特大贪污受贿犯罪分子的特殊刑罚措施。最高人民法院原刑二庭庭长裴显鼎也提出,“终身监禁是介于死刑立即执行与一般死缓之间的一种执行措施,但又比一般死缓更为严厉”。[②]

(2)特别死缓说及其评析

有论者认为,终身监禁是一种“特别死缓”。终身监禁入刑,意味着因贪污受贿犯罪被判处死刑缓期执行的人员,虽然有可能“免死”,但由于没有减刑、假释的机会,可能面临“牢底坐穿”的处境。[③]

笔者认为,终身监禁仅适用于重特大贪污受贿犯罪分子,如果说是特别死缓,是否一般案件也可适用终身监禁?此种说法不仅与我国现有立法不符,也不符合我国死缓制度的相关规定,因此特别死缓说不能成立。

(3)中间刑罚说及其评析

有论者认为,终身监禁是一种中间刑罚。[④] 黄京平教授认为,“终身监禁并非是一种全新的刑罚制度,也不是一个新的刑种。终身监禁实际是介于死刑立即执行与纯粹死刑缓期执行之间的中间刑罚,即由死刑立即执行、终身监禁与纯粹死刑缓期执行形成严厉程度梯次衔接的刑罚处罚结构”。[⑤] 黄永维、袁登明教授也持类似观点,认为终身监禁介于死刑立即执行与普通死刑缓期执

---

① 参见李婧、刘茸:《臧铁伟:终身监禁不是新刑种,适用于重特大贪污受贿犯罪》,载人大新闻网,http://npc.people.com.cn/n/2015/0829/c14576－27531201.html。

② 参见罗沙、陈菲:《“数额较大”如何起步?“死刑立即执行”如何适用?——八问两高办理贪腐案件新司法解释》,载新华网,http://www.sh.xinhuanet.com/2016－04/18/c_135289473.html。

③ 参见杨丁淼、刘欢、詹婷婷:《“终身监禁”入刑扎牢反腐制度“笼子”》,载中国人大网,http://www.npc.gov.cn/npc/xinwen/2015－08/26/content_1944447.html。

④ 中间刑罚,是指在同一种刑罚中因执行方式不同而形成的、介于最重刑罚执行方法与最轻刑罚执行方法之间的、严厉程度居中的刑罚执行方法或特殊刑罚措施。参见黄永维、袁登明:《〈刑法修正案(九)〉中的终身监禁研究》,载《法律适用》2016年第3期。

⑤ 参见黄京平:《终身监禁的法律定位与司法适用》,载《北京联合大学学报(人文社会科学版)》2015年第4期。

行之间,具有过渡性,是典型的中间刑罚。①

笔者认为,"中间刑罚"的概念并不清晰,如何认定中间刑罚也是一个难题。"中间刑罚"究竟是独立的刑种,还是介于最重刑罚与最轻刑罚之间的刑罚执行措施?终身监禁仅适用于特定罪名,如果认定终身监禁是中间刑罚有将其扩大化解释的嫌疑。②

(4)死刑替代措施说及其评析

有学者认为,终身监禁应当属于一种死刑替代措施。"终身监禁可以作为贪污受贿罪的死刑替代措施看待……终身监禁的裁定必须在裁判的同时就作出,意味着一经作出就必须无条件执行,不能再减刑、释放。"③

笔者认为,适用终身监禁应当"特别慎重",在此意义上该制度确实有死刑替代措施的功能。但是,有死刑替代功能并不意味着其一定就是死刑替代措施。刑法理论上的死刑替代措施是具有一般意义的替代措施,而不能仅仅局限于某个具体罪名。④ 因此,死刑替代措施说的观点是不妥当的。

(5)特殊刑罚措施说之提倡

笔者认为,终身监禁的法律定位不能简单予以定论,而是应当与我国限制、废止死刑的进程相联系,根据犯罪行为的具体性质而定。全国人大常委会法工委刑法室原副主任臧铁伟对此专门作出解释,终身监禁不是一个新的刑种,而只是针对贪污受贿被判处死缓的犯罪分子在具体执行中的一个特殊措施。⑤ 终身监禁的适用对象是判处死刑立即执行过重,判处一般死缓又偏轻的重大贪污受贿罪犯。终身监禁的决定应当在一审、二审作出死缓裁判的同时一并作出,而不能等到死缓执行期间届满再视具体情节而定。⑥ 笔者认为,现

---

① 参见黄永维、袁登明:《〈刑法修正案(九)〉中的终身监禁研究》,载《法律适用》2016年第3期。

② 参见刘霜:《终身监禁的法律定位研究》,载《西部法学评论》2017年第1期。

③ 徐日丹:《"数额较大"如何起步?"死刑立即执行"如何适用?——八问两高办理贪腐案件新司法解释》,载《检察日报》2016年4月19日,第3版。

④ 参见刘霜:《终身监禁的法律定位研究》,载《西部法学评论》2017年第1期。

⑤ 参见李婧、刘茸:《臧铁伟:终身监禁不是新刑种,适用于重特大贪污受贿犯罪》,载人大新闻网,http://npc.people.com.cn/n/2015/0829/c14576-27531201.html。

⑥ 参见刘霜:《终身监禁制度的司法限缩及其路径——以2015—2020年已决案例为样本的分析》,载《法学》2020年第12期。

阶段我国刑法规定的终身监禁不是一个独立的刑种，也不是死刑的替代措施，而是在特殊时期对重特大贪污受贿犯罪分子适用的特殊刑罚措施。①

2. 终身监禁的司法限缩适用

根据现有媒体公开资料，我国7年多时间(2015年8月至2023年1月)终身监禁案件有21件，涉及22名被告人。按照判决的时间顺序，从2015年的终身监禁第一案——白恩培案②直至2023年最新案例——国家安全部原党委委员、中央纪委国家监委驻国家安全部纪检监察组原组长刘彦平案，共有21起终身监禁案例。按照判决的时间顺序，终身监禁第一案——白恩培案；国家能源局煤炭司原副司长魏鹏远案；黑龙江龙煤矿业集团原副总经理于铁义案；天津市政协原副主席、公安局原副局长武长顺案；新汶矿业集团孙正启、新汶矿业集团内蒙古能源有限责任公司石伟案；内蒙古银行原党委书记、董事长杨成林案；内蒙古自治区人大常委会原副主任邢云案以及恒丰银行原董事长姜喜运案；中共陕西省委原书记赵正永案；恒丰银行原董事长蔡国华案；甘肃省农村信用社联合社原理事长雷志强案；吕梁市市委原常委、市政府原副市长张中生案；中国华电集团公司原党组副书记、总经理云公民案；公安部原党委委员、副部长孙力军案；全国政协社会和法制委员会原副主任傅政华案；江苏省省委原常委、政法委原书记王立科案；内蒙古自治区呼和浩特经济技术开发区党工委原书记李建平案；辽宁省政协原党组副书记、副主席刘国强案；温州银行原行长吴华案；辽宁省政协原党组成员、副主席李文喜案；国家安全部原党委委员、中央纪委国家监委驻国家安全部纪检监察组原组长刘彦平案等，共计21起判处终身监禁的案例。其中，2016年判处终身监禁3起案例；2017年2起，2018年1起，2019年2起，2020年3起，2021年1起，2022年7起，2023年1月就判处2起。具体情况见表2。

---

① 参见刘霜：《终身监禁的法律定位研究》，载《西部法学评论》2017年第1期。

② 白恩培案具体案情：2016年10月9日环境与资源保护委员会原副主任白恩培因受贿罪成为我国被判处终身监禁的第一人。白恩培构成受贿罪和巨额财产来源不明罪。根据他的犯罪事实和情节，法院依据《刑法》的有关规定，决定在其死刑缓期执行2年期满依法减为无期徒刑后，终身监禁，不得减刑、假释。参见王晓飞：《白恩培成终身监禁第一人》，载搜狐新闻网，http://news.sohu.com/20161010/n469840450.shtml。

**表 2　我国终身监禁的实践判例(2015 年 8 月 ~ 2023 年 1 月)**

| 序号 | 案名 | 判决时间(年) | 涉及罪名 | 职务 | 法定从宽情节 | 赃款赃物 |
|---|---|---|---|---|---|---|
| 1 | 白恩培案 | 2016 | 受贿罪、巨额财产来源不明罪 | 全国人大环境与资源保护委员会原副主任 | 有 | 全部追缴 |
| 2 | 魏鹏远案 | 2016 | 受贿罪、巨额财产来源不明罪 | 国家能源局煤炭司原副司长 | 有 | 全部追缴 |
| 3 | 于铁义案 | 2016 | 受贿罪 | 黑龙江龙煤矿业集团股份有限公司物资供应分公司原副总经理 | 有 | 基本追缴 |
| 4 | 武长顺案 | 2017 | 贪污罪、受贿罪、挪用公款罪、单位行贿罪、滥用职权罪、徇私枉法罪 | 天津市政协原副主席、公安局原副局长 | 有 | 依法予以追缴 |
| 5 | 孙正启、石伟案 | 2017 | 贪污罪、受贿罪、非法经营同类营业罪 | 孙正启为新汶矿业集团有限责任公司原副总经理;石伟为新汶矿业集团内蒙古能源有限责任公司原经理 | 有 | 全部追缴 |
| 6 | 杨成林案 | 2018 | 贪污罪、受贿罪、挪用公款罪 | 内蒙古银行股份有限公司原党委书记、董事长 | 有 | 依法予以追缴,不足部分继续追缴 |

续表

| 序号 | 案名 | 判决时间(年) | 涉及罪名 | 职务 | 法定从宽情节 | 赃款赃物 |
|---|---|---|---|---|---|---|
| 7 | 邢云案 | 2019 | 受贿罪 | 内蒙古自治区人大常委会原副主任 | 有 | 全部追缴 |
| 8 | 姜喜运案 | 2019 | 贪污罪，受贿罪，违规出具金融票据罪，故意销毁会计凭证、会计账簿罪 | 恒丰银行原董事长 | 有 | 全部追缴 |
| 9 | 赵正永案 | 2020 | 受贿罪 | 第十二届全国人大内务司法委员会原副主任委员、中共陕西省委原书记 | 有 | 全部追缴 |
| 10 | 蔡国华案 | 2020 | 滥用职权罪、贪污罪、挪用公款罪、受贿罪、违法发放贷款罪 | 恒丰银行原董事长 | 有 | 依法予以追缴，不足部分继续追缴 |
| 11 | 雷志强案 | 2020 | 受贿罪、巨额财产来源不明罪 | 甘肃省农村信用社联合社原理事长 | 有 | 依法予以追缴，不足部分继续追缴 |
| 12 | 张中生案 | 2021 | 受贿罪、巨额财产来源不明罪 | 吕梁市市委原常委、市政府原副市长 | 有 | 全部追缴 |
| 13 | 云公民案 | 2022 | 受贿罪 | 中国华电集团公司原党组副书记、总经理 | 有 | 全部追缴 |

续表

| 序号 | 案名 | 判决时间（年） | 涉及罪名 | 职务 | 法定从宽情节 | 赃款赃物 |
|---|---|---|---|---|---|---|
| 14 | 孙力军案 | 2022 | 受贿罪、操纵证券市场罪、非法持有枪支罪 | 公安部原党委委员、副部长 | 有 | 大部分已追缴 |
| 15 | 傅政华案 | 2022 | 受贿罪、徇私枉法罪 | 全国政协社会和法制委员原副主任 | 有 | 全部追缴 |
| 16 | 王立科案 | 2022 | 受贿罪，行贿罪，包庇、纵容黑社会性质组织罪，伪造身份证件罪 | 江苏省省委原常委、政法委原书记 | 有 | 大部分已追缴 |
| 17 | 李建平案 | 2022 | 贪污罪、受贿罪、挪用公款罪、纵容黑社会性质组织罪 | 内蒙古自治区呼和浩特经济技术开发区党工委原书记 | 有 | 依法予以追缴，不足部分继续追缴 |
| 18 | 刘国强案 | 2022 | 受贿罪 | 辽宁省政协原党组副书记、副主席 | 有 | 大部分已追缴 |
| 19 | 吴华案 | 2022 | 受贿罪、挪用公款罪、违法发放贷款罪、违规出具金融票证罪、非国家工作人员受贿罪 | 温州银行原行长 | 有 | 依法予以追缴，不足部分继续追缴 |
| 20 | 李文喜案 | 2023 | 受贿罪 | 辽宁省政协原党组成员、副主席 | 有 | 全部追缴 |

续表

| 序号 | 案名 | 判决时间(年) | 涉及罪名 | 职务 | 法定从宽情节 | 赃款赃物 |
| --- | --- | --- | --- | --- | --- | --- |
| 21 | 刘彦平案 | 2023 | 受贿罪 | 国家安全部原党委委员、中央纪委国家监委驻国家安全部纪检监察组原组长 | 有 | 大部分已追缴 |

(1)终身监禁司法适用的学界争议

我国司法机关在适用终身监禁时秉承审慎态度,采取的做法是"限缩适用,谨慎量刑"。[①] 刑法学界却对终身监禁是否应当扩大化适用的问题争论不休,分为赞同论和质疑论。

第一,赞同论及其评析。赞同论者主张终身监禁应当"入刑",赞同论又可以细分为一般赞同论和扩大化适用论。持"一般赞同论"的论者认为,终身监禁应当"入刑",我国大多数学者持此种观点,认为此次终身监禁"入刑"有着"不得不入"的时代背景,这是众多学者的共识。[②] 具体理由如下:其一,增设终身监禁与我国高效反腐的战略布局相契合。习近平总书记在党的十九大报告中提出,要坚持反腐败无禁区、全覆盖、零容忍。《刑法修正案(九)》的修改加大了对贿赂犯罪的惩处力度。[③] 刑法增设终身监禁制度,不仅可以体现我国政府从严打击腐败的坚定决心,有力震慑贪污受贿犯罪分子,也能回应社会关切、舆情民意,取得良好的社会效果和法律效果,实现司法公平公正。[④] 其二,

---

① 参见刘霜:《终身监禁制度的司法限缩及其路径——以2015—2020年已决案例为样本的分析》,载《法学》2020年第12期。

② 参见陈兴良:《贪污贿赂犯罪司法解释:刑法教义学的阐释》,载《法学》2016年第5期;陈伟:《终身监禁刑的制度困境及其路径抉择》,载《学术界》2019年第2期;黄永维、袁登明:《〈刑法修正案〉(九)中的终身监禁研究》,载《法律适用》2016年第3期。

③ 参见张旭:《也谈〈刑法修正案(九)〉关于贪污贿赂犯罪的修改》,载《当代法学》2016年第1期。

④ 参见刘霜:《终身监禁制度的司法限缩及其路径——以2015—2020年已决案例为样本的分析》,载《法学》2020年第12期。

终身监禁“入刑”有着特殊的时代背景，与我国限制死刑的进程紧密联系。我国死刑制度的改革一直在稳步推进，良性发展。有学者提出，“受重刑主义的历史传统、强力反腐的现实国情以及民众严惩腐败犯罪的强烈愿望等因素的制约，我国还不能废除死刑，只能严格缩减死刑适用的空间”。[①] 最高人民法院的裴显鼎提出，“无论是出于国家反腐败治理的需要，还是为了回应民众关切，在对贪污贿赂犯罪难以直接废除死刑的情况下，终身监禁在填补死刑立即执行和一般死缓之间的空档，严肃惩治严重腐败犯罪中起着特殊作用”。[②]

赞同“终身监禁扩大化适用论”的学者所持立场比一般赞同论者的观点更为激进。不仅赞同终身监禁“入刑”，而且主张应当扩大化适用终身监禁。扩大化适用论以黎宏教授为代表，他不仅赞同刑事立法增设终身监禁制度，而且进一步主张该制度应当扩大化适用。[③] 陈兴良教授也持类似观点，他认为，“如果把终身监禁扩大到杀人、伤害等其他案件，对这些案件中情节特别严重，按照过去法律规定应当适用死刑立即执行的，现在改为终身监禁，就能够使死刑立即执行的案件大幅减少，对被害人也有一个交代”。[④] 不过，陈兴良教授的观点还是有所保留，认为“终身监禁还是要严格限制，不能普遍适用”。[⑤] 此外，终身监禁第一案的主办法官程慎生也是“扩大化适用说”的拥护者，他提出“在适当的时机可考虑在恐怖主义犯罪、暴力犯罪等严重危及人身安全的犯罪刑罚中适用终身监禁”。[⑥]

第二，质疑论及其评析。张明楷教授和车浩教授均反对终身监禁的扩大化适用。张明楷教授认为，“现行刑法增加了终身监禁，但终身监禁的设置是否违反宪法，则不无疑问”，其具体反对理由如下：其一，终身监禁的残酷性；它

---

① 参见吴玉萍：《终身监禁之立法解读、法律性质及溯及力》，载《法学》2017 年第 10 期。

② 参见裴显鼎等：《〈关于办理贪污贿赂刑事案件适用法律若干问题的解释〉的理解与适用》，载《人民司法（应用）》2016 年第 19 期。

③ 参见黎宏：《终身监禁的法律性质及适用》，载《法商研究》2016 年第 3 期。

④ 参见陈兴良、张明楷、车浩：《立法、司法与学术——中国刑法二十年回顾与展望》，载《中国法律评论》2017 年第 5 期。

⑤ 参见陈兴良、张明楷、车浩：《立法、司法与学术——中国刑法二十年回顾与展望》，载《中国法律评论》2017 年第 5 期。

⑥ 参见程慎生：《终身监禁的法律适用》，载《人民司法（应用）》2017 年第 13 期。

与死刑一样，是一种极为残酷的刑罚，严重侵害人的尊严。其二，终身监禁不具备刑罚的正当化根据。其三，死刑的废止不需要终身刑替代，不能以此作为设立终身监禁的理由。[①] 车浩教授也对终身监禁的设立提出疑问，并提出三点具体理由：其一，针对贪污受贿犯罪的终身监禁在特殊预防上毫无意义；其二，终身监禁有违宪法的平等原则，减刑、假释的申请权是法律明文规定且为所有犯罪人普遍享有的权利，但在法定情形下部分贪污受贿犯罪分子的相关权利被扣除和取消；其三，终身监禁是制度性、局部地设置一种能够彻底剥夺犯罪人自由的真正意义上的无期徒刑。[②] 对于终身监禁的修法过程和立法程序学界也有争议的声音。有学者认为，"终身监禁制度在修法过程中争议很大，且立法程序过于仓促"。[③] 笔者认为，终身监禁制度的确存在先天不足，毕竟其酷刑烙印难以消除。但现如今终身监禁已然入刑，虽然修法过程略显仓促，立法程序也存在些许瑕疵，但全面否定该制度已无任何意义。[④] 正如王志祥教授所言，"对于我国学者立足于摧毁终身监禁制度的前提所发表的关于终身监禁的观点需要保持高度的警惕"[⑤]。

第三，限缩适用论之提倡。笔者主张终身监禁限缩适用论。由于刑法已经对贪污受贿罪规定了终身监禁，反对终身监禁规定的观点只是一种立法论。[⑥] 终身监禁已然入刑，一味沉迷于讨论终身监禁的立法缺憾意义不大，不如转向更具实践意义和社会价值的终身监禁司法适用问题。具体理由如下：其一，如果终身监禁扩大化适用，会在实质上剥夺犯罪分子获得减刑、假释的权利。减刑、假释是我国刑法规定的对于所有犯罪分子适用的刑罚执行制度，目的在于改造罪犯，鼓励其早日回归社会。减刑、假释申请权是每个符合法定条件的犯罪人享有的权利。如果终身监禁扩大化适用于一般罪名，在实质上

---

① 参见张明楷：《终身监禁的性质与适用》，载《现代法学》2017 年第 3 期。

② 参见车浩：《刑事立法的法教义学反思——基于〈刑法修正案（九）〉的分析》，载《法学》2015 年第 10 期。

③ 参见赵秉志、赵远：《修法特点与缺憾〈刑法修正案（九）〉简评》，载《求索》2016 年第 1 期。

④ 参见刘霜：《终身监禁制度的司法限缩及其路径——以 2015—2020 年已决案例为样本的分析》，载《法学》2020 年第 12 期。

⑤ 王志祥：《终身监禁执行的刑法教义学思考》，载《法商研究》2018 年第 4 期。

⑥ 参见张明楷：《终身监禁的性质与适用》，载《现代法学》2017 年第 3 期。

剥夺犯罪分子获得减刑、假释的权利,违反宪法规定的平等原则。① 其二,终身监禁的适用在程序上也颇有瑕疵,不宜扩大化适用。终身监禁的宣告是法官在判处被告人死刑缓期 2 年执行的同时,宣告在死缓 2 年期满减为无期徒刑后,适用终身监禁。这就意味着法官在判决尚未执行之际就预判犯罪分子难以改造自新,提前宣布被告人不得减刑、假释,断绝其通过劳动改造重归社会的可能性。其三,终身监禁扩大化适用可能导致罪刑不相协调。我国《刑法》规定的限制减刑制度②适用于被判处死刑缓期执行的累犯以及严重暴力犯罪,而不得减刑、假释的"终身监禁"适用于危害程度明显不及严重暴力犯罪的贪污受贿犯罪,以至于同一部刑法内出现罪刑不协调的情况。具体而言,对于严重暴力性犯罪或被判处死缓的累犯可以限制减刑,而对于不属于暴力犯罪的贪污受贿犯罪却适用不得减刑、假释的终身监禁。这样不仅违背我国宪法规定的平等原则,而且会导致我国刑事立法出现顾此失彼、明显罪刑不相适应的尴尬局面。其四,终身监禁扩大化适用会逾越罪责边界并不当加重生刑。终身监禁带有酷刑的先天烙印,张明楷教授提出,"以终身刑替代死刑,只不过是用一种死刑(甚至更为残酷)替代另一种死刑"。③ 贝卡里亚认为,"一种正确的刑罚,它的强度只要足以阻止人们犯罪就够了"。④ 如果扩大化适用终身监禁,就意味着刑法增设了一种特殊刑罚措施,其严重性重于一般的死刑缓期执行。按照刑罚由轻到重排列,我国刑罚体系变更为:管制、拘役、有期徒刑、可以减刑假释的无期徒刑、一般死缓、不得减刑假释的死缓(终身监禁)、死刑立即执行。不仅未能解决原有刑罚体系存在的"死刑过重、生刑过轻"的痼疾,反而加重生刑,超越罪责边界,与国际刑罚轻缓化趋势相背离。其五,不能以否定减刑制度为代价扩大化适用终身监禁。现实生活中确实出现贪污受贿犯罪分

---

① 参见刘霜:《终身监禁制度的司法限缩及其路径——以 2015—2020 年已决案例为样本的分析》,载《法学》2020 年第 12 期。

② 对于"被判处死刑缓期执行的累犯以及因故意杀人、强奸、抢劫、绑架、放火、爆炸、投放危险物质或者有组织的暴力性犯罪被判处死刑缓期执行的犯罪分子"可以限制减刑。

③ 参见张明楷:《死刑的废止不需要终身刑替代》,载《法学研究》2008 年第 2 期。

④ 参见[意]贝卡里亚:《论犯罪与刑罚》,黄风译,中国大百科全书出版社 1993 年版,第 47 页。

子实际执行刑期过短的负面报道,但不能就此全盘否定减刑制度的功能与价值,更不能以扩大化适用终身监禁作为最终解决方案,企图一劳永逸地解决贪污受贿犯罪分子不当减刑问题。笔者认为,对于违法减刑案件,可以依法按照“徇私舞弊减刑、假释、暂予监外执行罪”定罪处罚。对于犯罪分子而言,无论是实施了暴力犯罪,还是贪污贿赂犯罪,只要其确有悔改表现,都有通过减刑、假释提前出狱的权利。① 笔者认为,应当理性立法、审慎修法,不能因为在执行阶段出现问题就否定减刑制度,否定现有立法,甚至不惜修法来避免不当减刑问题。

(2)终身监禁司法限缩适用的价值呈现

首先,尊重现行立法是终身监禁司法限缩适用的理念前提。法教义学必须受到法规范的约束。② 也就是说,法教义学代表一种尊重现行法的态度。③ 而刑法教义学是作为法律和司法实践桥梁的刑法教义学,在对司法实践进行批判性检验、比较和总结的基础上,对现行法律进行解释,以便法院适当地适用刑法,从而在很大程度上实现法安全和法公正。④

笔者认为,与其否定终身监禁这一立法举措,不如按照刑法教义学的思维方式展开,尊重现行立法,将批判思维转化为对于司法的限缩适用上。张明楷教授也持相同观点,他虽然反对终身监禁的设立,但仍然从限制终身监禁适用的角度对于该制度的法律性质和司法适用提出具体建议。⑤ 基于法教义学兼具解释与批判的双重功能⑥,学者可以从立法的理念与技术方面,对于终身监禁的刑事立法提出建议,对司法适用的判例归纳总结,总结该制度在司法层面被限缩适用的客观现实,深入剖析终身监禁被限缩适用的深层次原因,这才是

---

① 参见刘霜:《终身监禁制度的司法限缩及其路径——以2015—2020年已决案例为样本的分析》,载《法学》2020年第12期。

② 参见[德]卡尔·拉伦茨:《法学方法论》,陈爱娥译,商务印书馆2003年版,第77页。

③ 参见车浩:《理解当代中国刑法教义学》,载《中外法学》2017年第6期。

④ 参见[德]汉斯·海因里希·耶赛克、[德]托马斯·魏根特:《德国刑法教科书》,徐久生译,中国法制出版社2017年版,第59页。

⑤ 参见张明楷:《终身监禁的性质与适用》,载《现代法学》2017年第3期。

⑥ 参见车浩:《理解当代中国刑法教义学》,载《中外法学》2017年第6期。

法教义学的应有之义。[①] 正如张明楷教授所言，刑法教义学的重要内容或任务之一是在刑法条文的表述存在缺陷的情况下，通过解释弥补缺陷。事实上，将批判寓于解释之中，是刑法教义学的常态。[②]

其次，积极刑法立法观与终身监禁司法限缩适用应当形成有益互动。周光权教授是积极刑法立法观的代表性人物，他提出，问题的关键在于立法过程中如何对刑法的谦抑性、法益概念、刑罚目的、刑事实体法与程序法的关系等作出符合时代精神的理解，以及在未来刑事立法积极推进的同时，如何确保刑事法治的众多铁则不被蚕食。[③] 积极刑法立法观与功能主义刑法对应，以刑法社会学为基础，出现新的社会越轨行为，并且对这种越轨行为必须采取刑罚手段之时，需要将其犯罪化。[④] 所谓积极刑法观，是以犯罪化为主要表现，积极回应社会关切，对于社会上新出现的严重侵害法益的行为及时予以犯罪化，将其纳入刑法调整范畴，体现刑法的行为规制机能，以更好地保护法益。[⑤]

终身监禁骤然入刑，迅疾受到众多刑法学者的批判。有学者用"情绪性立法"加以批判，"科学的刑事立法必须力戒情绪性立法，既要遵循刑法发展的内在规律，又要对舆论或民意的反应有所为且有所不为，如此才能将我国刑事立法水平推向一个新的高度，充分实现良法善治"。[⑥] 车浩教授认为，"忽视已经成熟的刑法理论和解释方法，热衷于现象立法而虚置总论，是一个普遍存在的立法技术问题"。[⑦] 还有学者对于"现象立法"进行了明确界定，认为其是指立法者直接以特定事件或社会现象的表象为构成要件，并依照其在立法时的总

---

① 参见刘霜：《终身监禁制度的司法限缩及其路径——以2015—2020年已决案例为样本的分析》，载《法学》2020年第12期。

② 参见张明楷：《也论刑法教义学的立场与冯军教授商榷》，载《中外法学》2014年第2期。

③ 参见周光权：《积极刑法立法观在中国的确立》，载《法学研究》2016年第4期。

④ 参见姜涛：《在契约与功能之间：刑法体系的合宪性控制》，载《比较法研究》2018年第2期。

⑤ 参见刘霜：《终身监禁制度的司法限缩及其路径——以2015—2020年已决案例为样本的分析》，载《法学》2020年第12期。

⑥ 参见刘宪权：《刑事立法应力戒情绪——以〈刑法修正案（九）〉为视角》，载《法学评论》2016年第1期。

⑦ 参见车浩：《刑事立法的法教义学反思——基于〈刑法修正案（九）〉的分析》，载《法学》2015年第10期。

体危害程度及预防必要性配置法定刑而形成的罪刑规范。[①] 笔者认为,“情绪性立法”的提法并非全盘否定终身监禁制度,而是基于刑法学者的理性,提出刑事立法应当遵循刑法发展规律,以达到良法善治的目的。终身监禁并非情绪性立法,其“入刑”有着特定背景,符合我国强势反腐的战略布局,与我国逐步限制和废止死刑的进程相一致。终身监禁并非现象立法,也并非虚置条款,7 年多时间 21 起案例即是明证。为了防止现象立法过度化或者总论虚置问题,我国刑法立法扩张应当重视立法技术科学化和立法均衡化,应当保持立法的独立性和理性,不能为了迎合社会关切而仓促立法,也不能忽视刑法总论而只侧重于分则的修改完善。

最后,刑罚日趋理性与终身监禁的限缩适用应当协调一致。有学者提出,刑法增设终身监禁的措施,符合宽严相济的刑事政策[②],也符合国际刑罚轻缓化趋势。终身监禁是对严重贪污受贿犯罪之处罚融宽严于一体的新举措。[③] 笔者认为,我国刑法增设的终身监禁制度体现了宽严相济刑事政策。“对于原本应当判处死缓的犯罪分子,根据其具体案情,如果最终决定对其适用终身监禁,则不能被减刑假释,相对于一般死缓犯而言加重了刑罚,体现出刑法严厉的一面。而对于原本应当判处死刑立即执行的犯罪分子而言,如果其具有法定从宽情节,对其适用终身监禁,则体现我国刑法宽大的一面”。[④] 不仅体现我国宽严相济的刑事政策,回应社会上对于贪污贿赂犯罪分子处罚过轻的争议,也能减少死刑立即执行的适用,与我国刑罚日趋理性的发展趋势相契合。

(3)路径倡导:以司法限缩反制立法扩张

国内诸多学者主张从司法适用层面限制终身监禁的适用。有学者提出,“在刑法已经对贪污受贿罪规定了终身监禁的情况下,反对终身监禁规定的观点只

---

① 参见陈金林:《现象立法的理论应对》,载《中外法学》2020 年第 2 期。

② 参见欧阳本祺:《论〈刑法〉第 383 条之修正》,载《当代法学》2016 年第 1 期。

③ 参见赵秉志:《论中国贪污受贿犯罪死刑的立法控制及其废止——以〈刑法修正案(九)〉为视角》,载《现代法学》2016 年第 1 期。

④ 参见刘霜:《终身监禁制度的司法限缩及其路径——以 2015—2020 年已决案例为样本的分析》,载《法学》2020 年第 12 期。

是一种立法论”。[①] 有学者强调,“最为现实化的路径仍然是通过司法控制来完成这一使命,这也是综合多方权衡之后的最佳选择”。[②] 笔者认为,终身监禁制度本身存在的先天不足可以通过司法的限缩适用来弥补,以消解刑法立法扩张可能带来的过度侵害法益的风险。[③] 司法机关对于终身监禁的限缩适用具有极大的启发意义,可以启发一种新的路径倡导,以遏制刑法立法扩张可能引发的风险。

首先,以司法限缩适用来防控立法扩张带来的风险。终身监禁在尊重现行立法的前提下从司法层面进行限缩适用,这种实践中的做法不失为一种积极的路径倡导。无论是积极刑法立法观和刑法的谦抑性,还是以立法建构论为基础或是以立法批判论为根基,争议的焦点都在于刑事立法权的归属、刑事立法权与行政权的界限划分,需要在社会防卫与人权保障之间寻求一个平衡点。在风险社会的背景下,应当顺势而为,刑事立法既要及时回应社会需求,也要保持社会防卫法的底线。一言以蔽之,以司法限制立法扩张,以司法维护立法权威。

其次,以比例原则限制刑事立法的扩张。笔者认为,为了防止刑事立法的过度扩张,应当遵从比例原则,[④]应以比例原则限制我国刑事立法的扩张。将行政法的比例原则适用于判定刑事立法是否合理,需要分为五个步骤:目的是否具有合理性?刑罚是否达到合理目的的有效手段?是否存在替代刑罚的手段?利用刑罚保护法益的同时可能造成何种损害?对于相应的犯罪应当规定何种刑罚?[⑤] 还有学者认为,比例原则比刑法的基本原则具有更高效力。[⑥] 笔者认为,比例原则在刑事立法中可以作为重要的考量标准。为实现法益保护的根本要求,比例原则通过目的与手段之间的合目的性调控刑罚处罚的范

---

① 参见张明楷:《终身监禁的性质与适用》,载《现代法学》2017 年第 3 期。

② 参见陈伟:《终身监禁刑的制度困境及其路径抉择》,载《学术界》2019 年第 2 期。

③ 参见刘霜:《终身监禁制度的司法限缩及其路径——以 2015—2020 年已决案例为样本的分析》,载《法学》2020 年第 12 期。

④ 比例原则被称为“帝王法则”,包括三个原则:(1)妥当性,即所采取的措施可以实现所追求的目的;(2)必要性,即除采取的措施之外,没有其他给关系人或公众造成更少损害的适当措施;(3)相称性,即采取的必要措施与其追求的结果之间并非不成比例。参见[德]哈特穆特·毛雷尔:《行政法学总论》,高家伟译,法律出版社 2000 年版,第 238~239 页。

⑤ 参见张明楷:《法益保护与比例原则》,载《中国社会科学》2017 年第 7 期。

⑥ 参见姜涛:《追寻理性的罪刑模式:把比例原则植入刑法理论》,载《法律科学》2013 年第 1 期。

围,将应由刑罚处罚的行为纳入刑法调整范畴,将可由行政处罚或民事处罚的行为排除在刑法之外。通过此种方式,实现比例原则妥当性、必要性和相称性的要求,并使刑罚处罚达到合理要求。以比例原则作为判定刑事立法界限的基本标准,可以理性地在人权保障与社会防卫之间做出正确抉择,以调和立法建构论与立法批判论之间的矛盾冲突,寻求理性立法与严格司法的平衡。①

实践中,终身监禁也应遵从比例原则,在我国法律规定的范围内严谨适用。人民法院具有最终决定权,可以根据犯罪情节等情况决定是否适用终身监禁。法院既可以适用终身监禁,也可以不适用。按照最有利于被告人原则,应当理解为原则上不适用。只要不是必须判处终身监禁的,不得擅自将一般死缓案件升格为终身监禁,也不得将死刑立即执行降格为终身监禁。如果实践中出现属于罪大恶极,符合4个特别严重情节且没有法定、酌定从宽情节,应当判处死刑立即执行的个别极端恶性案件,如张中生案、赖小民案等,也不得擅自决定降格为终身监禁,毕竟我国刑法并没有废除贿赂犯罪的死刑立即执行。申言之,对于终身监禁案件,既不得擅自升格处理,也不能降级惩处,应当严格依照适用条件,依法处理,方能体现我国刑法设置终身监禁的威慑性和权威性。

再次,以司法限缩来限制刑事立法的过度扩张。日本刑法学者松原芳博提出,为了回应国民"体感治安"的降低,试图保护其"安心感",从而使立法带有明显的象征性色彩。② 不可否认,某些刑法条款由于刑罚处罚前置化或者法益保护抽象化等原因,司法适用效率并不高,以至于有些学者认为是威慑性立法或象征性立法,甚至认为这些条款已经沦为单纯的国家安抚社会公众情绪的政策工具。③ 笔者认为,终身监禁立法论问题已然解决,不能再过度批判立法,而应当考虑司法层面如何限缩适用,实现刑法"惩罚犯罪、保障人权"的根

① 参见刘霜:《终身监禁制度的司法限缩及其路径——以2015—2020年已决案例为样本的分析》,载《法学》2020年第12期。

② 参见[日]松原芳博:《刑法总论重要问题》,王昭武译,中国政法大学出版社2014年版,第17页。

③ 参见魏昌东:《新刑法工具主义批判与矫正》,载《法学》2016年第2期。

本任务。以司法限缩控制立法扩张的具体路径分析如下：其一，刑事立法应当理性，适度回应公众关切，但不可过度迎合。刑法的谦抑性仍应严格遵守，刑法社会防卫法的性质不容改变。其二，过度刑法化固然不可取，风险社会的附随风险也不容忽视。

最后，刑事立法应顺势而为，有所为有所不为。在风险社会、全球化、大数据、信息化的特定背景下，刑法必须及时作出回应，不能沉溺于传统刑法观以致刑法滞后性严重。①

何荣功教授认为，预防刑法不再过度强调以既成的法益侵害作为追究刑事责任的基础，而是着眼于未来，基于对未来的关注，着重于防范潜在的法益侵害危险，从而实现有效的社会控制。② 某些刑法条款确实在一般条件下适用率不高，但不能据此认定该法律条款设置不合理，更不能简单认为适用率低的刑法条款就是政策宣誓工具或宣泄性立法结果。刑法条款适用率的高低取决于罪名的本质特征，取决于社会情势的变化，取决于犯罪发生的原因与条件等多种因素。刑法条款的价值在于及时惩治实施侵害法益的行为，有效威慑潜在的犯罪分子，实现社会的有效治理。③

我国刑法修正案增设终身监禁这一立法举措具有代表性意义，笔者将其概括为："立法威慑入刑，司法限缩适用。"在承认终身监禁立法实然现状及先天不足的同时，在司法层面谨慎裁量及限缩适用，才是弥补其制度缺陷并合理适用的理性抉择。申言之，我国刑事立法不断扩张，积极刑法立法观的导向意义更趋持重，这个事实不容置疑也势不可当。终身监禁的司法限缩适用不失为一种有益的路径倡导，在尊重现行法的前提下，学界的关注点应当从钳制立法、批判立法转向司法层面的严谨适用，坚守刑法谦抑性底线，以消解刑事立法功能扩张带来的过度侵犯法益的危险。

---

① 参见刘霜：《终身监禁制度的司法限缩及其路径——以2015—2020年已决案例为样本的分析》，载《法学》2020年第12期。

② 参见何荣功：《预防刑法的扩张及其限度》，载《法学研究》2017年第4期。

③ 参见刘霜：《终身监禁制度的司法限缩及其路径——以2015—2020年已决案例为样本的分析》，载《法学》2020年第12期。

(4)减少适用死刑罪名

党的十八届三中全会提出,“逐步减少适用死刑罪名”。为落实中央关于深化司法体制和社会体制改革的任务要求,立法机关通过刑法修正案的方式,逐步完善死刑法律规定,减少适用死刑的罪名。据此,立法机关总结我国一贯坚持的既保留死刑又严格控制和慎重适用死刑的做法,进一步减少适用死刑的罪名。

2011 年出台的《刑法修正案(八)》取消了 13 个经济性非暴力犯罪的死刑,开启我国通过刑事立法方式取消死刑罪名的大幕。2011 年取消部分死刑罪名后,我国社会治安形势总体稳定可控,一些严重犯罪稳中有降。实践表明,取消部分罪名的死刑,没有对社会治安形势形成负面影响,社会公众层面对于减少死刑罪名的立法举措并无抵触情绪,也没有产生其他负面影响。因而,我国立法机关继续减少可以适用死刑的罪名。

《刑法修正案(九)》减少 9 个适用死刑的罪名,较之当时适用死刑的罪名 55 个,死刑罪名已减至 46 个。此次废除死刑的罪名具体包括:走私武器、弹药罪,走私核材料罪,走私假币罪,伪造货币罪,集资诈骗罪,组织卖淫罪,强迫卖淫罪,阻碍执行军事职务罪,战时造谣惑众罪 9 个罪名。这次取消死刑的 9 个罪名,在实践中较少适用死刑,取消后最高可以判处无期徒刑。对相关犯罪在取消死刑后通过加强执法,该严厉惩处的依法严厉惩处,可以做到整体惩处力度不减,以确保社会治安整体形势稳定。此外,上述犯罪取消死刑后,如出现情节特别恶劣,符合数罪并罚或者其他有关犯罪规定的,可依法判处更重的刑罚。

此外,《刑法修正案(九)》还进一步提高对死缓罪犯执行死刑的门槛。《刑法》(2011 年)第 50 条规定,被判处死刑缓期执行的,在死刑缓期执行期间,如果故意犯罪,查证属实的,由最高人民法院核准,执行死刑。《刑法修正案(九)》将上述规定修改为:死刑缓期执行期间如果故意犯罪,情节恶劣的,报请最高人民法院核准后执行死刑。由此可见,我国立法机关对于死刑制度仍然持审慎适用理念,逐步减少死刑适用是适合中国国情的,采取“一刀切”方式彻底废除死刑的方式并不适合中国。

（二）增设预防性措施

《刑法修正案（九）》在《刑法》第37条之后增加了一条“从业禁止”，作为第37条之一。[①] 关于从业禁止的性质，有学者认为，从业禁止是防止犯罪人利用特定职业再犯罪的保安处分措施，而不是刑种与刑罚执行方式。[②] 立法机关和司法机关的人员认为，从业禁止属于禁止从事相关职业的预防性措施。[③]

法院对被告人适用“从业禁止”应当满足4个条件：第一，行为人必须实施了犯罪行为，即从业禁止以行为人构成犯罪为前提。第二，行为人利用职业便利实施犯罪，或者是实施违背职业要求的特定义务的犯罪。行为人只要利用职务便利实施了犯罪，就可以成为“从业禁止”的对象，如职务侵占罪、非国家工作人员受贿罪、挪用资金罪等。第三，行为人因实施该犯罪而被判处“刑罚”。根据刑法规定，被禁止从业的人员是自“刑罚执行完毕之日”或“假释之日”起禁止从事相关职业，因此行为人因实施犯罪被判处的“刑罚”，应当是可以被“执行完毕”或者被“假释”的，所以这里的“刑罚”至少应包括有期徒刑、拘役。对于被判处管制以及被宣告缓刑的犯罪分子，因为可以宣告禁止令，所以原则上不宜宣告从业禁止。[④] 第四，法院在决定适用“禁业规定”条款时，要综合考虑被告人利用其职业便利或违背其职业要求所实施的犯罪情况，认为在对被告人判处刑罚后，被告人在刑罚执行完毕或假释之后仍有再次利用其职业便利实施犯罪的可能和危险的，为了预防犯罪、保障社会公众安全，才可以适用。

因为从业禁止是人民法院判决或者裁定的内容，如果行为人违反从业禁

---

① 《刑法》第37条之一　【从业禁止】因利用职业便利实施犯罪，或者实施违背职业要求的特定义务的犯罪被判处刑罚的，人民法院可以根据犯罪情况和预防再犯罪的需要，禁止其自刑罚执行完毕之日或者假释之日起从事相关职业，期限为三年至五年。被禁止从事相关职业的人违反人民法院依照前款规定作出的决定的，由公安机关依法给予处罚；情节严重的，依照本法第三百一十三条的规定定罪处罚。其他法律、行政法规对其从事相关职业另有禁止或者限制性规定的，从其规定。

② 参见张明楷：《刑法学》（上）（第6版），法律出版社2021年版，第823页。

③ 参见王爱立主编：《中华人民共和国刑法：条文说明、立法理由及相关规定》，北京大学出版社2021年版，第101页；喻海松：《刑法的扩张——〈刑法修正案（九）〉及新近刑法立法解释司法适用解读》，人民法院出版社2015年版，第3页。

④ 参见张明楷：《刑法学》（上）（第6版），法律出版社2021年版，第823页。

止规定,情节严重的,便符合拒不执行判决、裁定罪,行为人应当受到该罪的刑罚处罚。[①] 在行为构成犯罪的情况下,应当由人民法院根据法律、行政法规规定的条件与期限,宣告对被告人从业禁止。

（三）增设保安处分措施

我国现行刑法中一些具有限制和剥夺权益性质的措施符合保安处分的基本特征。由于保安处分与刑罚呈现的格局为“双轨制”,但又因为刑法条文体系中并无“保安处分”的法律概念,因此,将这一格局称为“隐性双轨制”。[②] 刑法学界普遍认为,增设保安处分措施可视为刑罚体系扩张的立法举措。

1. 专门矫治教育

我国《刑法修正案（十一）》第 1 条第 5 款规定,“因不满十六周岁不予刑事处罚的,责令其父母或者其他监护人加以管教;在必要的时候,依法进行专门矫治教育”。《预防未成年人犯罪法》第 45 条第 1、2 款规定,未成年人实施刑法规定的行为,因不满法定刑事责任年龄不予刑事处罚的,经专门教育指导委员会评估同意,教育行政部门会同公安机关可以决定对其进行专门矫治教育。省级人民政府应当结合本地的实际情况,至少确定一所专门学校按照分校区、分班级等方式设置专门场所,对前款规定的未成年人进行专门矫治教育。[③] 据此,只有在专门学校对实施了满足不法行为构成要件的未成年人实施的矫治教育,才属于作为保安处分措施的专门矫治教育。

矫治教育是专门应对低龄未成年人违法犯罪的重要制度建设。只有不断完善少年犯罪的司法体系,建立适合未成年人犯罪特点的矫治制度、措施等,才能有效预防和矫治未成年人犯罪,防范其对社会造成危害。

2. 禁止令

《刑法修正案（八）》对我国非监禁刑制度进行了重大调整,其中禁止令是

---

① 参见武晓雯:《论〈刑法修正案（九）〉关于职业禁止的规定》,载《政治与法律》2016 年第 2 期。

② 参见时延安:《隐性双轨制:刑法中保安处分的教义学阐释》,载《法学研究》2013 年第 3 期。

③ 参见王爱立主编:《中华人民共和国刑法:条文说明、立法理由及相关规定》,北京大学出版社 2021 年版,第 38 页。

非常值得关注的制度创新。根据《刑法修正案(八)》的规定,对于判处管制和宣告缓刑的罪犯,人民法院可以"同时禁止犯罪分子在执行期间从事特定活动,进入特定区域、场所,接触特定的人"。

关于禁止令的性质,刑法理论界存在争论。有学者认为,禁止令是管制刑的执行方式或者执行内容。① 还有学者认为,禁止令只是一种保安处分措施。由于禁止令不是管制与缓刑本身的内容,所以,并不是对任何被判处管制和宣告缓刑的罪犯,都必须做出禁止令。②

禁止令是人民法院为了实现预防犯罪的目的,根据罪犯的犯罪事实,依法要求罪犯在管制、缓刑考验期内必须遵循的义务。根据《刑法修正案(八)》的规定,禁止令具有以下几个方面的特点:第一,附属性。禁止令不是独立的刑罚,而是依附于管制和缓刑而存在。因此,人民法院只有对被判处管制和宣告缓刑的罪犯才能适用禁止令,不能单独适用禁止令,也不能在判处其他刑罚时适用禁止令。第二,补充性。我国《刑法》第39、75条对罪犯在管制和缓刑考验期内应当遵循的义务作出了明确规定。上述义务是一般性义务,所有被判处管制或者宣告缓刑的罪犯都应当遵守。

禁止令的立法目的侧重于特殊预防。因此,法院在宣告禁止令时,应当根据犯罪分子的犯罪原因、犯罪性质、犯罪手段、悔罪表现、个人一贯表现等,充分考虑禁止令的内容与犯罪人所犯罪行的关联程度,有针对性地决定禁止其在管制执行期间或者缓刑期间"从事特定活动、进入特定场所、区域,接触特定的人"中的一项或者几项内容。例如,对于犯危险驾驶罪的犯罪人,可以禁止其驾驶机动车;对于寻衅滋事扰乱公共场所秩序的犯罪人,可以禁止其进入夜总会、酒吧、迪厅等娱乐场所以及举行大型群众性活动的公共场所等。

(四)刑罚幅度的扩张

刑罚的扩张,不仅包括增设终身监禁措施、预防性措施以及保安处分措施,还包括刑罚幅度的扩张。具体表现如下:

---

① 参见高铭暄:《中华人民共和国刑法的孕育诞生和发展完善》,北京大学出版社2012年版,第220、264页。

② 参见张明楷:《刑法学》(上)(第6版),法律出版社2021年版,第823页。

1. 扩大财产刑的适用范围

刑罚的扩张,还表现为刑罚幅度的扩张。就财产刑而言,我国多次刑法修正都扩大了财产刑的适用范围。例如《刑法修正案(九)》第47、48、49条分别在单位行贿罪、介绍贿赂罪和单位行贿罪的法定刑中增加了罚金刑的规定。

《刑法修正案(九)》第47条规定,"将刑法第三百九十一条第一款修改为:'为谋取不正当利益,给予国家机关、国有公司、企业、事业单位、人民团体以财物的,或者在经济往来中,违反国家规定,给予各种名义的回扣、手续费的,处三年以下有期徒刑或者拘役,并处罚金。'"对比新旧刑法条文,发现《刑法修正案(九)》对单位行贿罪增设了"并处罚金"的规定。类似地,《刑法修正案(九)》第48条将原《刑法》第392条第1款修改为:"向国家工作人员介绍贿赂,情节严重的,处三年以下有期徒刑或者拘役,并处罚金。"第49条将原《刑法》第393条修改为:"单位为谋取不正当利益而行贿,或者违反国家规定,给予国家工作人员以回扣、手续费,情节严重的,对单位判处罚金,并对其直接负责的主管人员和其他直接责任人员,处五年以下有期徒刑或者拘役,并处罚金。因行贿取得的违法所得归个人所有的,依照本法第三百八十九条、第三百九十条的规定定罪处罚。"

上述3个条款的修改,均增加了"并处罚金"的规定,体现出我国立法机关对于贿赂型犯罪从经济层面严厉打击的理念,此种立法举措也符合法益对等原则,毕竟这3种犯罪侵犯的是经济利益以及国家工作人员的职务廉洁制度。

2. 增加已有罪名的法定从重处罚情节

我国立法机关还通过增加法定从重处罚情节的方式对刑罚进行扩张性规定。以强制猥亵、侮辱罪为例,该罪规定在《刑法》第237条,所谓强制猥亵,是指除性交以外的违背他人性意愿或性感情的行为。构成猥亵一般要求行为人的行为与性有关且会引起被害人的性厌恶感或性羞耻感。立法机关对《刑法》第237条进行两次修改。第一次修改是2015年《刑法修正案(九)》将强制猥亵罪的对象由"妇女"扩大为"他人",并增设了"有其他恶劣情节"的规定。第二次修改是2020年《刑法修正案(十一)》第28条对猥亵儿童罪增设了独立的法定刑,并设置了4种应处5年以上有期徒刑的情形。① 具体而言,《刑法修正案(十一)》第28条将原《刑法》第237条第3款修改为:“猥亵儿童的,处五年以下有期徒刑;有下列情形之一的,处五年以上有期徒刑:(一)猥亵儿童多人或者多次的;(二)聚众猥亵儿童的,或者在公共场所当众猥亵儿童,情节恶劣的;(三)造成儿童伤害或者其他严重后果的;(四)猥亵手段恶劣或者有其他恶劣情节的。”

再如,《刑法修正案(九)》对《刑法》第277条作了立法修改,增加第5款明确规定对袭警行为应当给予从重处罚,以保障警察履职期间的安全。② 继而《刑法修正案(十一)》更进一步,明确规定袭警罪。③ 所谓袭警罪,是指使用暴力袭击正在依法执行职务的人民警察的行为。④ 值得注意的是,辅警与人民警察依法共同执行职务时,行为人对辅警实施暴力袭击的,也可以被认定为袭警罪。刑法增设袭警罪,有利于保护人民警察的合法权益,维护其正常执行职务的行为。

3. 明确某些牵连犯应当数罪并罚

我国立法机关通过刑法修改的方式,明确规定某些牵连犯应当数罪并罚,这也是刑罚扩张的具体体现。例如,我国刑法将组织、利用会道门或邪教组织,或者利用迷信奸淫妇女、诈骗财物,依照强奸罪和诈骗罪从一重处罚修改为数罪并罚。这一立法修改直接加重了处罚力度,体现出立法机关对于此类行为从严惩处的立法理念。

**二、刑罚扩张的立法省思**

我国刑法立法扩张不仅包括犯罪圈的扩张,而且包括刑罚方面的扩张。客观地说,我国刑罚结构的调整,不仅包括刑罚的趋重化倾向,同时部分刑罚

---

① 参见李立众编:《刑法一本通:中华人民共和国刑法总成》(第15版),法律出版社2021年版,第426页。

② 《刑法修正案(九)》在第277条增加第5款为“暴力袭击正在依法执行职务的人民警察的,依照第一款的规定从重处罚”。

③ 《刑法修正案(十一)》将第277条第5款修改为:“暴力袭击正在依法执行职务的人民警察的,处三年以下有期徒刑、拘役或者管制;使用枪支、管制刀具,或者以驾驶机动车撞击等手段,严重危及其人身安全的,处三年以上七年以下有期徒刑。”

④ 参见张明楷:《刑法学》(下)(第6版),法律出版社2021年版,第1355页。

也呈现轻缓化趋势,在一定程度上也契合了当今世界刑罚发展的轻缓化潮流。① 张明楷教授指出,轻刑化是历史发展的必然趋势,但并不意味着任何时代、任何条件下刑罚都越轻越好,也不意味着可以超越时代实行轻刑化。因为刑罚是应当严厉还是应当轻缓取决于当时人们的平均价值观念、取决于国情、取决于本国人民群众的物质、精神生活水平。②

(一)合理设定刑罚的幅度和范围

刑法作为社会防卫法,在社会治理方面不得过度刑法化,应当结合我国的国情和现实需求,合理设定刑罚的幅度和范围。既要兼顾人道主义刑罚观,又要避免由于过度强调轻刑化而可能导致的惩罚犯罪不力的尴尬局面。至于刑罚应当趋重化发展还是轻刑化,笔者认为应当结合具体情况,不可一概而论。正如张明楷教授所言,刑罚的轻重取决于多重因素,在具体实施时,应当符合我国刑法规定的罪刑相适应原则,符合宽严相济刑事政策。刑罚的适用应当适度,方能实现刑罚惩罚犯罪、保护人民的重要功能。

以往我国刑法过于注重刑罚的报应主义机能,且我国一直存有重刑主义倾向,多年来,在惩治、打击犯罪方面,我们的司法观念在很大程度上一直停留在"从重""从快""从严"的传统观念。③ 孙国祥教授指出,"刑罚的供应量必须足以实现惩治犯罪、保障法益的基本需求。宽严相济刑事政策不是运动式的从'宽',也不是没有区别的从'宽',更不是没有底线的'宽'。片面、过度轻刑化而必然导致刑罚供应不足,从而削弱法益保护的力度"④。如果说犯罪化代表刑法积极干预社会治理的立场日趋坚定,那么刑罚的趋重化则体现了一般预防主义的立法思维占据优势地位。

---

① 参见卢勤忠:《"中罪中刑"的刑法结构之提倡——对"严而不厉"的一点质疑》,载《当代法学》2012 年第 6 期。

② 参见张明楷:《刑法的基本立场》,中国法制出版社 2002 年版,第 98 页。

③ 参见杨兴培:《"风险社会"中社会风险的刑事政策应对》,载《华东政法大学学报》2011 年第 2 期。

④ 孙国祥:《从刑(九)看刑法的犯罪化和刑罚趋重化走向》,载刑事网,http://www.Xingshiwang.net/index.php/article/read/aid/4712。

当今世界刑法发展的潮流是刑罚轻缓化。[①] 随着社会的发展和经济生活水平的提高，刑罚结构也应当相应调整。张明楷教授指出，轻刑化是历史发展的必然趋势，但刑罚的轻缓与否需要与时代的平均价值观念、国情、本国人民群众的物质、精神生活水平相结合，即便刑罚发展潮流是轻刑化，但也并不是任何时代、任何条件下刑罚都越轻越好，超越时代实行轻刑化是绝对不可以的。[②]

我国历次刑法修正在刑罚结构方面体现了刑罚的趋重化特征。片面要求刑罚轻刑化的主张会导致刑法规制力度的单向削弱，损害刑法的权威性和威慑性。刑罚趋重化具体表现在：扩大财产刑的适用范围、增加犯罪的加重情节、提高部分犯罪的法定最高刑以及明确部分牵连犯依照数罪并罚原则进行处理等。

值得强调的是，反对重刑或者酷刑与主张完全轻刑化的观点立场并不完全相同。重刑化的刑事立法，可谓未蒙其利，先受其害，实有深思检讨的必要。[③] 重刑主义所导致的后果不可逆，而且并非严酷的刑罚必然带来最佳的惩罚效果。正如贝卡里亚提出，“刑罚的确定性是对犯罪最强有力的约束力量，而不是刑罚的严酷性”[④]。可见，刑罚的确定性所带给犯罪人的恐惧比刑罚本身的严厉性更为可怕，即便刑罚是有节制的。因为刑罚让犯罪人彻底失去不受惩罚的侥幸心理。重刑化可能导致刑罚价值体系的破裂，而且会使普罗大众对于刑罚无所适从，无从遵循。然而任何事情均应当适度，刑罚也应如此。依照贝卡里亚的观点，他是赞同刑罚相当性的，贝卡里亚认为，“刑罚与犯罪应当保持对称，因为人们犯罪力量会随着犯罪对公共利益危害的增大而更强，所以制止人们犯罪的手段就应该越强有力”[⑤]。

笔者反对重刑主义，主张坚守罪刑相适应原则，认为犯罪人所犯的罪行应

---

① 参见卢勤忠：《“中罪中刑”的刑法结构之提倡——对“严而不厉”的一点质疑》，载《当代法学》2012 年第 6 期。

② 参见张明楷：《刑法的基本立场》，中国法制出版社 2002 年版，第 98 页。

③ 参见柯耀程：《变动中的刑法思想》，中国政法大学出版社 2003 年版，第 388 页。

④ [意]贝卡里亚：《论犯罪与刑罚》，黄风译，中国大百科全书出版社 1993 年版，第 59 页。

⑤ [意]贝卡里亚：《论犯罪与刑罚》，黄风译，中国大百科全书出版社 1993 年版，第 65 页。

当与其承担的刑事责任相适应,即刑罚与犯罪相对称。如果一味强调重刑主义,即使个别案件的威慑效果不错,也有违刑罚人道主义原则,有违当今世界的刑罚轻缓化潮流。值得注意的是,重刑化与轻刑化两者之间并非绝对的对立关系。有学者提出,重刑与轻刑之间也可以存在中间地带,"应该选择一个刑罚处罚程度适中的刑法结构"。① 即便在重刑主义刑罚结构中,也可能存在降低某些犯罪的法定刑,或者提倡应当适度调整重刑主义刑罚结构的观点。正如有学者所言,在重刑与轻刑之间确实应当设立一个中间地带,方能真正实现罪刑相适应原则,不至于走向过于重刑化或者过于轻刑化两个极端方向。

(二)适度调整刑罚结构

当今时代,诸多国家都将谦抑主义作为刑法的根本原则,只有在迫不得已的情况下才会采取刑罚手段维护社会秩序。我国刑法结构长期处于"厉而不严"的状态,法网不够严密,随着风险社会、全球化的到来以及网络空间犯罪的迅猛发展,刑事立法需要积极应对。

卢勤忠教授认为,我国未来刑法取向应该是"中罪中刑"的刑法结构模式。可以选择适中的刑事法网和适当的刑罚程度,既不应偏向"严",也不应偏向"厉",而是中和、适中。只有这样,才是辩证、全面的态度。② 应当适度调整刑罚结构,不可过于轻刑化。具体而言:对于犯罪圈而言,不能对严密刑事法网寄予过高期望,任何一种刑事立法都不可能包罗万象,将所有具有社会危害性的行为都纳入刑法调整范畴,这也与刑法谦抑性原则相悖;对于刑罚结构而言,既不能倾向重刑主义,也不能过于迷信国际社会所极力推崇的轻刑化趋势而不加选择地"跟风",从而在我国也极度推行刑罚轻刑化。

笔者认为,应当结合我国的国情和现实需求,合理设定刑罚的幅度和范围。既要兼顾人道主义刑罚观,又要避免由于过度强调轻刑化而可能导致的惩罚犯罪不力的尴尬局面。在当下,我国需要采取积极刑法观,需要推进犯罪

---

① 参见卢勤忠:《"中罪中刑"的刑法结构之提倡——对"严而不厉"的一点质疑》,载《当代法学》2012 年第 6 期。

② 参见卢勤忠:《"中罪中刑"的刑法结构之提倡——对"严而不厉"的一点质疑》,载《当代法学》2012 年第 6 期。

化。[1] 为了避免立法扩张造成的消极影响,可用刑法的谦抑性原则来约束。而刑法谦抑性原则是刑法学者所广泛尊崇的重要原则,也是现代刑法重要的刑法理念。该原则对于促进刑法的人权保障机能,限制国家刑罚权的发动等方面,起着举足轻重的作用,至今仍被认为是刑法发展的铁则。然而随着时代的发展与社会背景的演变,刑法谦抑性原则也就不可避免地需要重新审视,赋予其新的内容与活力。

（三）刑罚谦抑之提倡

积极推进犯罪化的过程也是积极刑法观与刑法谦抑性原则互相磨合平衡的过程。为了协调两者之间的矛盾,有学者提出,“刑法谦抑主义事实上同时包括‘入罪谦抑’和‘刑罚谦抑’两个方面的内容。根据我国的实际情况,对刑法谦抑主义的贯彻,应当从实现‘入罪谦抑’到‘刑罚谦抑’的重心转换”[2]。刑罚是刑事法的核心要素,也是通过刑法惩罚犯罪的最终落脚点,适当的刑罚量自然成为刑法谦抑性原则必须考虑的刑法面向。[3] 现阶段对于刑法谦抑性原则的关注点应当由“入罪谦抑”转移至“刑罚谦抑”,这样不仅与国际轻刑化潮流相匹配,而且有助于解决我国刑罚设置的严厉化与适用过程中过刑化的陈年痼疾。

还有学者提出,“刑法对法益的保护是根据比例原则在个罪保护和刑法手段之间比较,不投入超过法益保护本身的刑罚量,均衡总体利益,寻求法益最大化,实现刑法谦抑性强调的最后手段性,不是简简单单的平均保护”。[4] 笔者赞同这种说法,虽然积极刑法观逐渐占据主流地位,但刑法谦抑性原则不能被舍弃,其内容应当根据社会情势的变化与时俱进,逐渐向“刑罚谦抑”转变,并与我国刑事立法观逐渐向积极刑法观转变步调一致。

---

① 参见张明楷:《增设新罪的观念——对积极刑法观的支持》,载《现代法学》2020年第5期。

② 敦宁:《刑法谦抑主义的西方立场与中国定位》,载赵秉志主编:《刑法论丛》(第52卷),法律出版社2018年版,第413页。

③ 参见储槐植、何群:《刑法谦抑性实践理性辨析》,载《苏州大学学报(哲学社会科学版)》2016年第3期。

④ 参见简爱:《一个标签理论的现实化进路:刑法谦抑性的司法适用》,载《法制与社会发展》2017年第3期。

积极刑法观本质是犯罪化,刑法谦抑性则要求“入罪谦抑”,但也应“刑罚谦抑”。还需要强调的是,刑罚谦抑既包括刑罚设置谦抑,也包括司法适用谦抑。刑法的谦抑,需要从形式和实质两个侧面、刑事立法和刑事司法两个层面进行有机地结构性展开,才能够把立法的用刑之道到司法的用刑之道层层剖析厘清,方能探得其完整内涵,进而予以科学实现。[①] 虽然积极刑法观与刑法谦抑性原则存在矛盾冲突,但可以在“刑罚谦抑”方面达成一致,即积极刑法观可能造成的立法扩张可以尝试由刑罚谦抑解决,尤其是与司法适用方面的刑罚谦抑达成一致,使得个罪保护与罪刑均衡一致,实现刑法效益的最大化。

周光权教授提出,“刑事司法应当以务实的态度面对立法活跃的趋势”[②]。在大数据、全球化、信息化的时代背景下,恐怖活动犯罪、网络犯罪等新型犯罪的特性迫使刑法及时作出回应,不能沉溺于传统刑法观以致刑法的滞后性严重。司法实务人员应当从批判立法的思维中摆脱出来,规范司法适用标准,根据自己的价值判断对现行法律进行合理解释并做出符合现实意义的精准解读,从而在很大程度上实现法安全和法公正。[③]

刑事立法与司法适用之间应当保持一种平衡:当立法主体比较积极时,司法主体在适用法律时应当采取谨慎、相对谦抑的态度,从而避免立法过猛而带来的消极和负面影响。[④] 笔者认为,对于刑事立法与司法之间的博弈与平衡,可以用一句话加以概括,即“立法层面适度扩张,司法层面审慎适用”。

---

① 参见田宏杰:《立法扩张与司法限缩:刑法谦抑性的展开》,载《中国法学》2020 年第 1 期。

② 周光权:《刑事立法进展与司法展望——〈刑法修正案(十一)〉总置评》,载《法学》2021 年第 1 期。

③ [德]汉斯·海因里希·耶赛克、[德]托马斯·魏根特:《德国刑法教科书》,徐久生译,中国法制出版社 2017 年版,第 59 页。

④ 参见黎宏:《预防刑法观的问题及其克服》,载《南大法学》2020 年第 4 期。

# 第三章　刑法立法扩张的原因分析

1997年《刑法》颁布以来,20余年时间里我国经历了社会全面转型,伴随全球化时代、信息社会与风险社会的到来,新型犯罪层出不穷,重大安全威胁与犯罪挑战不断出现,民众日益关注重大热点案例,立法机关需要不断予以立法回应。我国刑事立法的不断扩张,亟须深入探讨其背后原因,以期对我国刑事立法提出审慎性建议,坚守刑法谦抑性原则。

## 一、社会治理与社会控制的客观需要

德国刑法学者罗克辛提出,“刑法是一种社会治理和社会控制的机制,它也就只能谋求社会的目标”。① 用刑法进行有效的社会治理和社会控制,始终是推动立法进化不可抗拒的原动力。② 不过,社会治理与社会控制应当在中国语境下进行,不可全盘照搬西方国家的做法。与欧美先进国家相比,我国不得不超越近代—现代—后现代的时间

---

① 参见[德]克劳斯·罗克辛:《刑事政策与刑法体系》,蔡桂生译,中国人民大学出版社2011年版,第76页。

② 参见梁根林:《刑法修正:维度、策略、评价与反思》,载《法学研究》2017年第1期。

单维性,而在一个时间点上,同时完成法治国、福利国和安全保障国的构建。[①]申言之,我国不仅面临着构建法治国家、确立国民个人自由保障机制的古典主义刑法的任务,更由于全球风险社会、信息社会新型安全威胁的出现而承担着维护国家长治久安、保障集体安全的后现代压力。[②]

如何平衡秩序、自由、民生与安全的关系,考验着执政者和立法者的智慧。为了防范国家刑罚权扩张可能对国民个体自由构成的传统威胁,必须贯彻"以法治——自由的刑事政策为主导的刑法主导思想",必须赋予刑法社会防卫法的法律定位,强调刑法的最后手段性,维护刑法的法益保护机能,尽量避免随意动用刑法进行社会治理与社会控制。

从近代到现代再到后现代,从法治国到福利国再到安全国,西方国家大体用了200多年的时间(18世纪中后期至20世纪末、21世纪初)才完成这个过程。而这三个时代的问题与任务,却同时出现在中国社会治理和社会控制的过程中,使中国刑法不得不面对由尚未完全成型的自由刑法向民生刑法和安全刑法转向。[③] 例如,我国《刑法修正案(八)》和《刑法修正案(九)》增设诸多涉及民生领域的新罪,加强对于重大民生利益的保护。《刑法修正案(九)》采用早期化干预方式,能动化地规制恐怖主义犯罪与网络犯罪,从实质上可以说是民生刑法与安全刑法理念的产物。

正如德国刑法学者乌尔里希·齐白所言,"在全球风险社会中,由于刑法的镇压性功能向预防性功能转变,一个整体性安全法治体系正在建构之中,刑法、警察法、情报法、移民法、战争法以及其他法律领域之间的界限变得模糊"。[④] 而以安全为导向的刑法与其他法律的界限日益模糊,使得刑法再也不是温弗里德·哈赛默所完美表达的"最后手段",而总是作为优先适用的手段,甚至作为唯一手段。与此同时,刑法介入社会治理越来越前置化,"不仅通过

---

① 参见李学尧:《转型社会与道德真空:司法改革中的法律职业蓝图》,载《中国法学》2012年第3期。

② 参见梁根林:《刑法修正:维度、策略、评价与反思》,载《法学研究》2017年第1期。

③ 参见梁根林:《刑法修正:维度、策略、评价与反思》,载《法学研究》2017年第1期。

④ 参见[德]乌尔里希·齐白:《全球风险社会与信息社会中的刑法:二十一世纪刑法模式的转换》,周遵友、江溯等译,中国法制出版社2012年版,第4页。

扩张规定具体危险犯、抽象危险犯以及过失危险犯范围来实现法益保护，而且通过设立新的超个人法益来保障以及加速实现刑法的扩大化与灵活化”。[①] 基于此，我国刑法立法扩张呈现介入早期化、能动化与扩大化的倾向，这些新的立法现象值得刑法学者关注和深入探讨。

## 二、宽严相济刑事政策的立法回应

犯罪问题或者社会稳定问题从来就是摆在国家治理中第一位的，而刑事政策是人类社会用来解决犯罪问题最有效的经验总结。[②] 关于刑事政策的内涵与外延，理论界有广义说、狭义说和最狭义说等观点争议。广义的刑事政策是指国家针对犯罪的所有对策，包括各种社会政策在内[③]；狭义的刑事政策则是指不仅包括对犯罪进行制裁性反应的各种原则，还包括犯罪预防的方针和策略[④]；而对犯罪人以及具有犯罪危险性的人所采取的强制措施是最狭义的刑事政策。[⑤] 大多数学者赞同狭义刑事政策说，所谓刑事政策，是指包括立法、司法及行政等各方面对策在内的国家和社会应对和治理犯罪的方略和措施。[⑥]

在国家进行社会治理的现代化阶段，刑法规范与刑事政策之间具有密切联系。刑事立法既不能与刑事政策完全混淆，也不可过度政策化。两者应当明确区分，各司其职，既不能互相混同，也不可互相替代。刑法规范不能过于政策化，刑事政策更不能越俎代庖。因为在本质属性、制定主体、实施程序、规定内容、实施方式等方面，刑法规范与刑事政策都存在显著不同，且在刑法规范的调整范围、稳定性程度与刑事政策也有明显区别。[⑦] 因此，无论是刑法学者，还是司法实务人员，都应当摒弃刑法的政策化、民粹化、工具化、万能主义的思维范式，不可陷入社会治理刑法过度化的泥潭。

自20世纪70年代开始，刑事政策在德国刑法发展过程中发挥的作用越来

---

① 参见梁根林：《刑法修正：维度、策略、评价与反思》，载《法学研究》2017年第1期。

② 参见卢建平：《我国的刑事政策研究》，载《人民检察》2009年第11期。

③ 参见黎宏：《论“刑法的刑事政策化”思想及其实现》，载《清华大学学报（哲学社会科学版）》2004年第5期。

④ 参见卢建平：《我国的刑事政策研究》，载《人民检察》2009年第11期。

⑤ 参见卢建平：《我国的刑事政策研究》，载《人民检察》2009年第11期。

⑥ 参见［日］大谷实：《刑事政策学》，黎宏译，法律出版社2000年版，第3页。

⑦ 参见卢建平：《刑事政策与刑法关系论纲》，载《法治研究》2011年第5期。

越大。德国在刑法和刑事诉讼法快速发展的同时,刑事政策也在逐年强化。刑事政策的强化是得到公民各种正面期许和赞同的,绝对没有违背公众的意志。[①] 德国学者提出,刑法在每一种令人愤慨的状态中被当作解决社会问题的神奇武器并且会被完全无限地信赖其功效。但是,“断片刑法”或者“作为最后手段的刑法”是我们关于实体刑法的传统构想,这种刑法观存在于关于实体刑法所描绘的传统图画里。[②] 此外,法国刑法学者米海依尔·戴尔玛斯也认为,刑事政策最重要的核心、最高压区和最亮点是刑法。[③] 刑法与刑事政策之间具有密切联系,刑事政策的法治化可以防止以国家的政策措施取代法律,实现依法治国的重要作用,防止国家立法权、司法权、刑罚权的滥用。刑事立法也应受到刑事政策的制约,应当回应社会关切,刑法参与社会治理应当适度,受到刑事政策约束,不可恣意行使国家的立法权、司法权甚至刑罚处罚权,以维护社会的公平正义,促进社会政治文明与法治文明,实现国家的依法治国方略。

刑事政策在我国经历了漫长的历史发展变革过程。马克昌教授认为,早在先秦时代我国就有“刑罚世轻世重”“宽猛相济”的政策,经魏晋、隋唐以至明清一直沿袭不断。[④] 我国 1979 年《刑法》虽然没有明确规定刑事政策及其具体内容,但已明文规定“惩办与宽大相结合”刑事政策是刑法制定依据。[⑤] 有学者认为,1979 年《刑法》的灵魂就是“惩办与宽大相结合”的刑事政策。[⑥] 2005 年我国刑事政策由“惩办与宽大相结合”演变为“宽严相济”刑事政策。到《刑法修正案(十一)》出台,宽严相济刑事政策在刑事立法的过程中得到了全面

---

① 参见[德]汉斯·J.沃尔夫、[德]奥托·巴霍夫、[德]罗尔夫·施托贝尔:《行政法》(第3卷),高家伟译,商务印书馆 2007 年版,中文版前言第 3 页。

② 参见[德]汉斯·J.沃尔夫、[德]奥托·巴霍夫、[德]罗尔夫·施托贝尔:《行政法》(第3卷),高家伟译,商务印书馆 2007 年版,中文版前言第 3 页。

③ 参见[法]米海依尔·戴尔玛斯·马蒂:《刑事政策的主要体系》,卢建平译,法律出版社 2000 年版,第 1 页。

④ 参见马克昌:《宽严相济刑事政策的演进》,载《法学家》2008 年第 5 期。

⑤ 《刑法》(1979 年)第 1 条规定:“中华人民共和国刑法,以马克思列宁主义毛泽东思想为指针,以宪法为根据,依照惩办与宽大相结合的政策,结合我国各族人民实行无产阶级领导的、工农联盟为基础的人民民主专政即无产阶级专政和进行社会主义革命、社会主义建设的具体经验及实际情况制定。”

⑥ 参见胡康生、李福成主编:《中华人民共和国刑法释义》,法律出版社 1997 年版,第 2 页。

贯彻。

由“醉驾”入刑的例子,我们可以看出,刑法规范与刑事政策还是有着明显的界限区分的。[①] 刑事政策指导刑事立法,刑事立法体现刑事政策的精神内涵。两者不能互相混同,更不可互相替代。但是过度政策化的刑法规范并不完全有利于社会治理。无论是刑法学者,还是司法实务人员,都应当摒弃刑法的政策化、民粹化、工具化、万能主义的思维定式,防止陷入社会治理刑法过度化的泥潭,防止过度侵害公民的合法权益和自由。

基于此,我国近年来刑法立法的扩张,不仅是社会治理和社会控制的客观要求,也是对我国宽严相济刑事政策的回应需求,同时还是我国严而不厉刑法结构缺陷补足的客观需求。法治不仅应是规则之治,还应是良法之治,更应是讲求天理国法人情的法治。因此,我国刑法立法扩张应当贯彻法治国家制定良法、实现良法之治的客观要求,以实现习近平总书记提出的“努力让人民群众在每一个司法案件中感受到公平正义”。

**三、“厉而不严”刑法结构缺陷的补足**

我国刑法立法扩张,扩大处罚范围,前置处罚起点,都植根于我国刑法自身结构改革与完善的内在需要。[②] 立法机关鉴于我国刑法结构存在“厉而不严”缺陷[③],选择犯罪扩张与刑罚轻缓并驾齐驱的修正路径,在运用多种立法策略严密刑事法网、扩大犯罪圈的同时,优化刑罚结构、完善刑罚制度、合理配置刑罚量,以消除刑法结构的矛盾和机能障碍。[④] 因而,刑法立法扩张是对刑法结构缺陷进行完善的迫切需求。

首先,刑法结构是犯罪圈与刑罚量的稳定组合形式。犯罪圈的大小与刑事法网及刑事责任的疏密程度有关,刑罚量的轻重则取决于立法与司法为犯罪配置的刑罚结构与刑罚制度。[⑤] 依照储槐植教授的观点,我国刑法属于“厉而不严”的刑法结构,以至于无法助推国民法规范意识的养成,无助于国家法

---

① 参见卢建平:《刑事政策与刑法关系论纲》,载《法治研究》2011 年第 5 期。

② 参见梁根林:《刑法修正:维度、策略、评价与反思》,载《法学研究》2017 年第 1 期。

③ 参见储槐植:《罪刑矛盾与刑法改革》,载《中国法学》1994 年第 5 期。

④ 参见梁根林:《刑法修正:维度、策略、评价与反思》,载《法学研究》2017 年第 1 期。

⑤ 参见梁根林:《刑法修正:维度、策略、评价与反思》,载《法学研究》2017 年第 1 期。

规范权威的确立与法秩序的巩固,也不利于刑罚威慑与预防功能的发挥。这种“厉而不严”的刑法结构,既放纵实施了刑事可罚性行为的违法者,也可能会让不应受到刑罚处罚的行为人受到过度的刑法规制。我国刑法结构的矛盾促使刑法结构应当由“厉而不严”向“严而不厉”的方向转变,因而刑法需要不断调整前置刑法的干预起点,不断降低入罪门槛,增设新罪名,并在此基础上适度调整刑罚结构,完善刑罚制度,以此渐进地推动刑法结构的科学有效转型。

其次,我国历次刑法修正是我国刑法结构自身完善的需要。综观其他国家的刑法,“无论是英美法系国家,还是大陆法系国家,对于犯罪的规定都是定性规定而无定量要求,其刑事法网之严密、刑事责任之严格、犯罪圈之极度扩张,几乎已经到了使国民动辄得咎的程度”。① 我国刑法不能采用大陆法系国家和英美法系国家刑法的做法,不能仅采用定性方式,否则难以避免社会控制的过度犯罪化,引发过度侵害法益的风险。

再次,我国刑法应当结合中国具体国情适度进行立法扩张,我国犯罪圈与欧美其他国家的犯罪圈完全不同,不能在他国语境下解决中国问题,更不能用西方刑法学者针对其所在国过度犯罪化的理由,来批判我国犯罪圈扩大的问题,给我国刑法立法扩张贴上“过度犯罪化”“泛刑法化”的标签,这种做法依照梁根林教授的说法,“是错乱时空的不合时宜之举”。②

最后,刑法立法扩张还有一个原因是我国社会纠纷解决机制的缺位。法律的重要功能就是定分止争,而社会纠纷的显著特点是多元性、复杂性和多变性。现代社会纠纷的解决机制具有多样化特征,既有以社会为主体的人民调解、个人和解等非诉解决机制,也有以国家为主体的诉讼程序和法院审理程序。法律的功能就是解决纠纷,维护社会的良好秩序,保障公民的合法权益。构建社会纠纷解决机制应当以国家作为行使最终解决权的纠纷解决机关,并以此为必要前提。但人类行为的最终目的说明,诉诸人类的情感和感情,仅通

---

① 参见[美]哈伯特·L.帕克:《刑事制裁的界限》,梁根林等译,法律出版社2008年版,第2页。

② 参见梁根林:《刑法修正:维度、策略、评价与反思》,载《法学研究》2017年第1期。

过理性来说明是远远不够的。[1] 不同类型的纠纷,所涉及的法律部门也相应不同,不应一概采取刑罚处罚方法,否则会扩张刑法调整范围,不利于公民个人权益的保护。当今社会,一旦出现社会热点事件,民众第一时间就会想到采用刑法规制,而且由于刑罚措施过于严厉,社会效果和惩治效果立竿见影,因而决策者或立法者倾向采用刑罚处罚方法处理社会民众反应热烈的事件。例如醉驾入刑,虽然该罪是否具有入刑的正当性仍然存疑,但不得不承认的是,醉驾入刑的确在一定程度上扭转了酒场上的不良风气,“喝酒不开车,开车不喝酒”的观念已经深入人心。虽然醉驾入刑后社会治理效果明显改善,但是该罪引发的附随效果,尤其是负面的附随效果不容忽视,犯罪人标签的弊端更为严重。笔者认为,情绪性立法或者现象立法有着特定的时代背景,刑事立法最终还是应该坚守刑法谦抑性原则,不能突破罪刑法定原则的底线。

当下我国整体刑事法网和个罪法网尚且不够严密,刑法应当适度地主动介入社会治理,除了立法论层面的适度犯罪化外,还需要努力增加刑法规范的既有供给,确保我国刑法规制的有效性和适时性,实现社会的公平正义。

---

① 参见[英]休谟:《道德原则研究》,曾晓平译,商务印书馆2001年版,第145页。

# 第四章　刑法立法过度扩张的风险预判

当今社会,“治理”是社会治理和人类发展理论中的重要概念。关于“治理”的理论起源,大多数学者认为“治理”的概念起源于18世纪的“governance”,后来该词被译为“治理”,可以适用于不同的语境,具有不同的内涵。20世纪80年代以来,治理日益渗透到人类的理论与实践活动中,成为最富时代感的词汇之一。在与全球化、全球问题、公共行政、公共政策、政府改革等概念联合后,治理更是获得了毋庸置疑的理论地位。①

刑法是重要的社会治理要素。所谓社会治理中刑事立法的过度扩张,也可以称为刑法过度化,是指超出刑法合理功能且不遵守其他法律、社会规范界限而进行社会治理的情况。② 有学者认为刑法过度扩张为社会治理中的病态现象,刑法治理范围无限扩大从根本上违背了刑法作为

---

① 参见蔡拓:《全球治理与国家治理:当代中国两大战略考量》,载《中国社会科学》2016年第6期。

② See Andrew Ashworth, *Conceptions of Overcriminalization*, Ohio State Journal of Criminal Law, p. 407 (2008).

社会政策最后手段的特点和社会防卫保障法的性质。① 刑法作为社会治理的重要手段,应当秉承宽严相济刑事政策,坚守刑法谦抑性原则,坚持理性立法与科学立法,不得过度参与社会治理,避免陷入刑法万能主义或者刑法工具主义的泥潭。

## 一、导致国家刑罚权的滥用

社会治理过程中刑事立法的过度扩张,是国家刑罚权在社会治理中的膨胀与权力体系越位的重要体现。世界多国刑事立法均存在此种失当现象。20 世纪 60 年代,美国学者哈伯特·L. 帕克(Herbert L. Packer)就曾经提出,我们面临着严峻的刑事制裁的困境。总体来说,现在的社会治理比起过去更严重依赖刑事制裁这一社会控制手段。② 20 世纪 80 年代后,由刑事制裁导致的刑法过度扩张已经成为美国刑事司法最引人注目的现象,实体刑法的明显扩张和过度倚重刑罚惩罚等现象在联邦和州两级刑事司法系统频繁出现。③同样的情况也出现在英国,"在 1997 年至 2006 年工党执政的十年间,英国刑法新增设约 3000 个罪名"④"目前英国罪名总数已超过 1 万,制定法达到 8000 部"⑤。

孟德斯鸠在其经典著作《论法的精神》中提出,一切有权力的人都容易滥用权力,这是万古不易的一条经验。有权力的人使用权力一直遇到有界限的地方才休止。⑥ 刑罚权是国家权力的具体体现,更是国家权力的延伸。不过,刑法本身具有扩张的本性,如果不加以控制,会导致刑罚权的恣意行使。刑法是刑罚存在的道义基础,也是社会的产物,体现人类本性的局限并为刑罚发展

---

① 参见何荣功:《社会治理"过度刑法化"的法哲学批判》,载《中外法学》2015 年第 2 期。

② 参见[美]哈伯特·L. 帕克:《刑事制裁的界限》,梁根林等译,法律出版社 2008 年版,第 360 页。

③ See Douglas Husak, *Overcriminalization: the limits of the Criminal Law*, Oxford University Press, 2009, p. 3 – 32.

④ Andrew Ashworth, *Conception of Overcriminalization*, Ohio State Journal of Criminal Law 407 (2008).

⑤ Jonathan Herring, *Criminal Law: Text, Cases and Materials*, Oxford University Press, 2012, p. 11 – 12.

⑥ 参见[法]孟德斯鸠:《论法的精神》,张雁深译,商务印书馆 1987 年版,第 154 页。

提供了空间。刑法的主要内容是剥夺和限制公民的基本权利,其“恶”的本质是无法否认的,所以国家不能将刑法作为挽救道德缺失的唯一办法,增加强制次数,而是必须不断减少使用刑法的次数,并强制将适用范围限制在最小。① 基于此,现代刑法被视为社会政策的最后手段,社会治理的刑法过度化已经背离了现代刑法的谦抑观念,终将提高社会治理的风险,威胁社会秩序的稳定。在英美法系国家,刑法过度化所引起的罪名增设和犯罪数量的增加导致了监狱的过度拥挤,已经弱化了刑罚的谴责功能。

改革开放以来,我国的刑事立法明显呈现单向犯罪化的特点。持续增长的罪名数量,频繁修改的刑事立法,尤其是近年来刑法修正案的频繁颁布,让刑法的浪漫主义色彩弥漫在整个社会治理中,这使得具有根深蒂固历史传统的政策导向型工具刑罚观进一步加强。② 由于刑法是社会治理的重要参与要素,在当前我国构建社会治理体系与治理能力现代化的过程中应当如何合理定位,刑法参与社会治理的限度如何判断,都是需要在理论层面和实践层面解决的重大问题。如果在社会治理中刑法过度扩张,则违背了刑法作为社会防卫最后手段的性质和保障法的体系地位,进而导致刑法规范过多过泛,因而被诸多刑法学者抨击或诟病。

现代法治社会,权利和自由是有界限的。国家对于公民权利和自由的限制应有正当理由,刑罚权的行使应当有合法依据。国家所有法律秩序都应保护作为一种“先验”而存在的公民基本权利和自由。③ 法治社会中公民的权利自由和国家刑罚权之间应保持一种平衡状态,国家适度行使刑罚权,公民享有适度的权利自由。不可否认,这种状态是一种理想状态。在社会治理的过程中,如果刑法过度扩张,可能导致国家刑罚权的过度膨胀,公民权利和自由在某种程度上被压缩,公民的权利和自由可能被侵犯,这是法治社会所应当竭力避免的。

---

① 参见[英]威廉·葛德文:《政治正义论》(下卷),何慕李译,商务印书馆1980年版,第141页。

② 参见何荣功:《社会治理“过度刑法化”的法哲学批判》,载《中外法学》2015年第2期。

③ 参见陈新民:《宪法基本权利之基本理论》(上),台北,元照出版公司1999年版,第213页。

就国家而言,刑罚处罚方法的法律效果和社会效果强于其他法律制裁方式,国家出于维护社会秩序的需要,可能会扩张刑罚权的行使。同时,基于罪刑法定原则的限制,必须首先立法,只有在刑法规范明确规定该类行为应当受到刑罚处罚的前提下,才能行使国家刑罚权。而刑罚权的滥用会导致刑法调整范围的过度扩张,公民的合法权益无法得到有力保障。犯罪、刑事责任和刑罚是刑法理论研究的重要内容,行为人实施了具有严重社会危害性的行为,就应当承担刑事责任,而刑罚处罚是承担刑事责任的主要方式。刑罚处罚方法是最为严厉的法律制裁措施,其不仅包括剥夺犯罪人生命的死刑,也包括剥夺犯罪人人身自由的自由刑。因而,应当审慎适用刑罚权,必须对其加以严格制约。国家刑罚权的扩张,会导致刑法调整范围的扩大。正如何荣功教授所言,国家一旦立法将某种行为犯罪化,纳入刑法调整范畴,就拿到了和平时期国家对该类行为最强烈、最优势的治理资源和地位。仅依靠国家自律判断行使刑罚权是否正当,是否会导致刑法调整范围的过度化,是否危及公民自由是不现实的。[①]《刑法修正案(十一)》新增多条抽象危险犯的规定,例如,高空抛物行为入刑、抢夺方向盘的行为入刑等,该类行为都没有造成任何危害后果,由于可能对公民的合法权益尤其是公共安全构成严重威胁,因此刑法将其纳入调整范畴。相较传统刑法而言,风险社会刑法调整范围逐渐扩大,法定犯增设数量逐步增多,积极刑法立法观的作用愈加重要。

现代社会,没有不受限制的权利和自由,然而对于公民权利和自由的限制应当具有正当性,且这种权利和自由应当受到国家法律的保障。国家行使的刑罚权与公民行使的权利和自由应当处于一种平衡状态。如果国家刑罚权扩张,则会导致公民权利和自由的限缩。因而,在社会治理方面刑法只能适度介入,不得过度干预公民的权利和自由,相应地,也应限制国家刑罚权的恣意行使。

**二、降低刑法的公众认同**

刑法的公众认同问题,是目前刑法学界面临的重要问题。刑法必须得到

---

① 参见何荣功:《社会治理“过度刑法化”的法哲学批判》,载《中外法学》2015年第2期。

公众认同,其规范性才能得到有效维持,刑法的存在才有意义。周光权教授认为,公众的刑法认同包括两个方面的内容:一是对生活利益重要性的直接感知;二是对法规范、法秩序的抽象认同。[①] 何荣功教授提出,和平时期国家对公民基本权利和自由限制的最高形式是刑罚。适用刑罚的原因在于其最能彰显国家权力与权威,也最容易挫败公民的自由。刑法的过度化必然引起民众质疑国家对公民权利剥夺与限制的事由,因为其强制力的正当化事由因刑法的过度化而缺失。[②] 周光权教授认为,现代社会,国家的强制力和国民对刑法的公共认同是刑法权威性的来源。[③] 因此在适用刑罚时,应当谨慎适用国家的刑罚权,避免过度刑法化,以维护公民的合法权利和自由。如果社会治理过分强调刑法化,犯罪圈过于扩大,可能会引起民众质疑,更会削弱刑法的公众认同,不利于维护刑法的权威。

近年来刑法频繁修改导致的刑事立法的过度扩张引发了学者们的批判,民众对于刑法的认同感也在逐渐减弱。刘宪权教授提出应当警惕“情绪性刑事立法”,能够用民事、行政等法律手段予以制裁的,没有必要采用刑罚处罚方法,否则违背刑法的谦抑性原则。[④] 孙万怀教授提出,日趋严重的刑法前置化倾向容易导致罪名形式化、空洞化、黑洞化,削弱刑法的自洽性。[⑤] 何荣功教授面对“过度刑法化”忧虑时提出必须反对刑法对刑事政策的过度回应,坚守刑法保护公民这一根本使命。[⑥] 由此可见,诸多刑法学者反对刑法的过度扩张,主张刑法的谦抑性,认为刑事立法应当谨慎,强调刑法是社会防卫的最后一道防线,应当明确划分刑法与民法、行政法的界限。

刑法的公众认同度为何逐年降低,为何民众与学者观点迥异?其背后原因值得学者们反思。当前我国正处于经济社会转型期,利益分化颇为严重,社

---

① 参见周光权:《论刑法的公众认同》,载《中国法学》2003 年第 1 期。

② 参见何荣功:《社会治理“过度刑法化”的法哲学批判》,载《中外法学》2015 年第 2 期。

③ 参见周光权:《论刑法的公众认同》,载《中国法学》2003 年第 1 期。

④ 参见刘宪权:《刑事立法应力戒情绪——以〈刑法修正案(九)〉为视角》,载《法学评论》2016 年第 1 期。

⑤ 参见孙万怀:《违法相对性理论的崩溃——对刑法前置化立法倾向的一种批评》,载《政治与法律》2016 年第 3 期。

⑥ 参见何荣功:《社会治理“过度刑法化”的法哲学批判》,载《中外法学》2015 年第 2 期。

会矛盾层出不穷,治安形势较为紧张,重大恶性案件屡禁不止。因而,民众对于刑法充满着期待与厚望,这种情感的自然流露便是通过严刑峻法来达到所谓"辟以止辟、刑期无刑"的目的,而鲜有人思考"法律的宽和化对于每个受到严酷法律制约的人都是有益的"①这一命题所蕴含的刑法哲理。② 民众宁愿牺牲一部分自由,也不愿意为自由支付一种无限高的代价,甚至不愿意支付非常高的价格。③ 不过,这种做法倒是迎合了经济学命题,即眼前的利益才是最大的利益。申言之,与其担心刑事法网过于严密而可能造成的危害,不如担心现在随时可能遭受的刑事侵害,显然后者更让人惧怕,更让人难以承受。因而,民众更关注严刑峻法带来的社会治理效果,而不关心刑法是否过度扩张,是否会过度侵害法益。在一个对于违法与犯罪现象不甚宽容、刑法理念不甚理性的公共意志支配的社会,违背公众意识强行修订法律,以自诩的理性立法为不理性的众意纠偏,不得不说是一种一厢情愿的做法。有学者提出,应当对民意进行正确的把握和引导,对社会基本结构和大众心理进行某种合理的改革或改造,而不是一味地倚仗手中的权力或过分依赖刑罚手段。④

中国语境下,民众认同对于刑事立法固然重要,但是,仍然应当坚持科学理性立法。如果刑事立法过度参与社会治理,可能就违背了刑法所具有的社会防卫法性质,只有在其他法律都无法处理的情况下,刑法才能介入。现在刑法修改过于频繁,犯罪圈逐年扩大,犯罪门槛日益降低,以至于刑法触及社会生活的各个方面,刑法的迫不得已原则未得到切实贯彻,刑法的最小化原则被严重违背,刑法的谦抑性原则更是被日益违反,这会在一定程度上削弱刑法的权威性,降低刑法的公众认同度。

**三、阻碍社会治理的创新发展**

创新是推动社会治理进步的动力,自由的社会环境给予制度创新更大的

---

① [意]贝卡里亚:《论犯罪与刑罚》,黄风译,中国大百科全书出版社1993年版,第46页。

② 参见肖世杰:《法律的公众认同、功能期许与道德承载——对刑法修正案(八)的复眼式解读》,载《法学研究》2011年第4期。

③ 参见[美]理查德·A.波斯纳:《法理学问题》,苏力译,中国政法大学出版社2002年版,第473页。

④ See Steven Lueks, *Emile Durkheim: His Wife and Work*, Allen Lane, the Penguin Press, 1973, p. 258.

发展空间。只有在自由的社会环境里,人们才有权利发挥的空间,才有创新的动力,激发创新的热情,才能充分行使个人所享有的权利和自由。如果刑法过度扩张,使得社会治理过度刑法化,刑法工具主义思想泛滥,刑法万能主义思想扭曲,公民的个人自由空间可能就会被压缩。不仅如此,如果国家刑罚权过度行使,还会影响个人创新能力的发挥,进而影响社会的创新发展。

我国刑法规定的"口袋罪名"或者部分过时罪名就值得反思。例如,非法经营罪、虚报注册资本罪、非法吸收公众存款罪、骗取贷款罪等,这些行为是否应当入刑,是否应当不分情节一概处罚,是否应当随着社会经济的发展进行清理和重构,需要在理论上进一步厘清和阐明。

刑罚虽然具有威慑性,但不能对该威慑功能过于迷信。法律之所以被遵守,并不仅仅因为其威慑性,还应当包括刑罚的确定性,也就是刑法对于同类犯罪处以同等处罚的必然性和稳定性。正如意大利刑法学家贝卡里亚所言,刑罚的必定性是犯罪最强有力的约束力量,而不是刑罚的严酷性。① 社会治理如果过于倚重刑罚的威慑功能,使得领导者偏好采用刑罚制裁方式解决社会纠纷,即使是没有达到应受刑罚惩罚的程度,也积极采用刑罚处罚方法,虽然短期内社会效果不错,但是长此以往,会导致严刑峻法,导致国家刑罚权的滥用,并不能达到刑罚的良好社会效果。

过度强调刑罚的威慑效果会阻碍社会创新进程。根据现代犯罪学理论,实现刑罚威慑效果的两个基本变量是刑罚的严厉性和确定性。应当尽可能提高刑罚确定性,以避免通过提升刑罚严厉性而达到对犯罪的预防目的是刑罚理想的模式,但人性的功利性特点往往导致国家偏爱简单暴力的方式并选取表面化、应急性的对策来解决社会问题。② 笔者认为,作为权宜之计的刑事立法并不可取。我们正处于法治社会,在依法治国已然成为治国方略之时,根本解决之策是刑法积极应对社会出现的新问题,对于达到应受刑罚处罚程度的行为,及时纳入刑法调整范畴。对于虽然具有一定社会危害性,但是通过其他

---

① 参见[意]贝卡里亚:《论犯罪与刑罚》,黄风译,中国大百科全书出版社 1993 年版,第 59 页。

② 参见何荣功:《社会治理"过度刑法化"的法哲学批判》,载《中外法学》2015 年第 2 期。

部门法的制裁措施完全可以达到更好惩治效果的危害行为,不建议纳入刑法调整范畴。刑法参与社会治理,必须是到了其他法律难以解决的程度,刑法才出面调整。刑罚处罚方法不可滥用,否则会导致刑法万能主义、刑法功能主义泛滥,反而难以达到社会治理的良好效果。

刑法过度介入社会治理,会遏制创新行为。社会治理过程中,应当确保刑法的稳定性和适用层面的安定性。虽然法律在本质上决定于政治,但法律本身具有自主性,刑法自主性的重要体现在于罪刑法定这一"帝王法则"以及对于刑法安定性的维护。社会治理如果过度使用刑法这一工具,不仅会妨碍社会经济活动的顺利开展,还会严重阻碍社会的创新发展,民众难以对日新月异的刑法变更及时作出反应。社会治理之所以需要刑法介入,是由于刑法一方面可以用来惩罚犯罪,另一方面可以保证刑罚的正当性,遏制国家权力。对于社会创新而言,如果刑法过度介入社会治理,会遏制创新行为,限制公民的活动范围,扼杀科研人员的创新积极性,阻滞社会创新的蓬勃发展。

**四、导致立法权、司法权和行政权失衡**

随着依法治国大政方针的确立,公民的法治意识日益增强,国家立法权、司法权和行政权应当维持一种平衡状态。美国经济学家萨缪尔森认为,经济学核心存在"稀缺"这一事实。能实现无限供给的乌托邦社会是不存在的,只会是有限的物品和似乎无限的需求。① 我国当前和今后一个相当长时期都会存在司法资源紧缺的基本社会现实,虽然可以通过绝对增加国家对司法资源的投入解决,但这并不是最恰当的方式。最可行有效的办法应当是优化既有资源配置以实现效益最优化,适应社会资源整体供给无法绝对满足社会需求的情况。②

当前我国刑事立法的重心由"事后惩罚"向"事先预防"逐渐转移,司法资源配置也应相应转变。刑法立法的扩张,使得大量轻罪入刑,这些新增罪名普遍以抽象危险犯的形式呈现。因此基于传统的犯罪化标准,传统的刑法规制强调法益侵害性和刑法的最后手段性,惩治对象以造成实际危害后果的实害犯为主,兼顾

---

① 参见[美]保罗·A. 萨缪尔森、[美]威廉·D. 诺德豪斯:《经济学》,胡代光等译,首都经济贸易大学出版社 1998 年版,第 14 页。

② 参见何荣功:《社会治理"过度刑法化"的法哲学批判》,载《中外法学》2015 年第 2 期。

危险犯。然而,随着风险社会的到来,社会转型期的各种矛盾激增,法定犯成为刑事立法的重点关注对象,使得现代刑法的规制中心发生偏移。随着刑法规制重心的转移,刑事立法开始出现预防性刑法、安全刑法等新的立法现象,将刑法对这些犯罪的规制阶段前移,或者降低入罪门槛,以实现早发现、早惩治、早预防,而不是只有在出现直接危险或者确定的危害后果时才予以处罚。①

刑法立法的扩张可能影响国家立法权、司法权和行政权之间的平衡。当今时代刑法仍然具有社会防卫法和社会管理法的性质,如果过于注重法律的社会效果,可能导致国家过度行使立法权、司法权,将更多的行为纳入刑法调整范畴。以司法权的扩张为例,实践中司法解释也可能导致刑法调整范围的扩大。在刑事立法稍显滞后的场合,司法机关可能通过司法解释的方式将原本不属于刑法调整范畴的行为纳入刑法范围,由司法机关积极介入社会治理,导致刑法规制范围进一步扩大。

以妨害安全驾驶罪为例。2019 年最高人民法院、最高人民检察院、公安部联合发布《关于依法惩治妨害公共交通工具安全驾驶违法犯罪行为的指导意见》。该司法解释将抢夺方向盘等行为规定为犯罪行为。② 这一司法解释在我国刑事立法尚未对此类行为进行明确规定的前提下,以司法解释的方式对该类行为进行超前规定,并依照当时现有刑事立法的内容定罪处罚,这不得不说是司法权扩张的表现,是司法解释超越刑事立法的表现。为了消解学界对于上述司法解释超越现有立法且违背罪刑法定原则的质疑,《刑法修正案(十

---

① 参见郎胜:《我国刑法的新发展》,载《中国法学》2017 年第 5 期。

② 2019 年 1 月 8 日最高人民法院、最高人民检察院、公安部《关于依法惩治妨害公共交通工具安全驾驶违法犯罪行为的指导意见》第 1 条规定:"乘客在公共交通工具行驶过程中,抢夺方向盘、变速杆等操纵装置,殴打、拉拽驾驶人员,或者有其他妨害安全驾驶行为,危害公共安全,尚未造成严重后果的,依照刑法第一百一十四条的规定,以以危险方法危害公共安全罪定罪处罚……驾驶人员在公共交通工具行驶过程中,与乘客发生纷争后违规操作或者擅离职守,与乘客厮打、互殴,危害公共安全,尚未造成严重后果的,依照刑法第一百一十四条的规定,以以危险方法危害公共安全罪定罪处罚……"

一)》增加规定,在《刑法》第133条之二增设新罪名,[①]对于抢夺方向盘等严重妨害公共安全驾驶的行为正式定罪处罚,并且明确规定罪名为妨害安全驾驶罪。[②] 由此可见,妨害安全驾驶罪是我国刑事立法过程中司法解释超越刑事立法规定的典型例子。如果国家过于拔高刑法的功能,将刑法单纯视为社会管理法,过分强调刑法的社会治理功能,则会导致刑法过度化,也可能导致刑罚权的滥用。一旦通过司法解释扩大刑事立法的调整范围,则公民的权利会失去罪刑法定原则的庇护,公民的合法权益也就得不到根本保障。

司法权与立法权、行政权相比,具有终局性、超然性、独立性和权威性等特点,一般不会出现被动扩张的问题。如果司法机关被赋予过大的权力,则有可能导致司法权的恣意行使,并进而导致国家刑罚权的扩张。同时,司法资源也会被过度使用,大大加重司法人员的负担,引发司法资源不当配置的负面效果。

因此,国家的司法资源应当合理配置,国家立法权、司法权和行政权之间应当维持一种平衡状态。在司法资源总量不变的情况下,应着力于预防犯罪,消除犯罪滋生的土壤,侧重犯罪的源头预防,以防患于未然。社会治理不能依赖刑法过度化,否则会导致刑法万能主义思想的泛滥,公民的合法权益也就无法得到有效保障。法治不仅是规则之治,更是良法之治。即便是面临传统、现代与后现代的多重安全威胁,也需要同时回应自由、民生与安全等多元价值诉求。[③] 因而,坚决防止刑法参与社会治理过度化,坚守刑法谦抑性原则的底线,刑事立法应当做到科学立法、民主立法、理性立法以及体系立法。

---

① 《刑法修正案(十一)》增设《刑法》第133条之二,其第1款与第2款规定,"对行驶中的公共交通工具的驾驶人员使用暴力或者抢控驾驶操纵装置,干扰公共交通工具正常行驶,危及公共安全的,处一年以下有期徒刑、拘役或者管制,并处或者单处罚金。前款规定的驾驶人员在行驶的公共交通工具上擅离职守,与他人互殴或者殴打他人,危及公共安全的,依照前款的规定处罚"。

② 根据最高人民法院、最高人民检察院《关于执行〈中华人民共和国刑法〉确定罪名的补充规定(七)》确定了《刑法修正案(十一)》的罪名,并对以往的部分罪名进行了调整和取消。目前《刑法》共有483个罪名。《刑法修正案(十一)》的罪名自2021年3月1日起施行。

③ 参见梁根林:《刑法修正:维度、策略、评价与反思》,载《法学研究》2017年第1期。

# 第五章　刑法立法扩张的合理限定

深入研究刑法立法的合理限度问题，首先应当明确刑法立法扩张的理论前提。追根溯源，刑法立法的限度可以从康德哲学中的三个著名命题展开讨论，即"道德需要自治，法律需要强制，强制有损自由"①。具体到刑法层面，刑法立法不能仅仅基于道德的考量就将特定的行为入罪，也不能仅仅基于社会舆论的压力就将某些特定轻微违法行为纳入刑法调整范畴。那么，刑法立法扩张的限度应当如何界定，应当遵循哪些原则，应当建立在何种理论基础之上等，对于这些重要问题的深入探讨是本章要解决的重要问题。

## 第一节　刑法立法适度扩张的指导原则

对于刑法边界的划分，大陆法系、英美法系和我国刑

---

① John Gardner, *Prohibiting Immoraliites*, Cardozo Law Review, Vol. 28, p. 2613 – 2629 (2007).

法学者均有所涉猎。一般认为,法律存在的根据是弘扬人性,保护个人自治和自由等权利免受侵害。刑法只有在保护个人自由和更大的社会利益时才是正当的,所以,刑法规制的对象应限于对他人权利、国家和社会利益造成伤害的行为。这个问题就是对刑法边界划分的具体诠释。对此,大陆法系称其为"法益侵害原则"[①],英美法系称其为"伤害原则",而我国则称之为"严重社会危害性原则"。[②] 由此可见,对于刑法边界的划分,对于刑法规制机制的研究,三大法系所依据的理论各有不同。

**一、大陆法系:法益保护原则**

(一)法益

"法益"概念的首倡者为德国学者伯恩鲍姆(Johann Michael Franz Birnbaum)。一般而言,法益的概念可以简单定性为法所保护的利益。界定法益概念必须遵循下列原则:(1)法益必须与利益相关联。利益是法所规律的目的,而正义则是法所规律的最高标准。(2)法益必须与法相关联。某种利益尽管能够满足主体的需要,但当它并不受保护时,无论如何也不能称之为法益。(3)法益作为犯罪所侵犯或者威胁的利益,必须具有可侵害性。故价值观本身不是法益。(4)法益必须与人相关联。由于刑法的目的是保护人的利益,因而只有人的利益才能称为法益。(5)法益必须与宪法相关联。刑法将什么作为利益予以保护,必须符合宪法的原则,具有宪法根据;宪法要求刑法所保护的利益(《宪法》第28条)[③],应当成为刑法上的法益。[④] 基于此,法益是指根据宪法的基本原则,由法所保护的、客观上可能受到侵害或者威胁的人的生活利益。其中由刑法所保护的人的生活利益,就是刑法上的法益。[⑤] 这里所谓"人的生活利益",不仅包括个人的生命、身体、自由、名誉、财产等利益,而且包括

---

① 对于此原则,学者的翻译各有不同,何荣功教授译为法益侵害原则,参见何荣功:《社会治理"过度刑法化"的法哲学批判》,载《中外法学》2015年第2期。而杨春然教授则译为法益保护原则,参见杨春然:《论划分刑法边界的标准》,载《中国刑事法杂志》2012年第8期。

② 参见何荣功:《社会治理"过度刑法化"的法哲学批判》,载《中外法学》2015年第2期。

③ 《宪法》第28条规定,国家维护社会秩序,镇压叛国和其他危害国家安全的犯罪活动,制裁危害社会治安、破坏社会主义经济和其他犯罪的活动,惩办和改造犯罪分子。

④ 参见张明楷:《刑法学》(上)(第6版),法律出版社2021年版,第77~78页。

⑤ 参见张明楷:《刑法学》(上)(第6版),法律出版社2021年版,第78页。

建立在保护个人利益基础之上而可以还原为个人利益的国家利益与社会利益。由此可见,刑法上的法益,应当具有三个基本条件:一是应当有宪法层面的依据,符合宪法原则;二是刑法所保护的利益或者价值;三是为犯罪行为所侵害或者威胁的利益。以上三个条件缺一不可,因而并非生活中所有的利益均可构成刑法上的法益,这也是刑法谦抑性原则的价值之所在。

不可否认,对于已经受到侵害的法益,刑法不可能对之进行保护。但是,合理的刑法会预先规定所要保护的法益。① 法益保护原则出现以来一直都被认为属于"限制刑法的原则",不是所有的目的都能属于刑法合法追求的目的,只有保护法益的目的才是。因而,法益保护原则可以防止利用刑法维护主流道德观以及其他不值得刑法保护的对象。② 具体而言,一方面,刑法目的与处罚根据密切相关。如果认为刑法目的是保护法益,就意味着只有侵犯法益的不法行为才具备处罚根据。另一方面,对侵害法益的行为科处刑罚,既是为了预防行为人再次侵犯法益,也是为了预防其他人侵犯法益。概言之,"刑法的存在理由与机能,在于可以通过报应刑范围内的科刑,追求防止将来的法益侵害或者危险"③。虽然法益概念并非绝对明确,但是,使用法益来表示刑法所保护的内容和犯罪所侵害的内容,比使用其他概念要理想得多。

法益概念的雏形,是贝卡里亚受社会契约论的影响所提出的社会损害理论。在贝卡里亚看来,刑事立法内在的界限,或者说衡量一个行为是不是犯罪的标尺,不是行为人的意思,而是行为对社会的损害,其中包括"从生命、财产或者名誉上侵犯公民的个人安全"。因此,所谓的思想犯罪、宗教犯罪应当从犯罪类型中排除出去,轻微的犯罪也不应当受到处罚。④ 贝卡里亚将社会损害理论与罪刑法定原则相结合,形成了具有批判精神的法益概念的原初形态。

---

① 参见[德]弗劳德·玛塔·蒂姆:《犯意在德国刑法中的地位》,张小燕译,载《中德法学论坛》(第12辑),法律出版社2015年版。

② 参见[德]科讷琉斯·普赫特维茨:《论刑法的机能主义化》,陈昊明译,载《北航法律评论》2014年第1辑。

③ [日]井田良:《讲义刑法学·总论》,有斐阁2018年版,第21页。转引自张明楷:《刑法学》(上)(第6版),法律出版社2021年版,第83页。

④ 参见[意]贝卡里亚:《论犯罪与刑罚》,黄风译,中国大百科全书出版社1993年版,第67～69页。

随后费尔巴哈提出的权利侵害说，则具有明显的自由主义特色。根据权利侵害说，"犯罪是刑罚法规所规定的与他人的权利相矛盾的行为，市民的刑罚可以处罚的犯罪，只能是行为，既不是义务违反也不是罪孽，而是行为的危险与有害性"。[①] 实质的法益概念在刑事立法中起作用，使国家动用刑罚具有正当化根据，同时划定了处罚界限。

（二）法益保护原则

所谓法益保护原则，是指保护法益是刑法的目的。无论何种行为，只要未造成法益侵害，就不能犯罪化。换句话说，刑法规定若未保护法益，则违反宪法，即推定立法非法。[②] 德国刑法理论认为，法益保护原则是支持违反道德的行为应当去罪化的理由，尤其是对于各种道德犯罪（如同性恋罪）而言，是否造成法益损害是判定构成犯罪与否的根本标准。

费尔巴哈提出，犯罪是侵犯主观权利，不能仅基于道德上的考量将特定的行为入罪，其目的在于解释刑法和限制刑罚权。然而伯恩鲍姆质疑"权利说"，尽管费尔巴哈的观点是解释杀人、盗窃等传统犯罪的依据，但是从权利的角度来看其并不能给出合理解释。例如那些从未侵犯他人权利的违反伦理或者反宗教的犯罪，根据费尔巴哈的观点应当是不构成犯罪的，但他却默认该类行为在犯罪规定里的存在。伯恩鲍姆提出"以法益限制刑罚权"的法益保护原则，虽然具有一定的合理性，但是在具体论证方面仍然稍显不足。

法益保护原则对于刑事立法的限定，具有两个方面的要求：一是消极标准：不得设置且必须废除没有保护法益的犯罪。二是积极标准：为保护法益而增设新罪。通过限制刑事立法确保公民自由，必须有保护新的法益的刑事立法。刑事立法过程，是一个不断进行犯罪化与非犯罪化的过程，在增设新罪的同时，也废除某些犯罪，这是刑事立法的常态。由此可见，法益保护原则具有两个机能，一是非犯罪化的根据，即废除旧罪；二是犯罪化的根据，即增设新罪。

法益保护原则对于刑事司法的要求，包括四个方面：一是对犯罪构成要件的解释结论，必须以法条的保护法益为指导，而不能仅停留在法条的字面含义

---

① 参见张明楷：《刑法学》（上）（第6版），法律出版社2021年版，第83页。

② 参见［日］山口厚：《刑法总论》，付立庆译，中国人民大学出版社2011年版，第17页。

上。二是侵犯法益的行为同时保护了另一法益时，需要通过法益的比较衡量，判断行为是否存在正当化事由。三是以具体法条的保护法益是否受到侵害为标准判断犯罪的既遂与未遂。四是共同犯罪是二人以上共同造成法益侵害。[①]因此，因为共同犯罪是一种特殊的不法形态，故二人以上共同造成法益侵害结果或者危险结果时，必须将结果归属二人以上的行为。

（三）法益保护原则对刑法立法扩张的限定

刑法的任务是惩罚犯罪，保护人民，也有学者将其概括为保护法益。但这并不意味着所有侵害法益的行为都必须规定或认定为犯罪。法益保护原则对刑事立法的限定，具体表现在三个方面：

首先，刑法所保护的法益，应当有实质的、限定性的内容。因为法益保护的概念如果不被严格解释，就有被滥用的危险[②]，所以不能将法益的概念做广义理解，不能认为法益即为法所保护的利益。这样会导致法益概念的抽象化、扩大化，进而导致刑事立法的扩张。

其次，法益保护原则必须受到罪刑法定原则的约束。原因在于，如果法益保护不受罪刑法定原则的约束，那么会导致，如果某个行为严重侵害了法益，刑法却没有将其规定为犯罪，司法机关没有将此种行为定罪量刑时，就可能认为刑法本身以及司法机关违反了宪法原则。正如张明楷教授所言，他是不赞成上述理由的。张明楷教授认为，一部有漏洞的刑法并不意味着就一律违反了宪法原则，换言之，刑法只能在罪刑法定原则的框架内发挥法益保护机能。因此，如果某个行为严重侵害了法益，但没有被刑法规定为犯罪，此时就不能以遵守宪法原则为由，直接将该行为以犯罪论处。因而，法益保护原则不能与罪刑法定原则相抗衡。[③]

最后，法益保护原则应当受到刑法谦抑性原则的约束。基于刑法社会防卫法的性质，只有在法益受到侵害且其他部门法不能有效调整的情况下，才能由惩罚措施最为严厉的刑法来规制。因而，刑法的谦抑性原则被称为底线原

---

① 参见张明楷：《刑法学》（上）（第6版），法律出版社2021年版，第85～86页。

② 参见［日］甲斐克则：《责任原理与过失犯论》，成文堂2005年版，第85页。

③ 参见张明楷：《刑法学》（上）（第6版），法律出版社2021年版，第87页。

则,也是不得逾越的法律原则。在此基础上,法益保护原则只能是补充的[①]或者谦抑性的。[②] 基于此,法益保护原则应当遵循刑法谦抑性原则,不得擅自侵犯公民的自由和权利,不能绝对化。

## 二、英美法系:伤害原则

刑法规制的对象限于对他人权利、国家和社会利益造成伤害的行为,因而对于刑法边界的划分标准,英美法系刑法学者一般认为是"伤害原则"。

### (一)伤害原则

"伤害"一词在日常语义中有狭义与广义之分。狭义的伤害一般是指对身体的伤害,而广义的伤害则泛指个人受到的诸多损害。如果选取狭义的用法,就会使伤害原则意欲保护的利益过于局限,不利于维护个人权利;而广义的用法则是肯定了社会生活中存在完全与他人隔离的领域,不符合基本现实且违背自由主义宗旨。研究者认为,很难定义出一种被普遍认同的价值中立的"伤害"概念。

1859年,19世纪英国唯心主义哲学家、资产阶级自由主义的典型代表约翰·密尔的经典作品《论自由》问世,这本书也是代表密尔急进自由主义思想的主要著作。[③] 密尔在《论自由》中提出两项基本原则:一是个人的行为只要不涉及他人的利害,个人就有完全的行动自由,不必向社会负责;他人对于这个人的行为不得干涉,至多可以进行忠告、规劝或者避而不理。二是只有当个人的行为危害到他人利益时,个人才应当接受社会或者法律的惩罚。社会只有在这个时候,才对个人的行为有裁判权,也才能对个人施加强制力量。[④] 这就是密尔划定的个人与社会之间的权利界限。第一个原则是个人的行为不害人即无须对社会负责,第二个原则是个人的行为危害他人利益时,就应当受到惩罚。因而,这两项基本原则也是伤害原则的实质内涵。

密尔在《论自由》中对于著名的伤害原则(harm principle)做了如下论述,

---

① 参见张明楷:《刑法学》(上)(第6版),法律出版社2021年版,第87页。

② 参见[日]山中敬一:《刑法总论》,成文堂2015年版,第54页。

③ 参见[英]约翰·密尔:《论自由》,许宝骙译,商务印书馆2007年版,序言第4页。

④ 参见[英]约翰·密尔:《论自由》,许宝骙译,商务印书馆2007年版,序言第4页。

“本文的目的之一是力主一条极其简单的原则,使凡属社会以强制和控制方法对付个人之事,不论所用手段是法律惩罚方式下的物质力量或者是公众意见下的道德压力,都要绝对以它为准绳”。[①] 密尔在详尽阐述伤害原则的实质内涵之前,先强调了该原则的重要性,继而对伤害原则进行了阐述:“这条原则就是:人类之所以有理有权可以个别地或首先集体地对其中任何分子的行动自由进行干涉,唯一的目的只是自我防卫。这就是说,对于文明群体中的任一成员,所以能够施用一种权力以反其意志而不失为正当,唯一的目的只是要防止对他人的危害。”[②]密尔提出,任何人的行为,只有涉及他人的那部分才须对社会负责,在仅只涉及本人的那部分,他的独立性在权利上则是绝对的。对于本人自己,对于他自己的身和心,个人乃最高主权者。[③] 伤害原则又被称作“不干涉原则”,它不仅是贯穿《论自由》全书的基本理念,也是密尔自由主义思想的核心原则,并最终成为牵引英美法系发展的立法指导思想。

关于刑法禁止的根据,密尔认为,干预他人意志自由的根据只有一个,即预防行为人伤害他人。[④] 据此,密尔提出伤害原则。申言之,若某种行为符合伤害原则,那么就应该被刑法控制或者禁止,伤害原则是判断行为入罪与否的根本原则。国家只有根据伤害原则才可以干预人们的自由,没有充分的根据不能限制人们的自由。国家强制力是为了预防他人造成的不当伤害而存在的,如果是行为人自己带来的伤害则无须国家强制力干预。此外,伤害不能是抽象虚幻的,必须是物质性的行为,例如思想这种抽象行为是不能构成伤害的。[⑤]

(二)伤害原则对于刑法立法的限定

密尔在《论自由》中提出,伤害原则对于确定干涉自由的立法来说是唯一

---

① 参见[英]约翰·密尔:《论自由》,许宝骙译,商务印书馆2007年版,第10页。

② [英]约翰·密尔:《论自由》,许宝骙译,商务印书馆2007年版,第10~11页。

③ 参见[英]约翰·密尔:《论自由》,许宝骙译,商务印书馆2007年版,第11页。

④ See John Gray & G. W. Smith, *J. S. Mill's on Liberty in Focus*, Routledge, 2003, p. 147.

⑤ See John Stuart Mill, *On Liberty*, Norton Critical Editon, 1975, p. 10 – 11; Claire Finkelstein, *Positivism and the Notion of an Offense*, Calif. L. Rev, Vol. 88, p. 335(2000).

有效的原则,因此不符合该原则要求的行为即不适于被犯罪化。① 对于伤害原则有多种理解方式,其中最重要的两种理解就是伤害行为原则(harm conduct principle)和伤害预防原则(harm prevention principle)。伤害行为原则主张,将某行为入罪的唯一理由,是该行为能对他人造成伤害或者存在造成伤害的不合理风险。伤害预防原则主张,将该行为入罪是预防对他人伤害所必需的,且将其入罪所带来的伤害与该行为所造成的伤害成比例。这两种原则的区别,可以在我国《刑法》第128条的非法持有枪支罪中得以体现。在很多情况下,持枪行为本身不会对他人造成伤害,也没有伤害他人的风险,依照伤害行为原则而言,这种行为不应入罪。然而,依照伤害预防原则,情况却恰恰相反。伤害预防原则并不着眼于某个人持枪是否会伤害到他人,而是将所有持枪行为定为犯罪可以预防一些伤害,而且这种做法是成比例的。

伤害原则面临很大的争议,诸如"伤害"的内涵和外延是什么?这是最大的问题。此外,"伤害"有无限制?"伤害"的判断是主观的还是客观的?根据伤害原则,伤害是对他人利益的侵犯,利益是有价值的东西,而价值则意味着满足人们某种心理上的需要。所以,从理论上来说,只有被害人才能判断某种行为是否具有伤害性。易言之,在此意义上的伤害判断应当属于一种主观判断。然而法律的本质属性是规则,具有普适性,必须对这种主观判断做客观性处理,刑法也是如此。

(三)法益保护原则与伤害原则的博弈与融合

对于刑法边界的界定,法益保护原则与伤害原则两方各有坚持理由。虽然这两种学说各有道理,但不可避免的各自也都存在缺陷。具体分析如下:其一,法益保护原则以"法益"为切入点,而伤害原则则以"权利"为切入点。由于法益是被法律所保护的生活利益②,因而法益保护原则重点关注被认定为犯罪的行为所针对的对象范围,而伤害原则则侧重于行为对他人权利的干涉,故两种理论有明显不同的切入点。其二,法益保护原则与伤害原则自身无法划分刑法边界,也无法直接限制刑法的立法扩张,但是这两个原则也并非一无是

① 参见[英]约翰·密尔:《论自由》,许宝骙译,商务印书馆2007年版,第10~11页。

② 参见林山田:《刑法通论》(上),北京大学出版社2012年版,第21页。

处,而是可以作为犯罪化的起点。[①] 其三,法益保护原则和伤害原则的有机结合是可取的选择[②],两者都要求刑法必须被用来保护一定的利益或者权利。[③]

在20世纪60年代,阿尔宾·艾泽尔(Alibin Eser)试图将法益融入伤害原则。[④] 艾泽尔认为,可以将法益融入伤害原则,对法益重新定性。法益应当包括两部分:首先是物质载体,体现为个人、国家或者社会各种利益及其关系;其次是精神构成,即法益与宪法存在密切关系。[⑤] 艾泽尔的物质构成说与耶赛克的实证主义法益观类似,而精神构成说又与罗克辛的规范主义法益观相似。不过,该说仍然有些牵强。毕竟法益概念是诸多主体利益的公约数,而伤害原则的对象更重视个体诉求。[⑥] 不过,随着伤害原则内容逐渐客观化,两者之间的融合逐渐具备可能性。[⑦]

伤害原则与法益保护原则的相互融合,在现实生活中一方面可以有效地限制立法权,防止将某些道德犯入罪,如不得将通奸行为等入罪;另一方面,两者的融合却无法解决刑法与民法(主要是侵权法)的界分问题。由于刑法与民法两部主要部门法都是为了保护法益,避免伤害行为。基于此,德国和英美刑法学者在多次的争论与妥协后提出完善后的"融合说",即行为的性质由法益保护原则确定,但同时重视法律所保护的对象在伤害原则中的地位,两者融合之后的观点成为确定入罪与否的标准。基于此,"融合说"更具有说服力。

"融合说"具有两个方面的区分价值:首先是道德与刑法的区分,仅违反道德但未损害法益的行为是不能规定为犯罪的;其次是划分民法与刑法,可以从功利主义和自由主义的结合处找出切入点,即不具有赔偿性的普遍性恐惧。

---

① 参见杨春然:《刑法的边界研究》,中国人民公安大学出版社2013年版,第155~156页。

② 参见徐德臣:《论刑法与侵权法的分界标准》,载《河北法学》2013年第2期。

③ 参见杨春然:《论划分刑法边界的标准》,载《中国刑事法杂志》2012年第8期。

④ See Alibin Eser, *The Principle of "Harm" in the Concept of Crime: A Comparative Analysis of the Criminally Protected Legal Intere sts*, Duquesne University Law Review, Vol. 14, p. 345 – 417 (1965).

⑤ 参见杨春然:《刑法的边界研究》,中国人民公安大学出版社2013年版,第128页。

⑥ See Alibin Eser, *The Principle of "Harm" in the Concept of Crime: A Comparative Analysis of the Criminally Protected Legal Interests*, Duquesne Univer sity Law Review, Vol. 14, p. 345 – 417 (1965).

⑦ 参见杨春然:《刑法的边界研究》,中国人民公安大学出版社2013年版,第129页。

根据“融合说”，行为入罪不仅应符合普遍恐惧的标准，而且需要满足以下条件：一是禁止必须有效；二是禁止必须符合法治原则；三是禁止的行为必须符合伤害原则和法益保护原则。[①] 依照“融合说”，行为入罪的标准明确了然。可以按照上述三个层次来判断，以此来划分刑法的边界，从而也能对刑法立法扩张的限度加以界定。

## 三、我国限制刑法立法扩张的基本原则

### （一）罪刑法定原则

我国刑法基本原则明确规定为罪刑法定原则、罪责刑相适应原则和平等适用刑法原则，其中罪刑法定原则是最为重要的刑法基本原则。“法无明文规定不为罪，法无明文规定不处罚”是罪刑法定原则的基本内涵。罪刑法定原则的最早渊源是1215年的英国《大宪章》。[②] 1789年的法国《人权宣言》和1810年的《法国刑法典》则是现代意义上罪刑法定原则的法律渊源。

由于近年来我国刑法立法持续扩张，诸多学者认为我国刑法立法扩张与罪刑法定原则相违背，破坏刑法的稳定性，与刑法的社会防卫法性质不吻合，风险刑法的提法值得商榷。例如，陈晓明教授就提出，风险刑法丧失了构成要件的明确性，难以保证刑法的安定性和可预测性，因而不符合罪刑法定原则的要求。在罪刑法定原则的制约之下，哪些风险需要入罪，应该采取什么样的制裁手段，用什么样的强度予以保护，都需要通过刑法加以明确规定，而风险刑法显然难以通过检验。[③] 如果行为构成要件的明确性不足，仅以具有抽象危险就能够定罪量刑，这在司法实践中就给了法官很大的自由裁量权，容易引起刑事司法地方化倾向，难以保证每一个案件的公平正义。

在我国罪刑法定原则的贯彻还不尽如人意的情况下，注重人权保障、不奢谈风险控制仍然是司法者的重大使命之一。[④] 而风险刑法主张大幅压缩公民

---

① 参见杨春然：《论划分刑法边界的标准》，载《中国刑事法杂志》2012年第8期。

② 英国《大宪章》第39条规定：“凡是自由民除经贵族依法判决或遵照国内法律之规定外，不得加以扣留、监禁，没收财产、剥夺其法律保护权，或加以放逐、伤害、搜索或逮捕。”

③ 参见陈晓明：《风险社会之刑法应对》，载《法学研究》2009年第6期。

④ 参见《“风险刑法”不可行》，载《法商研究》2011年第4期。

自由的空间以求得社会的安全是违反法治的。[①] 刑法的最基本任务还是保护公民的自由，而非消除人们的不安全感。如果贸然提倡风险刑法，极力扩大刑法的处罚范围很可能会出现消极的效果。[②] 由此可见，诸多刑法学者对于风险刑法提出疑问，对于刑法的扩张表现出不同程度的忧虑。

法的价值包括秩序，但是法的终极价值不是秩序。除了秩序以外，法追求的还有生存、安全、公平、正义、自由、平等、人权等。[③] 风险刑法并非像批评者说的那样危险，并非与传统刑法理论中的罪刑法定原则、罪责刑相适应原则以及刑法谦抑性原则存在重大冲突。风险刑法理论是为了应对风险的需要而对我国传统刑法进行的适当修正和补充，因此，并不会违反罪刑法定原则。[④] 由此可见，风险社会并非一无是处。在风险社会之语境下，权力能力之极限意义上的边界总是存在的，并总会为某种形式的风险犯罪所利用而突破。作为一种制度性的刑法反应，过度地使用权力除了不必要地造成公民自由范围的缩减外，可能不仅没有有效控制风险，相反会招致更多的风险。[⑤] 德国学者金德霍伊泽尔教授提出，不能忽略或者从根本上否定风险社会的危险，此种想法是错误的。保障安全是国家必须履行的职责，这在任何时候都是没有争议的。[⑥]

笔者认为，在当今社会，无论是否赞同风险社会刑法理论，罪刑法定原则都是应当秉持的基本原则。刑法在法律上明确规定犯罪的构成要件，以防止国家刑罚权的滥用。但是，“法无明文规定”不等于“法无明确规定”，而刑法的明确性又是相对的，立法者有意设置弹性法律条款，以便在出现新的状况时有备无患。在社会现实中，司法实务人员要发挥主观能动性，审慎适用自由裁量权，结合具体案情，用合理的法律解释、符合情理的判决赋予罪刑法定原则以新的含义，使得罪刑法定原则的生命力历久弥新。

---

① 参见刘艳红：《“风险刑法”理论不能动摇刑法谦抑主义》，载《法商研究》2011 年第 4 期。

② 参见黎宏：《对风险刑法观的反思》，载《人民检察》2011 年第 3 期。

③ 参见卓泽渊：《法的价值论》，法律出版社 2006 年版，第 394 页。

④ 参见吴丙新：《风险刑法与公民权利的宪法保障》，载《云南师范大学学报（哲学社会科学版）》2012 年第 5 期。

⑤ 参见焦旭鹏：《风险刑法的基本立场》，法律出版社 2014 年版，第 211 页。

⑥ 参见［德］乌尔斯·金德霍伊泽尔：《安全刑法：风险社会的刑法危险》，刘国良编译，载《马克思主义与现实》2005 年第 3 期。

(二)刑法谦抑性原则

刑法立法扩张与刑法谦抑性原则之间是否存在矛盾冲突?陈璐教授认为,法益保护前置化是导致刑法谦抑性遭到削弱的重要原因。[①] 王良顺教授则对此提出反驳意见,认为刑法谦抑性原则的志趣在于确立刑法与一次法在社会控制手段体系中的位阶关系,将刑法限定为保护法益安全的最后一道防线。[②] 我国新近刑法立法扩张,多为预防性刑法,通过立法修改,将高度危险犯罪的预备行为实行化、帮助行为正犯化,为重大的超个人法益提供超前保护,目的在于预防犯罪,在本质上并不违背刑法的谦抑性原则。

1. 刑法谦抑性原则的内涵

刑法立法的适度扩张应当坚守刑法谦抑性原则。依据陈兴良教授的观点,所谓刑法谦抑性原则,是指立法者在预防犯罪和控制犯罪的过程中应力求以最小的支出来有效实现预防目的。[③] 根据刑法谦抑性原则,国家进行相关刑事立法的前提是运用民事、行政等法律手段和措施仍不足以规制违法行为。[④] 刑法的谦抑性原则体现在刑法介入早期化当中,则意指刑法应该限定在一个安全的范围之内,不去侵犯应该由其他法律法规所调整的事项。

日本学者认为,刑法的补充性、不完整性和宽容性构成刑法的谦抑性。所谓刑法的补充性,是指只有当法益在其他法律手段(如道德、民法、行政法)下得不到充分保护时,才能够适用刑法,刑法是法益保护的最后手段。所谓刑法的不完整性或者说片段性,是指刑法所保护的法益不可能是完整的、全面的,而是以一定的标准经过刑法挑选过的法益。刑法的宽容性,是指刑法不可能对所有侵害法益的行为予以处罚,而只能挑选出值得处罚的行为予以处罚,刑法也没有必要毫无遗漏地进行处罚。[⑤]

我国大多数刑法学者肯定刑法的谦抑性原则。然而,也有学者持反对意见,认为刑法的谦抑性原则在现代社会当中,对于哪些行为应该入罪只是提供

---

① 参见陈璐:《论刑法谦抑主义的消减》,载《法学杂志》2018 年第 9 期。

② 参见王良顺:《预防刑法的合理性及限度》,载《法商研究》2019 年第 6 期。

③ 参见陈兴良:《刑法的价值构造》,中国人民大学出版社 2006 年版,第 292 页。

④ 参见陈兴良:《刑法的价值构造》,中国人民大学出版社 2006 年版,第 8 页。

⑤ 参见张明楷:《论刑法的谦抑性》,载《法商研究》1995 年第 4 期。

了一个非常抽象的标准,没有操作上的价值。[①] 还有学者认为,将一些使用行政手段或者民事手段处罚的行为纳入刑法处罚对象的做法违反刑法谦抑性原则。[②] 德国学者许迺曼教授提出,在风险社会,想要以19世纪的刑罚手段来制裁21世纪的先进犯罪是做不到的,应该以"刑法的有效性"作为标准判断哪些行为应该属于刑法管控的犯罪。[③] 保障国民安全和维护社会秩序是刑法的价值追求,传统的刑法基于谦抑性的思想,具有被动性,这种被动性当面对社会中各种各样的风险时非常容易造成失控的场面,对于保障国民的安全十分不利。[④]

2. 刑法介入早期化与刑法谦抑性原则

关于刑法介入早期化与刑法谦抑性原则的矛盾冲突问题,很多学者做出了回应。有学者指出,在决定某种行为是否应该通过刑法进行调整的时候,应该根据谦抑性原则进行适当限制。首先应该考虑该种行为是否具有社会危害性,如果没有,那么该行为就没有必要用刑法来规制,如果有,则需要考虑是否要将该行为入罪以及如何入罪的问题。[⑤] 还有学者进一步指出,在风险社会的背景之下,一方面刑事立法要谦抑,刑法划定的犯罪圈应该小于或者等于民法或者行政法划定的犯罪圈。另一方面,刑法谦抑性原则也是刑事司法应当坚守的原则,司法机关处罚的犯罪圈必须要小于或者等于刑法所划定的犯罪圈。[⑥]

虽然不同学者对于刑法谦抑性原则的内容有不同的理解,但是都未将刑法谦抑性原则等同于刑法的事后保护,更没有人明确反对法益提前介入或者超前保护。事实上,预防犯罪从来都是刑法的重要目标,在刑法介入早期化与刑法谦抑性原则之间并不存在根本性的对立。具体分析如下:

---

① 参见吕英杰:《风险刑法下的法益保护》,载《吉林大学社会科学学报》2013年第4期。

② 参见黎宏:《对风险刑法观的反思》,载《人民检察》2011年第3期。

③ 参见许玉秀等:《不移不惑献身法与正义——许迺曼教授刑事法论文选辑》,台北,新学林出版有限公司2006年版,第40页。

④ 参见郭浩、李兰英:《风险社会的刑法调适——以危险犯的扩张为视角》,载《河北法学》2012年第4期。

⑤ 参见廖斌、张亚军:《风险社会下刑法之危机与扩张》,载《学习论坛》2012年第11期。

⑥ 参见田宏杰:《"风险社会"的刑法立场》,载《法商研究》2011年第4期。

首先,刑法介入早期化是以一次法的规制为条件的。对于暴恐犯罪,刑法提前介入,以实现法益的提前保护。刑法增设的宣扬恐怖主义、极端主义、煽动实施恐怖活动罪①,强制穿戴恐怖主义、极端主义服饰、标志罪②,非法持有宣扬恐怖主义、极端主义物品罪③等犯罪,都是《反恐怖主义法》等行政法明文禁止的行为,纳入刑法规制后,可实现刑法的提前介入,以防止严重危害结果的发生。由于暴恐犯罪一旦发生危害后果,将会非常惨重,因而刑法的提前介入是不违背刑法谦抑性原则的,但是应当严格限定刑法提前介入的界限,不得过度扩大,尤其是对于微罪或者轻罪而言,刑法不得提前介入,防止国家刑罚权过早或者过多地介入社会治理。

其次,刑法介入早期化的范围应当受到严格限定。刑法早期化介入的犯罪类型主要为恐怖活动犯罪和网络犯罪。对于这些犯罪,如果刑法不提前介入,如恐怖活动犯罪一旦发生实害后果,就会造成非常重大的损害。而对于网络犯罪而言,由于网络技术的发达以及网络空间的特殊性,受害者往往人数众多,涉及地域也遍布全国乃至全世界各个地方,造成的社会危害范围非常广泛,因而刑法需要提前介入,以预防网络犯罪实害结果的发生。一言以蔽之,刑法目的在于预防犯罪,因而对于此类犯罪应当提前预防,以防止严重危害后果的发生。

再次,立法者之所以要规定某些犯罪由刑法提前介入,原因在于这些新增设的犯罪都是重大的超个人法益,不得已才需要制定预防刑法,使得刑法提前介入,为这类超个人的重大法益提前提供保护。④

---

① 《刑法》第120条之三　【宣扬恐怖主义、极端主义、煽动实施恐怖活动罪】以制作、散发宣扬恐怖主义、极端主义的图书、音频视频资料或者其他物品,或者通过讲授、发布信息等方式宣扬恐怖主义、极端主义的,或者煽动实施恐怖活动的,处五年以下有期徒刑、拘役、管制或者剥夺政治权利,并处罚金;情节严重的,处五年以上有期徒刑,并处罚金或者没收财产。

② 《刑法》第120条之五　【强制穿戴宣扬恐怖主义、极端主义服饰、标志罪】以暴力、胁迫等方式强制他人在公共场所穿着、佩戴宣扬恐怖主义、极端主义服饰、标志的,处三年以下有期徒刑、拘役或者管制,并处罚金。

③ 《刑法》第120条之六　【非法持有宣扬恐怖主义、极端主义物品罪】明知是宣扬恐怖主义、极端主义的图书、音频视频资料或者其他物品而非法持有,情节严重的,处三年以下有期徒刑、拘役或者管制,并处或者单处罚金。

④ 参见王良顺:《预防刑法的合理性及限度》,载《法商研究》2019年第6期。

最后,我国刑法的提前介入应当符合“在必要的最小限度内”运用刑罚的要求,体现了刑法的补充性。因而,刑法提前介入的立法举措与刑法谦抑性原则的精神实质并不相悖。

3. 积极刑法立法观与刑法谦抑性原则

刑法学界对于积极刑法立法观与刑法谦抑性原则的关系问题存在激烈争论。我国刑法结构长期处于“厉而不严”的状态,法网不够严密。由于风险社会、全球化及网络空间犯罪的迅猛发展,我国刑事立法需要积极应对。

积极刑法立法观是现阶段我国刑事立法的要求,需要在其指导下不断推进犯罪化,有效打击犯罪。① 为了避免刑法立法扩张造成的消极影响,可用刑法谦抑性原则来约束。应当说,刑法谦抑性原则是现代刑法重要的刑法理念,刑法学者对其非常重视,并强调应当在刑事立法和刑事司法中坚持和贯彻该原则。该原则在促进刑法的人权保障机能,限制国家刑罚权的发动等方面,起着举足轻重的作用,至今仍被认为是刑法发展的铁则。

然而随着时代的发展与社会背景的演变,刑法谦抑性原则也就不可避免地需要重新审视,赋予其新的内容与活力。积极刑法立法观与刑法谦抑性原则博弈的过程就是积极推进犯罪化的过程。为了推动两者之间矛盾的调和,有学者提出,“‘入罪谦抑’和‘刑罚谦抑’是刑法谦抑性原则的两个方面。我国立法与司法应当立足于社会发展的实际状况,做到从‘入罪谦抑’到‘刑罚谦抑’的重心转换以实现刑法谦抑性原则的贯彻”②。刑罚适用坚持谦抑性原则及务实态度③,顺应大数据、全球化、信息化的时代发展,及时回应恐怖活动犯罪、网络犯罪等新型犯罪,司法实务人员应根据自己的价值判断对于法律文本做出符合现实意义的精准解读,不沉溺于传统刑法观以致刑法滞后性过于严重;从批判立法的思维中摆脱出来,对现行法律进行合理解释,规范司法适用标准,以便法

---

① 参见张明楷:《增设新罪的观念——对积极刑法观的支持》,载《现代法学》2020 年第 5 期。

② 敦宁:《刑法谦抑主义的西方立场与中国定位》,载赵秉志主编:《刑法论丛》(第 52 卷),法律出版社 2018 年版,第 413 页。

③ 参见周光权:《刑事立法进展与司法展望——〈刑法修正案(十一)〉总置评》,载《法学》2021 年第 1 期。

院适当地、逐渐翻新地适用刑法,从而在很大程度上实现法安全和法公正。①

“刑法是一种不得已的恶。适当的运用会有益于个人发展和社会稳定,不当运用则会出现相反的效果。因此,对于刑法之可能的扩张与滥用,必须保持足够的警惕,不得已的恶只能不得已而用之。”②当今时代,重视司法谦抑功效的发挥是遵守刑法谦抑性原则和抑制立法扩张消极影响的有效途径。刑事立法有相应规定是司法谦抑发挥适用空间的基础,田宏杰教授认为,“刑事立法即犯罪化的规定是刑事司法谦抑的根本前提。刑事司法的谦抑只有在刑事立法之制刑规定、用刑授权的范围内行使权力,履行职责”。③ 以严格司法来钳制立法的无限扩张,既是对刑法谦抑性原则的遵从,也能合理有效地防止过度侵害法益;既不过分限制刑事立法适应社会需要的积极扩张,也及时保障国家和人民的合法权益。

刑罚是刑事法的核心要素,也是通过刑法惩罚犯罪的最终落脚点,适当的刑罚量自然成为刑法谦抑性原则必须考虑的刑法面向。④ 现阶段对于刑法谦抑性原则的关注点应当转移至“刑罚谦抑”,这样不仅与国际轻刑化潮流相匹配,而且有助于解决我国刑罚设置的严厉化与适用过程中重刑化的陈年痼疾,还有利于兼顾刑事立法与司法适用之间的平衡,司法主体在刑事立法活性化的背景下应采取谨慎、相对谦抑的态度适用法律,消除因为刑事立法过于积极所带来的负面影响,从司法适用的角度把握刑法谦抑性原则的贯彻和罪刑均衡原则的落实,进一步实现权益的保护。⑤

刑法对法益的保护是根据比例原则在个罪保护和刑罚手段之间衡量后更大利益化的选择,并非平均保护,也不会为保护某一法益而投入超过保护法益投入成本的刑罚量,以保证总体的利益均衡和刑法效益最大化的实现,这就是

---

① 参见[德]汉斯·海因里希·耶赛克、[德]托马斯·魏根特:《德国刑法教科书》,徐久生译,中国法制出版社2017年版,第59页。

② [英]哈特:《法律的概念》(第3版),许家馨、李冠宜译,法律出版社2018年版,第162~163页。

③ 参见田宏杰:《立法扩张与司法限缩:刑法谦抑性的展开》,载《中国法学》2020年第1期。

④ 参见储槐植、何群:《刑法谦抑性实践理性辨析》,载《苏州大学学报(哲学社会科学版)》2016年第3期。

⑤ 参见黎宏:《预防刑法观的问题及其克服》,载《南大法学》2020年第4期。

刑法谦抑性强调刑法作为最后手段的原因。[①] 笔者赞同这种说法,刑法谦抑性原则仍应当坚守,但是其内容应以社会发展的实际程度为基础,因而也需要时刻跟随实际情况的变化而做出相应更改,从"入罪谦抑"到"刑罚谦抑"的转变与我国从消极刑法观到积极刑法观的刑事立法观转变相协调。

4. 刑法谦抑性原则内容的时代变迁

随着时代的变迁,刑法谦抑性原则也应与时俱进,赋予其新的内容,使其重新焕发活力。有学者提出,刑法谦抑要求兼顾"入罪谦抑"和"刑罚谦抑"。[②] 刑罚谦抑包括刑罚设置的谦抑和司法适用的谦抑两个方面的内容。刑法的谦抑,需要从形式和实质两个侧面,在刑事立法和刑事司法两个层面进行有机地结构性展开,才能够将立法的用刑之道到司法的用刑之道层层剖析厘清,方能探得其完整内涵,进而予以科学实现。[③] 在刑法立法积极扩张的时候,司法就要秉持审慎适用的态度,跟随国际轻刑化的发展潮流,要么司法出罪,要么适用较轻的刑罚,以防止过多侵害法益,维护公民的合法权益。

虽然积极刑法立法观与刑法谦抑性原则存在矛盾冲突,但可以在"刑罚谦抑"方面达成一致,即积极刑法立法观可能造成的立法扩张,由"刑罚谦抑"解决,尤其是与司法适用方面的刑罚谦抑达成一致,使得个罪保护与罪刑均衡一致,实现刑法效益的最大化。

风险社会中,为了预防风险的发生,有效保护社会的安全稳定,刑法介入早期化是有必要的,积极刑法立法观也是如此,有其存在的价值和意义。但是,刑事立法的扩张不能突破刑法谦抑性原则的底线,现代社会仍应当秉持刑法谦抑性原则。为了应对风险虽然可以处罚危险犯尤其是抽象危险犯,但还是应该限制在一个合理的可接受的范围。仍然要坚守刑法谦抑性原则,即刑罚仅应控制在"必要的最小限度内"立法和适用。[④] 可以由民法、行政法等前置

---

① 参见简爱:《一个标签理论的现实化进路:刑法谦抑性的司法适用》,载《法制与社会发展》2017 年第 3 期。

② 参见敦宁:《刑法谦抑主义的西方立场与中国定位》,载赵秉志主编:《刑法论丛》(第 52 卷),法律出版社 2018 年版,第 413 页。

③ 参见田宏杰:《立法扩张与司法限缩:刑法谦抑性的展开》,载《中国法学》2020 年第 1 期。

④ 参见王良顺:《预防刑法的合理性及限度》,载《法商研究》2019 年第 6 期。

法处理的行为尽量不纳入刑法的调整范围，以此来体现刑法的最后手段性，保持刑法的谦抑性精神。

（三）责任主义原则

对于责任主义原则，刑法理论上分为两种表述方式：积极的责任主义和消极的责任主义。积极的责任主义表述为“有责任就有刑罚”，而消极的责任主义则表述为“没有责任就没有刑罚”。当今时代，消极责任主义是刑法理论的通说。[①] 消极责任主义（责任主义），或称罪责原则，是指刑罚应当建立在罪过的基础之上，认定责任必须要侵害或者威胁具体法益，否则没有责任就没有刑罚。传统刑法中大多数犯罪的成立以严重危害结果的发生为处罚依据，这种事后处罚模式因符合报应主义而具有正当性。在德国，刑事处罚只能基于导致犯罪决意的主观意志的形成，而且对行为人的处罚不得重于行为人根据其责任所应当承担的刑罚。[②]

有学者认为，刑法立法扩张是以危险的管控和预防作为罪责依据，以义务的违反作为处罚依据的。而赞同风险刑法论的学者则认为，传统的罪责刑法观面对法益侵害只能事后处置，无法满足人民对于安全的需要，因此传统的罪责刑法观需要重构。[③] 风险社会时代，行为与结果以单纯的“一因一果”形式出现的可能性逐渐减少，而“多因一果”“多因多果”等形式将逐渐增多。这就要求刑事立法应当与时俱进，适度扩大刑事归责的范围。[④] 为了有效控制风险，即使行为人对危害结果的产生没有故意或者过失，但只要参与了风险制造的过程，就应当被当作刑法所规制的对象。[⑤] 风险刑法构建的是预防罪责论，归责过程是为了分配责任的需要而进行的。因此，行为人并不需要知道损害的发生，也并不需要建立因果关系，只要是自己做出的风险决定违反了刑法的风

---

① 参见张明楷：《责任主义与量刑原理——以点的理论为中心》，载《法学研究》2010 年第 5 期。

② 转引自陈兴良：《“风险刑法”与刑法风险：双重视角的考察》，载《法商研究》2011 年第 4 期。

③ 参见郝艳兵：《风险社会下的刑法价值观念及其立法实践》，载《中国刑事法杂志》2009 年第 7 期。

④ 参见利子平：《风险社会中传统刑法立法的困境与出路》，载《法学论坛》2011 年第 4 期。

⑤ 参见王立志：《风险社会中刑法范式之转换——以隐私权刑法保护切入》，载《政法论坛》2010 年第 2 期。

险规制,就要负刑法上的责任。[1] 此外,风险刑法导致责任的客观化。风险社会中,罪责原则的惩罚正当性根据从强调行为人意志选择自由转向客观评价行为人的控制能力,以满足危险控制的需要。[2]

对于风险刑法论的观点,不少学者质疑。具体论点如下:其一,风险刑法将刑事政策的考量作为一种立法的基本判断依据,突破了传统的罪责理论,否定了法律自身正当性和体系性的一系列需求,脱离了主观罪责要求的刑法无疑是非常危险的。[3] 其二,由于责任范围的扩张和多样化,承担刑事责任的主体不再限于个人,行为人可能由于他人的行为而承担刑事责任。[4] 其三,刑法教义学中的预防刑法并不是像风险刑法理论所想的那样以防范风险发生扩张报应刑的处罚范围,而是以预防必要性来限制处罚范围,因此,预防刑法中不存在罪责扩张化的问题。[5] 其四,如果国家刑罚权的发动脱离了罪责原则的控制,刑法的人权保障机能便不能很好地贯彻。因为,没有罪责也能够使用刑事处罚的方法来治理社会,公民的自由与人权随时会遭遇来自强大国家刑罚权的肆意攻击。[6]

由此可见,刑法立法的扩张引发刑法介入早期化,而刑法介入早期化将责任主义建立在预防的基础之上,虽然可能导致国家刑罚权的滥用,但是在国家权力的制约机制之下,能够保证行为人得到公平正义的审判结果。很多具有抽象危险的行为虽然需要立法者的经验判断,但是在刑法的大框架内,在罪刑法定原则的基础之上,这种认定行为是否具有抽象危险基本上不会出现太大的偏差。虽然刑法早期介入公民的社会生活中,但是并未改变责任自负原则,相关罪名的设置也是考虑到行为与结果之间具有紧密联系,仍然是处罚行为与结果具有因果联系的归责模式。因此,责任主义原则应当坚持,刑法立法扩张应当适度,唯有如此才能限制国家刑罚权的恣意行使,维护公民的合法权益。

---

① 参见陈晓明:《风险社会之刑法应对》,载《法学研究》2009 年第 6 期。
② 转引自张明楷:《"风险社会"若干刑法理论问题反思》,载《法商研究》2011 年第 5 期。
③ 参见孙万怀:《风险刑法的现实风险与控制》,载《法律科学》2013 年第 6 期。
④ 参见劳东燕:《公共政策与风险社会的刑法》,载《中国社会科学》2007 年第 3 期。
⑤ 参见陈兴良:《风险刑法理论的法教义学批判》,载《中外法学》2014 年第 1 期。
⑥ 参见王振:《坚守与超越:风险社会中的刑法理论之流变》,载《法学论坛》2010 年第 4 期。

## 第二节 刑法立法适度扩张的限定条件

### 一、增设新罪的限定条件

当今时代我国刑法已经进入立法活性化时代，积极刑法立法观占据主流地位，社会治理和社会控制需要推进犯罪化。张明楷教授认为，在推进犯罪化的过程中，需要通过增设新罪来满足保护法益的合理要求。在增设新罪时，应当充分顾及法益保护的基本原理，尽可能地明确分则罪名所要保护的法益，并以此指导构成要件的设置，使新设罪名真正成为现有体系的有益补充。[①]

基于我国新近刑法立法不断扩张的趋势，在以后立法过程中，对于增设新罪的立法限度方面，应当着重从以下几个方面进行：

（一）应当有明确的行为规范

在立法论上，更为直接的是要以保护该时代社会中的既存规范为基础。[②]传统刑法理论更侧重行为的社会危害性，因而规定实害犯较多。随着风险社会来临，全球化、信息化更为迅捷，因而在立法层面仅规定实害犯难以满足社会治理的迫切要求，难以适应社会情势的新变化。只要基于行为人主观故意所实施的行为有侵害法益的风险，即使没有发生实害，没有造成传统上所理解的严重危害社会的后果，刑法也应当主动介入，以防患于未然。具体包括：

首先，作为惩治措施最为严厉的部门法，刑法必须具有明确性和确定性，以满足社会治理的需要，及时解决社会上出现的新问题。正如拉德布鲁赫的观点，“法律的安定性需要法律的实证性；如果不能明确认定什么是公正的，就必须明确什么应该是正确的”。[③] 因而，今后刑法立法在增设新罪时，需要明确描述行为样态和行为类型，为司法裁判提供依据，为民众行为提供规范，这也

---

① 参见张明楷：《增设新罪的观念——对积极刑法观的支持》，载《现代法学》2020年第5期。

② 参见［日］松宫孝明：《刑法总论讲义》，钱叶六译，中国人民大学出版社2013年版，第12页。

③ 参见［德］拉德布鲁赫：《法哲学》，王朴译，法律出版社2005年版，第73页。

是罪刑法定原则的应有之义。

其次，为了实现刑罚的一般预防目的，促进民众对于行为规范的认知，也应当在刑法上予以明确规定，以便告知民众行为适法、行为违法的底线，使其不去触犯刑法底线，因而达到规制民众行为的目的。据此，刑法评价范畴的准入机制就显得尤为重要。何种行为违法，何种行为达到民众难以忍受的程度，何种行为会造成民众的普遍恐惧，何种行为只有刑罚处罚措施才能达到规制的目的，等等，都需要在刑法上予以明确规定，方能实现刑罚的一般预防目的。

再次，我国《刑法》分则规定的立法模式，大多数采用行为立法模式，少数适用“行为＋情节”或者“行为＋结果”的模式。依照周光权教授的观点，只有行为立法模式才能体现刑法的行为性质，才能为公民提供更为明确的行为指南，刑罚的预防功能也才能有效发挥。①

最后，对于增设新罪而言，刑法既不能偏执地呐喊传统理性主义刑法观的口号，也不能简单地高悬积极主义刑法观的旗帜，而应当在传统理性主义刑法观与当下积极主义刑法观二者之间寻求适当平衡。刑法增设新罪既要正视当下社会有效防控非传统重大风险的现实需求，又要考虑如何控制风险刑法过度化②，从而为增设新罪立法提供有所为有所不为的边界。

基于此，我国刑法立法在增设新罪时，应当坚持科学立法和理性立法，坚守罪刑法定原则，坚持刑法规范的明确性和确定性，维护刑法的安定性，有助于民众及时了解犯罪行为的界限，实现刑罚的一般预防目的。

### （二）增设新罪应当关注重点领域

我国刑法立法持续扩张，增设了很多新罪，这些新罪都是社会治理过程中应当重点关注的领域。以《刑法修正案（九）》为例，该修正案共增设了20个新罪名，涉及三大重点领域。

#### 1. 恐怖主义犯罪领域

我国《反恐怖主义法》对于恐怖主义的具体内涵进行了明确规定。根据该

---

① 参见周光权：《积极刑法立法观在中国的确立》，载《法学研究》2016年第4期。

② 参见魏东、周树超：《我国“轻微罪”立法与司法的理性思考》，载《贵州大学学报（社会科学版）》2022年第1期。

法第3条规定，所谓恐怖主义，是指通过暴力、破坏、恐吓等手段，制造社会恐慌、危害公共安全、侵犯人身财产，或者胁迫国家机关、国际组织，以实现其政治、意识形态等目的的主张和行为。① 由于恐怖主义活动具有暴力性和组织性，因而刑法所规定的恐怖主义犯罪，主要就是指恐怖主义犯罪的共犯行为和预备行为，故立法机关采取了共犯行为正犯化和预备行为实行化的立法举措。《刑法修正案（九）》规定了5个恐怖主义犯罪的罪名，即帮助恐怖活动罪（第120条之一），准备实施恐怖活动罪（第120条之二），宣扬恐怖主义、极端主义、煽动实施恐怖活动罪（第120条之三），强制穿戴宣扬恐怖主义、极端主义服饰、标志罪（第120条之五），非法持有宣扬恐怖主义、极端主义物品罪（第120条之六）。《刑法修正案（九）》将具有预备性质的策划恐怖活动行为规定为犯罪，并规定了恐怖主义的煽动型犯罪、宣誓型犯罪以及持有型犯罪。通过这些罪名的设置，将恐怖主义的共犯行为和预备行为全部犯罪化。由此可见，仅仅针对恐怖主义犯罪，我国刑事法网设置如此之严密，刑事罪名设置如此之周全，综观全部刑法，仅恐怖主义犯罪这一类犯罪而已。② 因而，恐怖主义犯罪是我国社会治理以及刑法惩治的重中之重。

2. 考试作弊类犯罪领域

由于国家用人制度的改革，公务员队伍逢进必考，因而国家考试在我国人才选拔中具有重要的地位。但考试作弊现象日益猖獗，极大影响了我国诚信体系的建立和人才的公平选拔，因而刑法增设了考试作弊类的犯罪。犯罪圈与公民自由存在一种此消彼长的逆反关系，一个新罪的增设，意味着犯罪圈的扩张和公民自由的限缩，因而更需要充分的论证和说理。③

我国《刑法修正案（九）》规定了考试作弊类犯罪，具体分析如下：

其一，《刑法修正案（九）》新增了3个考试作弊类新罪名，将国家考试中作

---

① 《反恐怖主义法》第3条第1款规定："本法所称的恐怖主义，是指通过暴力、破坏、恐吓等手段，制造社会恐慌、危害公共安全、侵犯人身财产，或者胁迫国家机关、国际组织，以实现其政治、意识形态等目的的主张和行为。"

② 参见陈兴良：《犯罪范围的扩张与刑罚结构的调整——〈刑法修正案（九）〉述评》，载《法律科学》2016年第4期。

③ 参见叶良芳：《危险驾驶罪的立法证成和规范构造》，载《法学》2011年第2期。

弊的组织行为、帮助行为和替考行为规定为犯罪。这3个考试作弊类犯罪的具体罪名为组织考试作弊罪(第284条之一第1款),非法出售、提供试题、答案罪(第284条之一第3款)以及代替考试罪(第284条之一第4款)。

其二,2019年9月最高人民法院、最高人民检察院发布《关于办理组织考试作弊等刑事案件适用法律若干问题的解释》(以下简称《组织考试作弊司法解释》),该司法解释明确规定了国家考试的范围。[①] 国家考试具有以下特征:一是公平性强。教育是一种稀缺资源,学历的提升、职业资格的取得等与考生的人生规划和事业发展休戚相关,因而无论是水平性考试还是选择性考试,都涉及根本的社会公平问题。二是公信力高。国家考试,由国家机关或者其委托的社会机构组织和管理,代表着国家声誉,因而考核结果具有很高的公信力。三是涉及面广。国家级考试面向社会不特定群体,涉及整个社会的公平竞争,影响面极广。相比之下,非国家级考试,由于仅限于某一教育机构、某一地区或某一行业等,在公平性、公信力和涉及面方面相对影响较弱。[②] 因此,《刑法修正案(九)》将考试作弊类犯罪限定为国家考试合理且正当。

其三,《刑法修正案(九)》及《组织考试作弊司法解释》对组织考试作弊罪"情节严重"的认定标准作了明确规定,大致涉及考试类型、行为后果、行为主体、地域范围、数量标准和违法所得6个方面。该司法解释明确规定了考试作弊犯罪的职业禁止、禁止令和罚金刑适用规则,规定了组织考试作弊罪既遂的认定标准以及代替考试犯罪的处理规则等内容,对于司法实践中如何认定考试作弊类犯罪规定了具体的定罪量刑标准。

3. 网络犯罪领域

大数据时代已经来临,数据主权、数字革命、数据信息化等新问题层出不

① 《组织考试作弊司法解释》规定,"法律规定的国家考试"的范围包括普通高等学校招生考试、研究生招生考试、高等教育自学考试、成人高等学校招生考试等国家教育考试;中央和地方公务员录用考试;国家统一法律职业资格考试、国家教师资格考试、注册会计师全国统一考试、会计专业技术资格考试、资产评估师资格考试、医师资格考试、执业药师职业资格考试、注册建筑师考试、建造师执业资格考试等专业技术资格考试;其他依照法律由中央或者地方主管部门以及行业组织的国家考试。

② 参见叶良芳、应家赟:《考试作弊及其相关行为的刑法规制探讨——兼评考试作弊系列犯罪的设立》,载《法治研究》2015年第3期。

穷,现有刑法规定难以有效应对大数据时代带来的挑战。与此同时,网络犯罪日益猖獗,我国刑法应对明显力不从心。基于此,我国《刑法修正案(九)》新增3个网络犯罪罪名,以应对网络异化以及网络犯罪迅猛发展的态势。所谓网络异化,是指由于网络因素的介入,传统犯罪内部的构成要件要素、犯罪形态等产生了不同于过去的新的表现形式,并使传统的刑法理论、刑事立法和刑事司法等都处于难以适用的尴尬境地。① 针对这种网络异化现象,我国立法机关突破现有共同犯罪理论的局限,开创性地将网络帮助行为予以正犯化,通过刑事立法规定,创造性地规定了3个网络犯罪领域的新罪名,即拒不履行信息网络安全管理义务罪(第286条之一)②、非法利用信息网络罪(第287条之一)③和帮助信息网络犯罪活动罪(第287条之二)④。立法机关采用帮助行为正犯化的立法新举措,应对日益严重的网络犯罪,实现对于网络犯罪的提前预防与全方位打击。

### (三)增设新罪应当以轻罪为主

针对我国刑法日益扩张的趋势,在犯罪化进程中应当首先考虑重罪和轻

---

① 转引自陈兴良:《犯罪范围的扩张与刑罚结构的调整——〈刑法修正案(九)〉述评》,载《法律科学》2016年第4期。

② 《刑法》第286条之一 【拒不履行信息网络安全管理义务罪】网络服务提供者不履行法律、行政法规规定的信息网络安全管理义务,经监管部门责令采取改正措施而拒不改正,有下列情形之一的,处三年以下有期徒刑、拘役或者管制,并处或者单处罚金:(一)致使违法信息大量传播的;(二)致使用户信息泄露,造成严重后果的;(三)致使刑事案件证据灭失,情节严重的;(四)有其他严重情节的。单位犯前款罪的,对单位判处罚金,并对其直接负责的主管人员和其他直接责任人员,依照前款的规定处罚。有前两款行为,同时构成其他犯罪的,依照处罚较重的规定定罪处罚。

③ 《刑法》第287条之一 【非法利用信息网络罪】利用信息网络实施下列行为之一,情节严重的,处三年以下有期徒刑或者拘役,并处或者单处罚金:(一)设立用于实施诈骗、传授犯罪方法、制作或者销售违禁物品、管制物品等违法犯罪活动的网站、通讯群组的;(二)发布有关制作或者销售毒品、枪支、淫秽物品等违禁物品、管制物品或者其他违法犯罪信息的;(三)为实施诈骗等违法犯罪活动发布信息的。单位犯前款罪的,对单位判处罚金,并对其直接负责的主管人员和其他直接责任人员,依照第一款的规定处罚。有前两款行为,同时构成其他犯罪的,依照处罚较重的规定定罪处罚。

④ 《刑法》第287条之二 【帮助信息网络犯罪活动罪】明知他人利用信息网络实施犯罪,为其犯罪提供互联网接入、服务器托管、网络存储、通讯传输等技术支持,或者提供广告推广、支付结算等帮助,情节严重的,处三年以下有期徒刑或者拘役,并处或者单处罚金。单位犯前款罪的,对单位判处罚金,并对其直接负责的主管人员和其他直接责任人员,依照第一款的规定处罚。有前两款行为,同时构成其他犯罪的,依照处罚较重的规定定罪处罚。

罪的区分问题。西方国家有德国、法国和意大利的立法模式可以借鉴。法国刑法采用重罪、轻罪和违警罪的犯罪分类方法，意大利也类似，也是分为重罪、轻罪和违警罪，德国刑法则采用重罪与轻罪的立法模式。

我国刑法增设的罪名多以轻罪(多为3年以下有期徒刑的犯罪)或者微罪(多为法定刑为1年以下的犯罪)为主，在今后的刑事立法进程中，仍应坚持轻微罪为主的立法模式，并在我国刑法体系中引入犯罪分层的思路。因为犯罪的层级不同，主观要件、未遂犯的成立范围以及刑法适用范围、时效制度、保安处分措施和刑法制裁措施等，均有所不同。①

综上所述，我国刑法立法增设新罪应当有限度，立法者应当遵守比例原则，在法益保护和注重公民个人自由之间取得平衡。如果新罪设置过多，导致罪刑扩张，便意味着国家刑罚权的膨胀，继而还会发展成公民个人权利的限制与压缩，形成对公民自由和权利的侵害。

**二、既有罪名立法扩张的限定条件**

我国刑法立法的扩张，除了新增犯罪以外，还包括对既有罪名适用范围的扩大。选择犯罪化的目的，是通过严密法网来强化公民的规范意识，而不是用严厉的刑法来处罚犯罪。② 同时，对于既有罪名而言，也应当尽量不提高处罚幅度。例如，我国刑法立法修改采用降低犯罪门槛、扩大犯罪对象、增加行为方式等对既有罪名进行立法的扩张，例如我国《刑法修正案(九)》对于收买被拐卖的妇女、儿童罪的修改，将《刑法》第241条第6款修改为“收买被拐卖的妇女、儿童，对被买儿童没有虐待行为，不阻碍对其进行解救的，可以从轻处罚；按照被拐卖妇女的意愿，不阻碍其返回原居住地的，可以从轻或者减轻处罚”，删掉了“可以不追究刑事责任”的规定。这样修改的目的在于严厉打击拐卖妇女、儿童的买方市场，对收买被拐卖妇女、儿童的行为一律定罪处罚。虽然该罪不是新增设的罪名，只是将既有罪名扩大了处罚范围，增加了处罚幅度，但也是我国刑法立法扩张的表现。

我国刑法对于收买被拐卖妇女、儿童罪的修改体现了我国严厉打击买卖

---

① 参见陈兴良：《本体刑法学》，中国人民大学出版社2011年版，第134页。

② 参见冯军：《犯罪化的思考》，载《法学研究》2008年第3期。

人口的犯罪行为,对于既有罪名由轻改重的刑事立法,在一段时间内尽管有立竿见影的刑罚处罚效果,但是也可能带来负面效果。以上述收买被拐卖的妇女、儿童罪为例,对于收买人而言,如果没有网开一面的刑法规定,犯罪人可能产生鱼死网破的念头,带着被拐卖妇女或者儿童四处隐匿,或者拘禁、殴打被拐卖的妇女、儿童,不善待被害人,从而更不利于对被害妇女、儿童的解救和保护。因而,在未来的刑法立法过程中,对于既有罪名处罚范围的修改,并非越严厉越好,与犯罪化相匹配的是既有罪名的刑罚轻缓化或者刑罚规定的由重改轻。如果是由轻改重,则需要立法机关慎之又慎,防止刑罚权的滥用,造成过度侵害法益的风险。

### 三、刑法提前介入的限定条件

传统刑法理论认为,预防犯罪并非国家惩罚犯罪所追求的直接目的,而是惩罚的伴随结果,刑法的预防机能是消极的。伴随危险犯的大量出现,刑法的预防机能逐渐被重视。在德国,刑法的提前介入是国家为应对恐怖主义、有组织犯罪、经济犯罪、计算机犯罪和其他形式的复杂犯罪而出现的新举措。[①] 美国学者胡萨克面对刑法的急剧扩张问题,提出对犯罪化外部限制和内部限定的双重措施。[②]

我国有学者提出对于刑法提前介入的双重限制措施。具体分析如下:

首先,就宪法层面而言,虽然在我国通过正式的宪法机制难以直接实现对于刑法提前介入的有效限制,但是可以在理论上尝试提出各种限制措施。[③] 其一,刑法的提前介入首先应当明确的是危险预防的宪法定位。申言之,国家只有在面对特定法益侵害危险时才能例外地采取提前介入的立法技术。其二,刑法提前介入社会治理时,应当遵循比例原则。比例原则被称为"帝王法则",

---

① 参见[德]乌尔里希·齐白:《全球风险社会与信息社会中的刑法:二十一世纪刑法模式的转换》,周遵友、江溯等译,中国法制出版社2012年版,第4页。

② See Douglas Husak, *Overcriminalization: the Limits of the Criminal Law*, Oxford University Press, 2008, p. 55 – 120.

③ 参见何荣功:《预防刑法的扩张及其限度》,载《法学研究》2017年第4期。

包括三个原则:妥当性原则、必要性原则以及相称性原则。[①] 刑法秉持谦抑性原则就是尊重比例原则的根本要求。基于比例原则及刑法的谦抑性原则,国家在社会治理层面应当优先考虑适用非刑罚措施,即便国家有必要整体上采取预防性措施,但相对其他制裁措施而言,例如民事制裁或者行政性预防措施,预防性的刑罚措施还是应当作为最后手段适用。

其次,就刑法层面而言,应当以法益侵害危险作为刑法提前介入的限度条件。即便是在风险社会中刑法的根本任务也仍然是保护法益,因而刑法提前介入的正当性也必须围绕法益保护展开。具体来说,就是要确立法益侵害危险作为法益保护的限度条件。笔者较为赞同何荣功教授的观点,应从以下几个方面明确刑法提前介入的限度条件:其一,刑法立法应当区分法益侵害的危险行为和风险行为。刑法提前介入只能针对造成法益侵害危险的行为,而非风险行为。所谓法益侵害危险行为,具体是指行为具有造成法益侵害的确定性,只是侵害结果尚未现实发生。其二,应当具有重大的危险要件。正如学者所言,"事实上,几乎所有的人类行为都会制造不同层次的危险,刑法如果要预防所有的危险,那么几乎人类的一切活动都会面临刑事制裁的威胁。因此,除非惩罚某种行为是为了降低重大危险,否则犯罪化理论应排除预防危险"。[②] 刑法中的重大危险,不仅应包括涉及内容的重大性,还要考虑涉及领域的重大性。例如恐怖主义犯罪对公共安全造成的重大威胁,食品药品类犯罪对于民众生命健康造成的重大威胁,还有信息网络时代网络犯罪对于全体被害人造成的重大损失或者严重威胁等。其三,应当注重刑法提前介入的有效性,避免伤及无辜。刑法提前介入是为了防止造成法益侵害危险,预防造成法益实害结果。如果刑法提前介入并不能有效预防重大法益侵害危险,则会失之偏颇,刑法相关条款就会失效,从而欠缺正当性而引起质疑。因此,刑法提前介入必须讲求其有效性,真正能够做到有效预防重大法益侵害危险,从而预防犯罪,

---

① 参见[德]哈特穆特·毛雷尔:《行政法学总论》,高家伟译,法律出版社2000年版,第238~239页。

② See Douglas Husak, *Overcriminalization: the Limits of the Criminal Law*, Oxford University Press, 2008, p. 161.

避免实害结果发生。因而,要防止出现刑法过度化、刑法万能主义的倾向,强调法益侵害危险有效预防,才能真正发挥刑法提前介入的功能,也更容易迎合现代政治和民意的要求。

## 第三节 刑法立法适度扩张的具体路径

### 一、应当适度扩大犯罪圈

#### (一)刑法立法扩张的发展趋势不容忽视

1997年我国《刑法》颁布以来(截至2023年3月),刑法已经修改了12次,平均2年修改1次。迄今为止我国共颁布一个单行刑法和11个刑法修正案,罪名增至483个。犯罪圈不断扩张,犯罪门槛持续降低,刑法立法扩张趋势在我国已经不可避免。

对于我国刑法立法日益扩张的现实,刑法学界呈现立场截然对立的两派观点:肯定论者以周光权、付立庆教授为代表,提倡积极刑法立法观。① 不得不说,学界中对于刑法立法扩张持否定论者居多,而且各自立场也不尽相同。如前所述,刘宪权教授提出应当警惕"情绪性刑事立法"②,何荣功教授主张坚守刑法的根本使命即保护公民,刑法过度回应刑事政策就会带来"过度刑法化"的忧虑,影响刑法权威。③

积极刑法立法观源自功能主义刑法,主张以刑法控制风险,以犯罪化为主线,积极回应社会关切,将严重侵害法益的行为纳入刑法规制范围。刑事立法的科学化问题应当回应社会需求,并且应当符合社会发展规律,这也是古典刑法观应当完善或改进的理由。刑法谦抑性原则建立在除了刑法以外其他部门

---

① 参见周光权:《积极刑法立法观在中国的确立》,载《法学研究》2016年第4期;周光权:《转型时期刑法立法的思路与方法》,载《中国社会科学》2016年第3期;付立庆:《论积极主义刑法观》,载《政法论坛》2019年第1期。

② 刘宪权:《刑事立法应力戒情绪——以〈刑法修正案(九)〉为视角》,载《法学评论》2016年第1期。

③ 参见何荣功:《社会治理"过度刑法化"的法哲学批判》,载《中外法学》2015年第2期。

法可以规范运行的假设前提之下，然而复杂社会难以实现民事制裁、行政处罚的全面规范有效运行，且并非所有侵害法益的行为运用民事、行政处罚手段即可达到惩罚目的，有些情况确实需要运用刑罚制裁手段才能有效规制，这是目前政治家与民众都高度认同的刑法治理模式。申言之，立法建构论与立法批判论的博弈实质是犯罪化与非犯罪化、重刑化与轻刑化问题。积极刑法立法观以立法建构论为基础，提倡刑法主动调整社会关系，顺应社会情势的变化，及时增设新的罪名来调整社会关系。不过积极刑法立法观如果过度发展不加限制，则会导致刑法万能主义或刑法工具主义，与刑法设立的初衷相悖。① 与之相对立的是立法批判论，主张刑法的谦抑性，不赞同犯罪圈的快速扩张，认为刑法立法应当谨慎，强调刑法是社会防卫的最后一道防线，认为应当明确划分刑法与民法、行政法的界限。

笔者认为，就积极刑法立法观与刑法谦抑性原则而言，无论是以立法建构论抑或以立法批判论为基础，刑事立法权的归属、刑事立法权与行政权的界限划分是积极立法与刑法谦抑性原则讨论的关键点，兼顾刑法的社会防卫与人权保障机能。在当前风险社会的背景下，不可能继续秉承古典刑法观的理念，而是应当顺势而为，使刑法立法既能及时回应社会需求，也能保持社会防卫法的防线。这就需要以司法限制立法，以司法维护立法权威。②

（二）以比例原则限制刑事立法的扩张

随着社会结构的变化、民意的兴起与立法博弈模式的出现，刑法工具主义的内涵逐步从实用主义向政策主义转化。③ 当前我国刑法立法空前活跃，迄今为止尚未形成一种定式，仍然是“想立就立”，不免显得有些急迫和随意，因此有刑法学者批判终身监禁等立法举措为情绪性立法。④

---

① 参见刘霜：《终身监禁制度的司法限缩及其路径——以2015—2020年已决案例为样本的分析》，载《法学》2020年第12期。

② 参见刘霜：《终身监禁制度的司法限缩及其路径——以2015—2020年已决案例为样本的分析》》，载《法学》2020年第12期。

③ 参见魏昌东：《新刑法工具主义批判与矫正》，载《法学》2016年第2期。

④ 参见刘宪权：《刑事立法应力戒情绪——以〈刑法修正案（九）〉为视角》，载《法学评论》2016年第1期。

笔者认为,为了防止刑法立法的过度扩张,克制积极立法的先天不足,应当遵从比例原则,以比例原则限制我国刑法立法的扩张。比例原则被称为“帝王法则”,包括3个原则:(1)妥当性,即所采取的措施可以实现所追求的目的;(2)必要性,即除采取的措施之外,没有其他给关系人或公众造成更少损害的适当措施;(3)相称性,即采取的必要措施与其追求的结果之间并非不成比例。[①] 有学者认为,将行政法的比例原则作为判定刑事立法是否合理的依据,具体判断可以分为5个步骤:目的是否具有合理性?达到合理目的的有效手段只是刑罚还是有其他手段?是否存在替代刑罚的手段?刑罚保护了法益的同时可能造成的损害有哪些?应当规定何种刑罚规制相应的犯罪行为?[②] 还有学者甚至认为,“比例原则比刑法的基本原则具有更高效力”。[③]

笔者认为,比例原则是否比刑法基本原则具有更高的法律效力有待商榷,需要进行深入论证方可得出结论。但是可以肯定的是,比例原则在刑法立法时可以作为重要的考量标准。原因在于,比例原则是通过目的与手段之间的合目的性来调控刑罚处罚范围的,将应由刑罚处罚的行为纳入刑法调整范畴,将可由行政处罚或民事处罚的行为排除在刑法之外,以此来保障人权,实现比例原则妥当性、必要性和相称性的要求,并使刑罚处罚达到合理性目的,实现法益保护的根本要求。

就刑法立法扩张的限制路径方面,笔者认为,可以具体采用以下几个步骤:

其一,合理性判断。由刑法立法者确认该制度入刑是否具有合理性,如果用其他手段可以控制或达到惩治效果,则该制度不必纳入刑法规制范畴。虽然合理性判断具有一定的抽象性,但是可以用刑法最后手段性的特征加以判断,刑法只有在迫不得已的情况下且是在其他制裁手段难以达到效果的情况下才适用。

其二,必要性判断。必要性原则要求有助于正当目的实现的手段具有必要性,对当事人造成的损害最小。如果有多种手段存在,应选择更温和的手

---

① 参见[德]哈特穆特·毛雷尔:《行政法学总论》,高家伟译,法律出版社2000年版,第238～239页。

② 参见张明楷:《法益保护与比例原则》,载《中国社会科学》2017年第7期。

③ 参见姜涛:《追寻理性的罪刑模式:把比例原则植入刑法理论》,载《法律科学》2013年第1期。

段。因而,必要性原则也称为最小损害原则。[①] 因而,必要性判断用来判定刑罚处罚是否为社会防卫的最后手段,是否存在刑罚替代措施,是否运用其他手段可以达到刑罚惩治效果,如果有,则不可归入刑罚处罚范围。必要性判断是为了避免给当事人造成较大损害。

其三,相称性判断。相称性判断是指刑事立法者在增设新罪、增加刑法条款时应当比较刑罚处罚后果与侵害法益行为所造成的后果之间是否实现平衡,罪与责是否相适应,即是否符合罪刑相适应原则,是否实现罚当其罪,所处刑罚的程度是否能够实现犯罪预防的目的。[②] 由此可见,相称性判断应当符合比例原则中的均衡性原则,即狭义的比例原则,它要求手段所造成的损害同其所增进的公共利益成比例。[③] 因而,笔者认为,应以比例原则作为判定刑法立法界限的基本标准,在人权保障与社会防卫等方面做出理性抉择,以调和立法建构论与立法批判论之间的矛盾冲突,寻求理性立法与严格司法的平衡。[④]

(三)以司法限缩来限制刑事立法的过度扩张

对于我国刑法立法不断扩张的现实趋势,笔者认为,与其一味否定立法,不如在承认立法扩张现实的情况下,在司法层面考虑如何适用才能实现罪刑相适应,如何在坚持刑法谦抑性原则的基础上做好其他部门法特别是行政执法的衔接,如何健全刑罚配套措施以实现司法限缩,充分发挥刑法"惩罚犯罪、保障人权"的根本任务。

刑罚轻缓化的世界潮流影响了我国刑法体系修改完善的理念。当前我国刑罚体系仍然是以自由刑为中心,采用重刑化模式,在刑罚配置上采用自由刑,尤其是有期徒刑或者管制、拘役等短期监禁刑。财产刑和资格刑作为附加刑,很少有独立适用的情况。但随着刑法立法的不断扩张,大量轻罪入刑,犯罪门槛日益降低,单纯采用重刑化的刑罚方法既与我国犯罪体系不匹配,也不

---

① 参见刘权:《比例原则》,清华大学出版社 2022 年版,第 118 页。

② 参见刘霜:《终身监禁制度的司法限缩及其路径——以 2015—2020 年已决案例为样本的分析》,载《法学》2020 年第 12 期。

③ 参见刘权:《比例原则》,清华大学出版社 2022 年版,第 160 页。

④ 参见刘霜:《终身监禁制度的司法限缩及其路径——以 2015—2020 年已决案例为样本的分析》,载《法学》2020 年第 12 期。

符合罪责刑相适应原则。

刑法立法的适度扩张并不必然导致重刑化。为实现社会公平正义，应当针对不同犯罪行为采用不同刑罚，社会危害轻、人身危害性低可以适用较轻的刑罚或者直接适用罚金刑或者短期限制自由刑；相反则根据罪责刑相适应原则，重罪重罚。再者，刑罚规定和适用也须坚持法益对等原则，虽不同于“以眼还眼，以牙还牙”的早期立法，但也是通过法益相当以更好实现刑法的惩罚性，例如对于贪利性犯罪，如果社会危害程度不高，则可以单独适用罚金刑。

刑法立法扩张与刑罚轻缓化并不矛盾，反而对于轻罪而言是一种合理组合。例如《刑法》第280条之一规定的“使用虚假身份证件、盗用身份证件罪”，该罪的刑罚规定相对轻缓灵活。[①] 虽然该条规定了短期自由刑，但也同时规定了可以单处罚金，即独立适用罚金刑，体现了我国刑法对刑罚手段的多样化运用。刑法对于刑罚方式的灵活规定，也是因应刑法立法扩张的要求及大量轻罪入刑的趋势。

我国刑罚适用方面应当注重多样化与社会化，不断完善和优化刑罚体系。应当逐步取消和废除经济性非暴力犯罪的死刑，限制自由刑的适用，扩大罚金刑的适用范围，某些轻罪可以考虑单独适用罚金，扩大短期自由刑或限制自由刑的适用范围，优化刑罚体系。此外，我国《刑法修正案（八）》将社区矫正制度正式规定进我国的刑罚体系。该制度作为一种非监禁刑的刑罚执行方式，在有利于犯罪人改造，促进犯罪人回归社会等方面具有进步意义。然而，也有学者提出，“我国现行刑事法所规定的社区矫正制度，在立法上存在某些权益把握上的失衡；施行环节也时处左右为难的窘境”[②]。为了促进社区矫正制度的贯彻落实，我国于2019年通过《社区矫正法》，对实施社区矫正的机构、人员和职责，监督管理，法律责任等进行全面规定。需要指出的是，社会矫正制度作为非监禁刑的刑罚执行措施，应当与管制、宣告缓刑、裁定假释、暂予监外执行

---

① 《刑法》第280条之一　【使用虚假身份证件、盗用身份证件罪】在依照国家规定应当提供身份证明的活动中，使用伪造、变造的或者盗用他人的居民身份证、护照、社会保障卡、驾驶证等依法可以用于证明身份的证件，情节严重的，处拘役或者管制，并处或者单处罚金。有前款行为，同时构成其他犯罪的，依照处罚较重的规定定罪处罚。

② 屈学武：《中国社区矫正制度设计及其践行思考》，载《中国刑事法杂志》2013年第10期。

等刑罚执行措施有效衔接,才能更好地促进犯罪人回归社会,防止其再次犯罪。

我国刑罚结构的优化与完善调整并非一蹴而就,应当随着刑事立法的扩张逐步完善,罪刑结构同时优化,方能实现刑法功能的最优发挥。具体而言:其一,刑事立法应当理性,适度回应公众的情绪化意愿,但不可过度迎合。刑事立法不能改变刑法社会防卫法的性质,应当严格遵守刑罚的谦抑性。其二,过度刑法化固然不可取,但是风险社会引发的潜在风险也不容忽视。刑法处罚前置化、法益保护抽象化以及重罚化现象就是例证,这些新的立法现象有着现实背景和实践基础,与积极刑法立法观相契合,也是我国犯罪圈进一步扩大,刑事立法逐渐扩张的显著表现。其三,刑事立法也应当与时俱进,顺势而为,有所为有所不为。在大数据、全球化、信息化的时代背景下,恐怖活动犯罪、网络犯罪等新型犯罪的特性迫使刑法及时作出回应,不能沉溺于传统刑法观以致刑法滞后性严重。[①]

不可否认,某些刑法提前介入或者法益保护抽象化等条款,司法适用率并不高,以至于有些学者认为这些刑法条款属于威慑性立法或宣示性立法,甚至认为这些条款已经沦为单纯的国家安抚社会公众情绪的政策工具。[②] 笔者认为,此种说法失之偏颇。某些条款司法适用率不高,并非就是刑法工具主义的体现。刑法条款的适用率高低与否,并不是判定该条款是否政策工具的依据。刑法条款适用率的高低取决于该条款规定罪名的本质特征,取决于社会情势的变化,取决于犯罪发生的原因与条件等多种因素。某些刑法条款在一般条件下确实适用率不高,但是需要预见性立法,例如《刑法》第332条规定的妨害国境卫生检疫罪,[③]以往该罪名适用概率非常小,然而在新冠疫情期间,该罪名

---

① 参见刘霜:《终身监禁制度的司法限缩及其路径——以2015—2020年已决案例为样本的分析》,载《法学》2020年第12期。

② 参见魏昌东:《新刑法工具主义批判与矫正》,载《法学》2016年第2期。

③ 根据《刑法》第332条规定,妨害国境卫生检疫罪指违反国境卫生检疫规定,引起检疫传染病传播或者有传播严重危险的行为。本罪侵犯的客体是国家对国境卫生检疫的正常管理活动。违反国境卫生检疫规定,是指入境、出境时采取逃避、蒙混或者其他手段,不接受国境卫生检疫机关对人身或者物品的医学检查、卫生检查和必要的卫生处理,以及其他违反应当接受国境卫生检疫义务的行为。

对于输入型新冠肺炎传染案例发挥着非常重要的惩治功能。① 可见,刑法条款适用率的高低并不能作为判定该条款是否合理的依据,更不能简单认为适用率低的刑法条款就是政策宣誓工具或宣泄性立法。刑法条款的价值在于是否能够及时惩治已然实施侵害法益的犯罪分子,能否有效威慑潜在的犯罪分子,尤其是预防性刑法条款。②

笔者认为,在现代社会风险日益严重的今天,刑法应该积极做出应对,适度扩大犯罪圈,以严密刑事法网。具体理由如下:

其一,我国社会抑制犯罪的客观需要是确定犯罪圈大小的决定性因素,当然也有其他许多客观因素,但预防和惩治犯罪是决定性因素这点毋庸置疑。我国正在经历社会转型期,社会矛盾的加剧、多种新型犯罪的出现引发了严重的社会问题,客观的社会形势决定了在今后较长一段时间内犯罪化将成为我国刑事立法的趋势。

其二,风险社会中由风险引发的后果往往是巨大的,严重威胁了社会的安定,因此,为了预防严重后果的出现,适度地扩大犯罪圈也是不得已而为之。同时,从积极的一般预防角度出发,刑法的早期介入对潜在的犯罪人来说不再以报应为主,而是通过积极的一般预防将违法行为扼杀在摇篮里,同时也能起到规范人们行为的作用。当然,将没有必要予以犯罪化处理的行为纳入刑法的调控范围会侵犯公民的自由,会造成过度侵害法益的风险。同时,重刑主义立场以及打击犯罪的目的不是恣意扩大犯罪圈的理由,如果不加限制,最终会破坏刑法的人权保障机能。

其三,适度地扩大犯罪圈能够在其他前置法不能有效规制的时候,使刑法适时介入加以惩治。在司法实践中,由于种种原因,出现刑事司法与行政执法两者不能有效衔接的问题,刑法与行政法界限不明,无法应对当前社会中的风险,出现了本应用刑法规制相关犯罪行为的时候却运用相关行政法来处理的

① 2020年3月15日最高人民法院、最高人民检察院、公安部、司法部、海关总署联合发布《关于进一步加强国境卫生检疫工作 依法惩治妨害国境卫生检疫违法犯罪的意见》。

② 参见刘霜:《终身监禁制度的司法限缩及其路径——以2015—2020年已决案例为样本的分析》,载《法学》2020年第12期。

问题,需要完善相关制度进行解决。正如刘仁文教授所言,“刑法既不能过早介入即越过民法、行政法等部门法提前干涉生活中出现的违法行为,也不能缺位即刑法保障被民法、行政法等部门法需要时刑法不能及时到位”。因此,适度扩大犯罪圈符合我国治理社会的现实需要。

**二、刑法立法应当具有前瞻性**

在风险社会当中,由于风险的不可预测性和风险类型的多样化,注定了刑法应对客观社会变化会有一定的滞后性,所以为了应对法律制定落后于社会现实的需要,刑法应该进行前瞻性立法。立法者应对风险社会中的一些危害公共安全犯罪、高科技犯罪、环境犯罪等的时候,应当进行审慎地科学预测,在罪名的创设上,不仅要把当前应当处罚的行为入罪,还要把未来可能发生且具有一定风险的行为入罪,并且在科学测定刑法介入后司法所能承受的基础之上制定刑法规范。唯有如此,才能避免立法与司法实践越来越远的不良后果。①

笔者认为,从目前的社会形势来看,我国的刑法立法主要针对危害公共安全犯罪、严重的暴力型犯罪和高科技犯罪领域进行刑法的立法扩张性规定,例如,恐怖活动犯罪、侵犯公民信息类犯罪、生物安全领域的犯罪等。立法者应当在科学评估其社会危害性的基础之上,有针对性地设置一些具有前瞻性的罪名。但是,前瞻性刑法立法应该有所限定:其一,前瞻性立法对象必须是具有严重社会危害性的行为或者是对社会公共安全具有重大威胁的侵害行为。其二,某种具有严重社会危害性的行为如果要上升到法律层面,必须要经过全体社会成员的普遍认可,也就是前文所提到的造成普遍民众的普遍恐惧。其三,该行为必须具有典型性。之所以有典型性行为的限定,原因在于如果行为不具有典型性,仅仅具有突发性或者不可重复性,那刑法对于此类行为就没有必要规定。刑法毕竟属于社会防卫法性质,刑法的机能在于法益保护和人权保障,因此对于不典型、不具有普适性的行为不应纳入刑法规制范畴。其四,危险行为入罪与否还要考虑到社会的发展状况,应当与当时的社会情势相符

① 参见赵秉志主编:《刑法基础理论探索》,法律出版社2003年版,第39页。

合。例如虚报注册资本罪,2013年《公司法》修改①,取消了对于公司注册资本最低限额的限定,股东缴纳出资后无须再验资,公司营业执照不再登记实收资本。根据《刑法》第158条的规定,虚报注册资本罪②是指采取欺骗手段实现注册公司目的。《公司法》修改后,一般普通公司登记不再要求实收资本、不需要注册资本验资,没有最低出资限额要求,也没有出资期限。因此,对于没有法律法规及国务院决定对注册资本有特别要求的规定,原则上不会存在虚报注册资本的行为,也不会再构成虚报注册资本罪。其五,前瞻性的立法也要与刑法的稳定性相协调,避免出现刑法在短时间内频繁更迭的现象,以此维护刑法的稳定性和权威性。

此外,前瞻性立法也应当注意适用中的司法地方化现象。刑事司法的地方化,是指司法机关及其工作人员在正常的刑事司法活动中,由于地方行政机关的不当干预,致使司法机关丧失其在刑事司法活动中的独立性,不能正常行使司法权的一种不当现象。③ 如前所述,前瞻性立法是将未来可能发生且具有一定风险的行为入罪化的立法手段,具有一定的抽象性和概括性,因而在适用中法官具有较大的自由裁量权。实践中,存在地方政府基于对地方利益的考虑不当干涉司法机关及其工作人员的正常司法行为,导致审判不公正、不合理,甚至不合法的现象。

前瞻性立法是对风险社会刑法滞后性的积极应对,因此应当采取措施避免刑事司法的地缘化以保障前瞻性立法的作用发挥。长期以来,我国传统的观念中人际关系的理念深入人心,因此,国家要加大宣传力度,加强司法机关、行政机关乃至民众对于依法独立行使司法职权意识的认知,使司法机关和行政机关将依法独立行使司法职权内化到潜意识中,同时,对民众也要做好宣传

---

① 2013年12月28日,全国人大常委会通过了对《公司法》共12条的修改决定,修改后的《公司法》自2014年3月1日起施行。

② 《刑法》第158条 【虚报注册资本罪】申请公司登记使用虚假证明文件或者采取其他欺诈手段虚报注册资本,欺骗公司登记主管部门,取得公司登记,虚报注册资本数额巨大、后果严重或者有其他严重情节的,处三年以下有期徒刑或者拘役,并处或者单处虚报注册资本金额百分之一以上百分之五以下罚金。单位犯前款罪的,对单位判处罚金,并对其直接负责的主管人员和其他直接责任人员,处三年以下有期徒刑或者拘役。

③ 参见常明、张昌辉:《司法地方化透析》,载《理论观察》2006年第5期。

教育工作，从根本上杜绝这种现象的发生。

## 三、应当警惕情绪性立法

### （一）警惕情绪性立法

情绪性立法的提法，尤其是刑事领域中的情绪性立法，由刘宪权教授首先提出。他认为，"刑事领域中的情绪性立法应是指立法机关在刑事法律修正的过程中，因受一定规模的情绪化民意或舆论的影响，而非理性、妥协性地增设、修改或删除刑事法律条文的行为"①。刘宪权教授的这篇文章《刑事立法应力戒情绪——以〈刑法修正案（九）〉为视角》截至2023年3月14日下载数量已经达到6894次，引用数量达到431次。该文一出，即引起刑法学界的强烈反响。诸多刑法学者认为，我国刑事立法的频繁更迭已经超出了刑法谦抑性所能制约的范围，而且有些行为纳入刑法调整范畴体现出立法者确实可能带有民众的部分情绪，即使当时立法时机并不成熟，也规定该行为入刑，以至于该类犯罪行为在实践中司法适用率并不是很高。以组织残疾人、儿童乞讨罪②为例，依照王文华教授的观点，该条款其实是被虚置的。司法实践中，《刑法修正案（六）》增加的组织儿童乞讨罪适用偏少，也就是说该罪名在实践中一定程度上被"虚置"了。为了有效保护儿童的合法权益，需要对该罪的情节作出详细规定，以便司法把握。③

大数据时代，随着自媒体的迅猛发展，民众意见通过各种渠道广泛传播。一旦出现社会热点案件，民众就会积极介入，参与立法，献言献策。一方面，民众积极参与立法是好事。如果民众对立法的参与度大大提高，立法的民主性会得到鲜明体现，刑法的公众认同度也会有所提升。但另一方面，如果民众过度参与立法或者干预立法，也可能导致民意审判、舆情审判，从而影响司法独

---

① 刘宪权：《刑事立法应力戒情绪——以〈刑法修正案（九）〉为视角》，载《法学评论》2016年第1期。

② 《刑法》第262条之一　【组织残疾人、儿童乞讨罪】以暴力、胁迫手段组织残疾人或者不满十四周岁的未成年人乞讨的，处三年以下有期徒刑或者拘役，并处罚金；情节严重的，处三年以上七年以下有期徒刑，并处罚金。

③ 参见孟亚旭：《最高法：已着手调研组织儿童乞讨的定罪标准》，载北青网2017年6月1日，https://baijiahao.baidu.com/s?id=1569006498338569&wfr=spider&for=pc。

立,干扰法官正常办理案件。日常生活中,一般民众可能并不关注刑法究竟如何规定,更不会严谨考虑行为是否应当入刑,判处多少刑罚合适,而只是凭借朴素的道德情感来判断案件的判决是否合情合理。有些情况下,一些不良媒体为了吸引眼球,片面夸大事实,引导舆论,可能会使某些案件偏离法治轨道。正如学者所言,预防刑法比传统刑法更能彰显国家在政治姿态上重视对犯罪的治理,这样的重视更符合现代政治发展的民主性需要和对人民意愿的迎合。在这个意义的驱使下,预防刑法俨然已经成为象征性立法,背离其初心,反而不能满足政策发展的需要。因此,设置预防刑法条款必须能够有效预防法益侵害危险,防止刑事立法变为统治阶级代表实现政治目的的工具,切实保护国民心理安全,防止国家立法成为寻求国民政治支持的手段。① 因此,判定某种行为是否应当入刑,应当结合当时社会的发展情势,结合该行为的社会危害性及其程度,具体考量该行为仅为偶发行为还是频发行为,刑罚处罚手段是否能够达到有效社会治理的程度等,都需要认真考虑,谨慎入刑。正如刘宪权教授所言,"要实现良法善治,仅'有法可依'还远远不够,更重要的是'有良法可依'。而欲要实现'有良法可依',功夫就应下在提高法律修正的质量上"。② 由此可见,刑法立法应当注重扩张限度,保持独立性和稳定性,警惕情绪性立法,避免刑法过度参与社会治理,提高刑事立法的科学性和合理性。

(二)防止过度的道德性立法

当今社会,诚信犯罪越发严重,日益猖獗。刑法为应对社会关切,对于虚假诉讼、考试作弊等各类诚信犯罪进行了规定。这类犯罪原本不属于刑法调整范畴,但近年来该类行为却频繁入刑,体现出刑法与道德的界限逐渐模糊。而且,社会上出现对于"老人摔倒扶不扶"的争论,体现出社会道德标准的退化。刑法是否应当强势介入,刑法是否应当设立见危不救罪等,都是社会道德恐慌的反应。刑法与道德准则在社会治理层面都发挥着重要作用。刑法与道

① 参见王良顺:《预防刑法的合理性及限度》,载《法商研究》2019 年第 6 期。

② 参见刘宪权:《刑事立法应力戒情绪——以〈刑法修正案(九)〉为视角》,载《法学评论》2016 年第 1 期。

德规范之间也存在明确的界限。现如今,道德标准日益退化,“当前中国社会正面临着各方面的道德恐慌,在某种意义上说,过剩犯罪化是道德恐慌的一种社会反应”①。道德缺失带来的风险可能会影响到每个人,尤其是对于严重违反道德准则,且与社会主流道德严重背道而驰的行为,如果不及时惩治,就会造成非常恶劣的后果,也会造成民众焦虑乃至道德恐慌。规避这种风险,需要法律加以规制和约束。但由于刑法是惩罚措施最为严厉的法律,因而将道德缺失行为纳入刑法调整范畴应当更加审慎。

笔者认为,刑法的谦抑性原则和迫不得已原则仍然应当遵循,对于道德缺失行为,如果采取民法或者治安管理处罚的方法可以规制,就不必将其犯罪化。唯有那些社会影响恶劣,采取其他法律规制手段难以达到有效惩治效果的,才应当犯罪化,纳入刑法的调整范畴。

在风险社会大数据时代,刑法对于道德缺失行为的干涉可能存在过度侵犯公民合法权益的风险,因此笔者反对过度的道德性刑事立法。概括起来,道德缺失行为的犯罪化,应当遵循如下条件:其一,这种道德缺失行为不仅对特定公民的合法权益造成侵害,而且对社会秩序也有所侵犯。正所谓这种道德缺失行为会造成一定的社会恐慌或者民众的普遍恐惧。其二,这种行为必须外化为真实的行为,且是具有严重社会危害性或者人身危险性的行为,如果对于社会秩序造成侵害或者威胁,就应当纳入刑法调整范畴。

刑法立法应当坚持严谨审慎的理念。周光权教授是积极刑法立法观的代表性人物。他提出,随着刑法立法观的转型,刑法立法从相对保守、消极转向功能性、积极性已经是一个不得不承认的事实。问题的关键并不在于是否允许国家积极立法,而在于在此过程中如何对刑法的谦抑性、法益概念、刑罚目的、刑事实体法与程序法的关系等作出符合时代精神的理解,以及在未来刑法立法积极推进的同时,如何确保刑事法治的众多铁则不被蚕食。② 鉴于积极刑法立法观在我国刑事立法的导向意义日益加重,随着刑事立法观的转型,刑事立法向积极刑法立法观转变,这个事实不容置疑也势不可当。积极刑法立法

① 汪明亮:《过剩犯罪化的道德恐慌视角分析》,载《法治研究》2014 年第 9 期。
② 参见周光权:《积极刑法立法观在中国的确立》,载《法学研究》2016 年第 4 期。

观与刑法的谦抑性并不矛盾,在司法实践中应当坚守刑法谦抑性原则,坚持刑法社会防卫法的特性,坚持刑法的迫不得已原则,以防止社会治理的过度刑法化。[①]

## 四、应当避免刑法过度政策化

刑法应当避免被社会政策过度影响,以至于出现刑法过度政策化的情形。刑法应当以更为独立的姿态参与社会治理。如前所述,就刑法与刑事政策的关系而言,两者既有紧密联系,也有显著区别。刑事政策最重要的核心和亮点是刑法。[②] 现代社会,刑法与刑事政策虽已泾渭分明,但两者之间还是存在联系的。何荣功教授认为,"刑法必须在合理限度内回应刑事政策"[③]。当刑法过度回应刑事政策造成超越自身的限度时,就会造成刑法过度调整其所保护权利的范围。

刑事古典学派的学者认为,由于刑罚本质上是对犯罪的惩治或机械反动,因此刑事政策作为社会政策的延伸物与刑法理论及体系的联系并不密切。不过现在这种观点已被普罗大众所驳斥。在理解犯罪与刑罚的关系方面,刑事古典学派过于机械,过于简单地理解两者之间的关系。近代刑法学派并不认为刑罚是对犯罪的机械反动,反而强调"犯罪—刑事政策—刑法"的互动,重视刑法的预防功能,将刑事政策带入刑法体系。因而,近代刑法学派的观点较之古典学派有所进步,催生刑法与刑事政策的"二重奏",但却使诸多刑法学者担心刑法是否会过度政策化。

刑法与刑事政策是密切联系的,二者之间实为刑法与政治的关系以及刑法的自主性和限度问题。法律本身就代表国家以风险管控的方式实现维护社会秩序和人民安全的目的,通过惩罚手段安抚民众,实现政治需要,是一种由

---

① 参见刘霜:《终身监禁制度的司法限缩及其路径——以2015—2020年已决案例为样本的分析》,载《法学》2020年第12期。

② 参见[法]米海依尔·戴尔玛斯·马蒂:《刑事政策的主要体系》,卢建平译,法律出版社2000年版,第1页。

③ 何荣功:《社会治理"过度刑法化"的法哲学批判》,载《中外法学》2015年第2期。

国家强制力保证实施的公共政策。① 必须承认的是,法律、政治与政策具有紧密联系,而刑法在诸多部门法中与政治或者政策具有更加密切的联系。刑法作为社会治理的重要部门法,应当及时回应社会关切,对于社会发生的热点案例及时惩处,否则刑法的权威性就会大打折扣。在现代法治国家,政治机关以制度化的法律形式影响社会生活的运作,但是必须严格贯彻理性主义,否则社会生活将会被权力控制而使得公民权益无法保障。

刑法与刑事政策的良好互动造成刑事政策刑法化和刑法刑事政策化的结果,但是从近代制度发展的经验来看,法律与政策的分离更有利于社会治理。我们必须先重视刑法回应刑事政策的途径和界限,再强调刑事政策与刑法共生互动的关系,避免刑法对刑事政策的过度回应和迎合。原因在于:

其一,法治在本质上是规则之治,没有政治约束的法治不是理性的法治。没有规则或者规则不能被遵守的法律不能成为维护社会秩序的法律制度,只是一种随意决断的非正式制度。②

其二,法律本身具有自主性。即使本质上由政治决定,罪刑法定这个刑法帝王法则的确立以及其所体现的刑法对法的安定性的维护也是刑法自主性最重要的体现。正如学者们反复强调的那样,没有刑法并不影响国家通过其他方式对犯罪进行打击和预防,因此刑法在社会治理方式中并不是必要的。实践中,社会治理适用刑法的原因在于惩罚犯罪和保证刑罚的正当性,申言之,国家制定刑法的目的在于遏制犯罪并限制国家刑罚权的滥用。

### 五、刑法立法自身的调整完善

#### (一)提高立法逻辑性

刑法立法扩张的积极意义在于,一方面严密刑事法网,使得罪刑法定原则得到更鲜明的体现,也有利于防止国家刑罚权的滥用。另一方面,刑法立法扩张应当注重立法的逻辑性。以《刑法》废除嫖宿幼女罪为例,嫖宿幼女罪立法初衷是要加强对未成年人的保护,但罪名中的"嫖宿"二字将幼女判定为卖淫

---

① 参见劳东燕:《风险社会中的刑法:社会转型与刑法理论的变迁》,北京大学出版社2015年版,第33页。

② 参见何荣功:《社会治理"过度刑法化"的法哲学批判》,载《中外法学》2015年第2期。

者……是对幼女的不尊重,同时也是对其名誉的损害,会给幼女及其家庭带来精神和心理压力,既不能有效打击性侵未成年人的犯罪,也会影响未成年人的健康成长。[①] 可见,我国《刑法》之所以废除该罪名,是为了防止对于幼女的污名化,加强对于未成年人性权利的保护。但是,也有学者提出反对意见,认为“废除嫖宿幼女罪违背了罪刑相适应原则,也欠缺正当性依据”。[②] 该罪在损害了幼女身心健康的同时又破坏了社会善良的性风俗。立法者没有将一般的卖淫嫖娼行为作为犯罪处理,而将嫖宿幼女行为入罪就充分考虑了这种行为在对象上的特殊性。普通的嫖娼行为只是行政违法行为,而嫖宿幼女则是刑事犯罪,其实已是对这种行为的从严惩处。刑法以奸淫幼女型强奸罪论处取代嫖宿幼女罪的规定没有正当性依据且违反了罪刑法定原则。有学者对此批判,认为嫖宿幼女罪废除,无论是在时间节点上,还是在内容上,均可能很大程度上是受到舆论或所谓“民意”影响所致,这无疑带有情绪性立法的色彩或痕迹。[③]

笔者认为,我国刑法立法扩张应当遵循基本逻辑,坚持科学立法、理性立法,兼顾刑法内部统一及逻辑平衡。由于我国传统刑法采取重罪立法模式,适用治安管理处罚、劳动教养和刑罚处罚方法三级制裁模式,这三级制裁模式根据违法行为社会危害性程度以及人身危险性的大小分层次给予处罚。劳教制度废除后,三级制裁机制转变为二级制裁机制,劳教对象分流,大量轻罪入刑。在此种特定背景下,刑事立法不仅应当考虑刑法内部的逻辑统一、罪名协调等,还应当考虑与其他部门法的衔接,注重法法衔接,划定犯罪行为与应受治安管理处罚行为的界限,避免社会治理的过度刑法化,防止刑法工具主义的泛滥,保障公民的合法权益,塑造安定的社会环境。

在刑事与行政处罚责任承担方面,也应当及时明确行刑交叉案件的界限。现实中经常出现违反行政法规的同时又触犯了刑法,于是产生了先承担行政

---

① 汪文涛:《孟晓驷委员:尽快废除“嫖宿幼女罪”并严惩性侵幼女犯罪》,载正义网,http://news.jcrb.com/jxsw/201403/t20140306_1340022.html。

② 参见刘宪权:《刑事立法应力戒情绪——以〈刑法修正案(九)〉为视角》,载《法学评论》2016年第1期。

③ 参见刘宪权:《刑事立法应力戒情绪——以〈刑法修正案(九)〉为视角》,载《法学评论》2016年第1期。

责任后承担刑事责任还是只需承担刑事责任的情况。以污染环境罪为例,《刑法修正案(八)》将原来的"重大环境污染事故罪"改为"污染环境罪"(现行《刑法》沿用此罪名)①,而《环境保护法》第59条②和第60条③规定,违法排污的单位可能会受到罚款或者环保部门限制生产、停业、关闭等措施。由此产生的问题就是,行政处罚与刑事处罚并存时,由于刑事司法与行政执法衔接不顺畅,执法部门往往对于那些严重污染环境的行为采取罚款、停产停业等行政措施,这就造成很多犯罪人逃脱刑罚处罚的后果,对于此类严重污染环境的行为难以严惩,以罚代刑的情况屡见不鲜,无法预防此类犯罪的再次发生。因此,正确区分刑事处罚和行政处罚,不仅是对科学立法、重罪模式的回应,也是协调刑事司法和行政执法的重要方式,防范刑事立法在实践中的滥用。

(二)犯罪分层处遇

新中国成立初期,我国还没有统一的刑法。立法机关在制定1979年我国第一部《刑法》时,采取了"宜粗不宜细"的立法思路,因此我国1979年《刑法》规定的刑事法网并不严密,犯罪门槛相对较高。这种立法模式的优势在于可以集中司法资源,严厉打击犯罪,但由于刑事法网过疏,可能导致刑法干预滞后,社会治理效率低下,刑罚措施过于严厉等弊端。

随着时代的发展,经济水平的提高,风险社会的到来,互联网的迅猛发展,刑事立法应当适度扩张,对于出现的新的犯罪现象或者大量轻罪甚至微罪,应

---

① 《刑法》第338条第1款 【污染环境罪】违反国家规定,排放、倾倒或者处置有放射性的废物、含传染病病原体的废物、有毒物质或者其他有害物质,严重污染环境的,处三年以下有期徒刑或者拘役,并处或者单处罚金;情节严重的,处三年以上七年以下有期徒刑,并处罚金;有下列情形之一的,处七年以上有期徒刑,并处罚金:(一)在饮用水水源保护区、自然保护地核心保护区等依法确定的重点保护区域排放、倾倒、处置有放射性的废物、含传染病病原体的废物、有毒物质,情节特别严重的;(二)向国家确定的重要江河、湖泊水域排放、倾倒、处置有放射性的废物、含传染病病原体的废物、有毒物质,情节特别严重的;(三)致使大量永久基本农田基本功能丧失或者遭受永久性破坏的;(四)致使多人重伤、严重疾病,或者致人严重残疾、死亡的。

② 《环境保护法》第59条第1款规定:企业事业单位和其他生产经营者违法排放污染物,受到罚款处罚,被责令改正,拒不改正的,依法作出处罚决定的行政机关可以自责令改正之日的次日起,按照原处罚数额按日连续处罚。

③ 《环境保护法》第60条规定:企业事业单位和其他生产经营者超过污染物排放标准或者超过重点污染物排放总量控制指标排放污染物的,县级以上人民政府环境保护主管部门可以责令其采取限制生产、停产整治等措施;情节严重的,报经有批准权的人民政府批准,责令停业、关闭。

当及时立法,应对社会关切,以便做到社会有效治理。

笔者认为,我国刑事立法模式,可以借鉴国外立法例,采用重罪、轻罪甚或轻微罪的犯罪分层模式。概括起来,国外的犯罪分层模式大致有四种:其一,犯罪二分法模式。实施这种模式的主要有德国、意大利、瑞士等国家。上述国家刑法规定,犯罪可以分为重罪与轻罪或者重罪和违警罪。其二,犯罪三分法模式,以法国为典型国家。法国采用三分法模式,将犯罪规定为重罪、轻罪、违警罪三种类型。其三,犯罪四分法模式。这种模式以俄罗斯为代表。俄罗斯刑法将犯罪分为轻罪、中等严重的犯罪、严重犯罪和特别严重的犯罪。其四,犯罪五分法模式。这种模式以美国为代表。值得注意的是,这种模式并不仅限于五分法,由于美国各州的刑法规定各不相同,不同州的刑法可能将犯罪划分为五种或者五种以上类型,具体的判断标准是刑罚轻重或者犯罪严重程度。

笔者认为,刑法对于犯罪进行类型划分具有重要意义。首先,犯罪分层符合我国"宽严相济"的刑事政策。根据犯罪的严重程度或者刑罚轻重,将犯罪进行类型划分,更有利于实现宽严相济的刑事政策。对于危害性较小的犯罪,可以适用刑事政策中"宽"的规定,适用较轻的刑罚。而对于社会危害性严重且犯罪人的人身危险性较大的犯罪,则可以适用刑事政策中"严"的规定。依照宽严相济刑事政策,根据犯罪行为的严重程度,对于同犯罪分别处遇,更有利于体现罪刑相适应原则,实现刑罚个别化的效果。

其次,进行犯罪分层处遇可以合理配置司法资源,促进司法程序的完善。以往我国的刑事诉讼程序都是依照重罪模式设计,自轻罪乃至微罪写入刑法后,诉讼程序也应当有所改变。对于轻罪或者轻微罪,可以适用速裁程序或者简易程序。刑事速裁程序是我国刑事诉讼程序的重大改革,繁简分流的方式有助于实现司法资源合理配置和提高司法效率的改革目标。刑事速裁程序不仅大幅缩短了审理期限、取消送达期限的限制、进行庭审程序的简化,使法官可以从简单案件(以醉驾型危险驾驶罪为代表),尤其是认罪认罚从宽类案件中抽身,将更多精力投入重大复杂案件中,避免错判误判,保障当事人的合法权益。而且,刑事速裁程序虽然简化了程序,但是仍然维护当事人的合法权益,被告人及其辩护人仍旧享有诉讼权利以及最后陈述的权利,并且适用速裁程序虽然意味着自愿认罪认罚,但如果被告人不服一审判决,也依旧享有上诉的权利,仍然遵循两审终审的刑事诉讼原则。此外,适用刑事速裁程序可以降低审理前的羁押率,对符合取保候审、监视居住条件的犯罪嫌疑人应当实施相应的非羁押性强制措施,同时也应重视对犯罪嫌疑人、被告人合法权利的保障。法律援助值班律师制度也应当建立完善并常态化运行,并规定从宽处罚的情况。《刑事诉讼法》中规定了不同程序之间变更的具体条件和程序,刑事速裁程序、普通程序、简易程序如何根据不同情形进行转换,法律明确规定不同程序之间的衔接,充分保障当事人的合法权利。同时我国《刑事诉讼法》规定的认罪认罚制度,也可以根据案件情况适当采用,以便提高司法效率,使司法资源得到合理配置。对于重大复杂案件,法官也可以投入更多的精力,以便更好地实现司法公正,维护当事人的合法权益。同时对于轻罪案件,适用简易程序也可以便捷当事人,尤其是认罪认罚案件,适用正常诉讼程序并无必要。因此,对于犯罪进行分层处遇,可以有效分配和节约司法资源,在保障当事人权益的同时促进程序公正。

最后,对犯罪适用分层处遇有利于促进我国刑法体系尤其是刑罚体系的完善。作为刑法三项基本原则之一的罪刑相适应原则,对于诸如故意杀人罪、抢劫罪或者强奸罪等重大恶性案件,适用死刑、无期徒刑等较为严重的刑罚,而对于危险驾驶罪、《刑法修正案(十一)》新增的高空抛物罪等,适用短期自由刑、罚金刑、资格刑等较为轻缓的刑罚。在刑罚执行的过程中,考虑适用减刑或者假释,以更有利于实现罪刑相适应,逐渐改变我国刑罚适用过程中的重刑倾向,真正实现罪刑相适应。刑罚轻缓化是世界刑法发展的潮流。我国刑罚体系的发展变化也应顺应这一世界潮流。合理配置刑罚,根据罪责刑相适应原则以及刑罚个别化原则,对于社会危害程度不严重、犯罪人人身危险性较小的犯罪行为,可以适用较轻的刑罚,甚至直接适用罚金刑或者短期限制自由刑;对于社会危害程度较高、犯罪人人身危险性较大的严重犯罪行为,仍然坚持罪责刑相适应原则,重罪重罚,轻罪轻罚,以此才能实现维护社会秩序、保障人权的刑法机能。对于贪利性犯罪,如果社会危害程度不高,则可以单独适用罚金刑,反而能够体现法益对等原则,维护当事人的合法权益。随着刑事立法模式的不断改进，我国刑罚的适用也应当与时俱进，因势而变，因时而变，采用自由刑、财产刑、资格刑综合、灵活的适用方式，以更好地实现罪责刑相适应原则。对于资格刑而言，我国现有的资格刑较为单一，且在资格刑的适用上，对不同的政治权利不加区分地统一予以剥夺。笔者认为，未来可以考虑分类增设褫夺资格类的刑罚。因此，我国刑法的立法扩张，不能仅考虑增设新罪，同时应当考虑构建并完善我国的轻罪（微罪）①制度，并进行轻罪（微罪）的程序设计。

（三）完善出罪机制

随着社会经济形势的变化，新的犯罪现象出现的同时有些犯罪也可能退出历史舞台。在刑法理论层面，我们可以称之为犯罪化与非犯罪化，或者刑法的入罪机制与出罪机制。因此，在刑法立法扩张的过程中，我们不能仅关注犯罪化问题，还要同时关注非犯罪化问题。不仅应当考虑刑法的准入机制，还应当深入研究刑法的出罪机制。

司法实践中，无论是立法机关，还是司法实务部门，对于犯罪化问题普遍重视，但对于非犯罪化问题却长期忽略。不过在我国也有非犯罪化现象。例如我国刑法废除嫖宿幼女罪，对于此类行为依照强奸罪从重处罚。不过，这种立法现象不能算出罪，只是废除原有罪名，在现有罪名的基础上加重处罚。再如虚报注册资本罪，我国刑法跟随《公司法》的修改做出相应调整，全国人民代表大会常务委员会《关于〈中华人民共和国刑法〉第一百五十八条、第一百五十九条的解释》规定，“刑法第一百五十八条、第一百五十九条的规定，只适用于依法实行注册资本实缴登记制的公司”。这一立法解释对这几种犯罪行为的主体进行了限制，缩小了干预范围，将普通公司实施虚报注册资本或者虚假出资等行为排除在犯罪之外，这正是《刑法》将个别行为出罪的体现。此外，还有学者呼吁取消聚众淫乱罪，李银河认为，聚众淫乱罪是一个过时的法律，错误的法律，它的取消既不会伤害社会风俗，也不会败坏社会风气。可见，将聚众淫乱行为纳入刑法范畴，是用法律规制道德缺失行为，是公权力过多干涉个人权利的表现。瑞典、韩国、美国等大多数国家对于多人私密的性行为都认为属

---

① 一般认为，轻罪是指法定最高刑为3年以下有期徒刑的犯罪；微罪是指法定最高刑为1年以下有期徒刑的犯罪。

于个人的性自由空间而不处罚。[①] 从犯罪学角度,聚众淫乱罪是典型的无被害人犯罪,而西方国家近年来对于无被害人犯罪一般采取非犯罪化方式。该类犯罪既无特定的被害人,也没有侵害他人法益,尽管违背公序良俗,属于违反道德的行为,但也不应当受到刑法规制。笔者建议,彻底废除该罪名可能民众尚不能接受,不过对于追究该罪行为人的刑事责任,立法上可以附加限制条件,例如在公开场合发生的聚众淫乱行为,由于对他人权益造成了一定的侵害,而对此类具有一定公开性质的聚众淫乱行为,予以刑法规制。对于发生在私密空间,且属于当事人自愿场合的,尽管违背公序良俗,但毕竟属于道德缺失行为,不适合作为犯罪追究其刑事责任。

(四)建立前科消灭制度

前科消灭制度是指犯罪人受到有罪宣告[②]或刑罚执行完毕,在满足一定的法定条件之后,经过法定程序被注销其有罪宣告或刑罚处罚的犯罪记录,恢复其正常法律身份的制度。前科消灭既包括单纯的被宣告有罪,也包括被判处一定的刑罚处罚。

大多数国家刑法均规定有前科消灭制度,并将其作为刑罚体系的一项内容。例如《日本刑法典》第34条之二第1款[③],《俄罗斯联邦刑法典》第86条[④]

---

① 参见刘宪权:《刑事立法应力戒情绪——以〈刑法修正案(九)〉为视角》,载《法学评论》2016年第1期。

② 这里的"有罪宣告"既包括人民检察院作出的相对不起诉,也包括人民法院作出的免予刑事处罚以及缓刑执行。

③ 《日本刑法典》第34条之二第1款规定:监禁以上的刑罚已经执行完毕或者被免除执行的人,经过10年,未被判处罚金以上刑罚的,刑罚宣告丧失效力。罚金以下的刑罚已经执行完毕或者被免除执行的人,经过5年,未被判处罚金以上刑罚的,亦同。第2款规定:被宣告免除刑罚的人,在宣告确定后,经过2年,未被判处罚金以上刑罚的,免除刑罚的宣告丧失效力。"被判处罚金以上刑罚",是指其刑罚的宣告已经确定的情况。"刑罚的宣告丧失效力",是指刑罚宣告的法律上的效果对将来消灭的情况,既成效果不发生变更。参见《日本刑法典》(第二版),张明楷译,法律出版社2006年版,第19页。

④ 《俄罗斯联邦刑法典》第86条规定:(1)因实施犯罪而被判刑的人,自法院的有罪判决生效之日起至前科消灭或撤销之时止,被认为有前科。该条具体规定了前科的概念。(2)被免除刑罚的人,被认为没有前科。(3)在下列情况下前科消灭:①被判缓刑的人,考验期届满;②被判处比剥夺自由更轻刑种的人,服刑期满后过1年;③因轻罪或中等严重的犯罪被判处剥夺自由的人,服刑期满后过3年;④因严重犯罪而被判处剥夺自由的人,服刑期满后过6年;⑤因特别严重的犯罪被判处剥夺自由的人,服刑期满后过8年。参见《俄罗斯联邦刑法典》,黄道秀译,中国法制出版社2004年版,第38~39页。

均规定有前科消灭制度。《法国刑法典》虽未规定前科消灭制度，但其规定了类似前科消灭法律效果的复权制度。所谓复权制度，是指根据刑罚宣告丧失的资格或权利恢复给丧失者，使其精神负担减轻，意图促进社会复归的制度。[①]《法国刑法典》第三章"刑罚之消灭、判刑之消失"第四节规定了复权制度的相关内容，值得我国学者进一步借鉴研究。

1.犯罪标签理论

犯罪标签理论[②](labeling theory)，又称为社会反应理论，属于犯罪学理论的范畴。该理论的核心观点是，犯罪行为抑或越轨行为并不是行为本身的特质，而是社会对该行为作出标定的结果。在犯罪学领域中，"标签"(label)有特殊的含义。"犯罪标签"是指在"犯罪人"被司法机关进行定罪处罚和刑罚处罚后，由于其犯罪或越轨行为对其身份的影响而遭受的与正常人相异的不公平待遇。犯罪人一旦被贴上"犯罪标签"，不仅很难融入社会，甚至会自暴自弃，还有可能继续犯罪，而且"犯罪标签"会对犯罪人的生活造成很大的影响。我国《刑法》总则中未规定类似西方国家的前科消灭制度，尤其对于以醉驾型危险驾驶罪为代表的轻罪案件的犯罪人及其家属产生很大的影响。自 2011 年以危险驾驶罪为典型代表的大量轻罪入刑之后，轻罪可能带来的犯罪附随后果就引起了刑法学界的广泛争议。因为该附随消极后果的影响，前科消灭制度是否应当建立再次引发学界争论。以危险驾驶罪为例，其法定最高刑仅为拘役，醉酒型危险驾驶罪是其中最轻的法定情形，如果要求醉酒型危险驾驶罪的犯罪人承担与故意杀人罪犯罪人一样的刑事责任附带消极后果，显然不合情理。具体分析如下：

首先，"犯罪标签"一定程度上影响犯罪人的正常生活。"犯罪标签"不利于犯罪人重新回归社会。"犯罪标签"在我国立法中主要是通过"犯罪前科"产生的不利后果呈现出来的。《刑法》第 100 条规定的是就业前应当如实报告受

---

① 马克昌主编：《刑罚通论》，武汉大学出版社 1999 年版，第 947 页。

② Larry J. Siegel, *Criminology*, Thomson Wadsworth, 2007, p. 214.

过刑罚的前科报告制度。① 一旦被认定为有前科，就意味着其被法院判处刑事处罚的事实永远无法抹去。有犯罪前科的人，一般伴有各种资格的限制甚至剥夺。具体到醉驾型危险驾驶罪，如果公职人员喝酒开车可直接开除，②涉及中共党员的还要接受党纪政纪处分。③《行政机关公务员处分条例》第17条第2款④、《事业单位工作人员处分暂行规定》第22条、⑤《中国共产党章程》第40条⑥及《中国共产党纪律处分条例》第32条⑦对不同身份的公职人员的惩罚进行了详细规定。

危险驾驶罪属于抽象危险犯，只要在道路上驾驶机动车达到醉酒状态，造成法益侵害的危险，即被认定为危险驾驶罪，并不要求达到严重程度，亦不要求危害结果的发生。此类轻罪行为社会危害性不大，犯罪人人身危险性程度不高，且实践中大部分醉酒驾驶情节比较轻微，但如果达到犯罪标准，就应当受到刑罚处罚。而一旦受过刑罚处罚，就会对其身份产生不利影响，会给犯罪人贴上"犯罪标签"。这样不仅不利于犯罪人回归社会，而且有可能导致其他人对"犯罪人"避而远之，增加了犯罪人再社会化的难度，极有可能加深其对社会的仇视心理，不利于犯罪人的回归，也不利于社会秩序的稳定。

其次，"犯罪标签"会影响犯罪人家庭成员的生活。"犯罪标签"将犯罪人

---

① 《刑法》第100条 【前科报告制度】依法受过刑事处罚的人，在入伍、就业的时候，应当如实向有关单位报告自己曾受过刑事处罚，不得隐瞒。犯罪的时候不满十八周岁被判处五年有期徒刑以下刑罚的人，免除前款规定的报告义务。

② 参见《2018新规：法官、公务员、教师等喝酒开车可直接开除》，载搜狐新闻网2018年3月18日，http://www.sohu.com/a/225809377_100132164。

③ 参见《记者观察：对党员干部酒驾为何处分这么严》，载中共中央纪律检查委员会、中华人民共和国国家监察委员会官网，ru.ccdi.gov.cn/content/fq/bo/30132.html。

④ 《行政机关公务员处分条例》第17条第2款规定："行政机关公务员依法被判处刑罚的，给予开除处分。"

⑤ 《事业单位工作人员处分暂行规定》第22条规定："事业单位工作人员被依法判处刑罚的，给予降低岗位等级或者撤职以上处分。其中，被依法判处有期徒刑以上刑罚的，给予开除处分。行政机关任命的事业单位工作人员，被依法判处刑罚的，给予开除处分。"

⑥ 《中国共产党章程》第40条第2款规定："……严重违纪、严重触犯刑律的党员必须开除党籍。"

⑦ 《中国共产党纪律处分条例》第32条第1款规定："党员犯罪，有下列情形之一的，应当给予开除党籍处分：（一）因故意犯罪被依法判处刑法规定的主刑（含宣告缓刑）的；（二）被单处或者附加剥夺政治权利的；（三）因过失犯罪，被依法判处三年以上（不含三年）有期徒刑的。"

所受刑罚牵连到犯罪人的家庭成员，出现株连效应（详见后文）。犯罪前科株连效应会带来一系列附随后果。对于诸如故意杀人罪、抢劫罪、强奸罪等严重暴力犯罪而言，犯罪前科株连效应还情有可原，但是对于仅判处拘役的危险驾驶罪等轻罪而言，则显得过于沉重，不利于社会稳定和犯罪人的回归。

2. 犯罪前科株连效应

犯罪前科株连效应是指犯罪人的近亲属和其他家庭成员会因为相关人员的犯罪记录受到规范性的株连评价，进而发生限制特定权利、剥夺特定资格的情况。①

在中国，犯罪前科株连效应普遍存在，并不区分犯罪人所犯罪行是重罪还是轻罪。犯罪前科是为了预防犯罪人再次犯罪而对其设定的制度，这是社会大众都可以接受和认可的，然而由于某个特定主体的犯罪行为导致其近亲属和其他家庭成员某些资格的限制或者剥夺，是对其家庭人员和亲属权利资格的剥夺和歧视，不利于刑法人权保障功能的实现。这是我国在构建以醉驾型危险驾驶罪为代表的轻罪制度过程中所面临的障碍，在以后的刑事立法中，应当着重考虑区分重罪与轻罪，分别赋予重罪与轻罪不同程度的犯罪附随后果。

犯罪前科株连效应将严重影响犯罪人子女的入学、就业等。《公安机关人民警察录用办法》（已失效）第 6 条②规定，报考人员的亲属受过特定刑罚的，不得报考人民警察，直接剥夺相关权利人考试的资格。即使有些未被剥夺考试资格，也会通过其他条件限制其他特定权利。比如，在公务员面试中，政审是必不可缺少的环节，要对进入面试报考人员的几代人有无犯罪记录进行审查。如果存在报考人员的近亲属等有犯罪记录，其就会被剥夺资格，从而失去获得公职的机会。比如在入党、入伍等过程中，都要对入党人员或者入伍人员的家庭成员进行有无犯罪记录的政治审查。政审这种表面是“合法”防控，实质上是“有罪推定”的政治行为，就是戴着有色眼镜对没有发生犯罪的人的资格和

① 参见《前科株连效应的刑法学思考》，载《法学研究》2011 年第 1 期。

② 《公安机关人民警察录用办法》第 6 条规定：“有下列情形之一的，不得报考人民警察：……（五）直系血亲和对本人有重大影响的旁系血亲中有被判处死刑或者正在服刑的；（六）直系血亲和对本人有重大影响和旁系血亲在境内外从事颠覆我国政权活动的。”

权利的侵犯……这是对没有实施违法行为的犯罪人的近亲属的不公平对待。① 因此，笔者认为，这样的规定与刑法中无罪推定理论是背道而驰的，是对犯罪人子女权利的间接侵犯，同时严重违反了罪责自负原则。

犯罪前科株连效应将严重影响犯罪人及其亲属的生活。犯罪前科株连效应不仅体现在对于工作的影响上，也同样严重影响其生活。一旦家庭成员具有前科，不仅犯罪人本人被排斥，而且其家庭成员也会被社会大众另眼相看。中国古代是“家族”本位，“株连”政策深入人心。当今社会“近朱者赤，近墨者黑”“上梁不正，下梁歪”“有其父，必有其子”等观念仍然深入人心。这些传统观念强调的是家庭影响力的作用，认为犯罪分子教育出来的孩子就是“犯罪人”或“潜在犯罪人”。

笔者认为，犯罪前科株连效应严重忽略了个体行为的独立性。犯罪人实施的行为，其人格尊严和某些资格受到否定评价的目的在于增加犯罪人的犯罪成本，从而预防犯罪。然而，前科株连效应却把犯罪成本延伸至犯罪人的家人，这与我国宪法提倡的公平原则是不相符合的。笔者认为，犯罪人的家人是除了案件受害人之外的第二受害人。一方面，他们对于被害人有着自责心理；另一方面，他们还要承受来自社会大众的非难，严重影响其生活。因而，前科株连效应当被废止，以维护犯罪人家庭成员的合法权益，维护社会的稳定和谐。

笔者认为，仅针对危险驾驶罪而言，可以采取两个方案。其一是短期方案。修改《刑法》分则第 133 条之一，按照立法机关规定终身监禁的做法，仅在《刑法》分则中对于某些特定犯罪作出特殊规定，这样不至于妨害刑法的稳定性，也有利于消除轻罪的消极后果。例如，建议在《刑法》第 133 条之一增加一款，“行为人犯危险驾驶罪的，适用前科消灭制度。”

其二是长期方案。将前科消灭制度规定在刑法总则。随着我国劳教制度的废除以及风险社会的到来，大量轻微犯罪入刑，刑法理论界和司法实务界主张建立轻罪制度的呼声越来越高。然而，第一个需要解决的问题就是轻罪入刑的消极后果。众所周知，轻罪之所以被称为轻罪，是因为其犯罪情节轻微，

---

① 参见《前科株连效应的刑法学思考》，载《法学研究》2011 年第 1 期。

犯罪人的人身危险性小。对于轻罪而言,如果没有前科制度的特别规定,将会使受刑罚处罚的人承担过于严苛的负担,并且严重影响他们回归社会,因而世界上大部分国家的刑法中都规定了前科消灭制度。基于此,笔者认为,在我国轻罪(微罪)不断入刑的情况下,有必要在刑法中引入前科消灭制度,用以消除我国轻罪(微罪)入刑的消极影响。

3. 建立前科消灭制度

首先,关于前科消灭的主体与适用范围。我国《刑事诉讼法》第286条[①]规定了适用于未成年人犯罪的犯罪记录封存制度,这是我国立法改革中的重大进步,但是现有刑事诉讼法关于犯罪记录封存制度的规定,不仅范围过于狭窄,也不能达到"消灭"的效果。因此,笔者认为,前科消灭制度的适用主体应从未成年人扩大到成年人。但必须强调的是,前科消灭制度并不适用于所有的犯罪案件。笔者认为,适用于成年人的前科消灭制度可仅仅针对轻微刑事犯罪,即属于初犯,危害行为较轻,人身危险性小的案件,而危害行为较大的犯罪行为以及累犯、惯犯等应当被排除在该制度之外。刑法是惩罚措施最为严厉的法律,刑法的功能在于惩罚犯罪与保障人权,法律在发挥其保障人权功能的同时,必须兼顾惩罚犯罪的功能。

其次,前科消灭制度适用的情况。前科消灭制度的适用条件包括形式要件和实质要件。形式要件是指前科消灭要经过法定期间,实质要件是指"犯罪人"在法定期间内的表现情况。具体而言,在法定期间,"犯罪人"必须遵守相关规定,表现良好,没有再犯罪的可能性,没有对所在社区造成重大不良影响。有学者认为,前科消灭制度不仅要求犯罪人没有再犯新罪,还要求其没有实施其他比较严重的违法行为。[②] 前科消灭制度有效兼顾了惩罚犯罪与保障人权的刑法目的,一方面,有效发挥了刑罚的严厉性,起到了警示作用,为我国建立轻罪制度消除了不利后果;另一方面,对于那些"失足犯罪人"顺利回归社会提

---

① 《刑事诉讼法》第286条规定:"犯罪的时候不满十八周岁,被判处五年有期徒刑以下刑罚的,应当对相关犯罪记录予以封存。犯罪记录被封存的,不得向任何单位和个人提供,但司法机关为办案需要或者有关单位根据国家规定进行查询的除外。依法进行查询的单位,应当对被封存的犯罪记录的情况予以保密。"

② 参见马克昌主编:《刑罚通论》,武汉大学出版社1999年版,第715页。

供了制度保障,真正实现刑法“既是善良公民的大宪章,也是犯罪人大宪章”的功能。同时,前科消灭制度的建立契合宽严相济刑事政策,既体现了法律“严”的一面,又体现了其“宽”的一面,符合了我国转型时期法治改革的要求。

最后,我国已经建立未成年人的前科封存制度。2012 年修改了《刑事诉讼法》,设定了未成年人的前科封存制度规定,《刑法修正案(八)》中直接免除了未成年人的前科报告义务,以保护未成年人的隐私并保证其健康快乐地成长,这为建设系统的前科消灭制度进行了初步探索。国外已经有复权制度(法定条件下恢复有前科者被限制或剥夺的各项权利或资格)和前科消灭制度(具备法定条件时注销有前科者的罪刑记录,视同未被宣告有罪的人)。在我国,由于前科的标签效应和株连效应使犯罪人及其近亲属和其他家庭成员受到诸多限制,不利于其回归社会,也易导致家庭矛盾,不利于社会稳定,尤其是在犯罪圈扩张的情况下,因此建立合适的前科消灭制度是必要的。

# 结 语

近年来刑法立法呈现不断扩张的趋势,我国已经进入立法活性化时代。对此我国刑法学界存在两大派系的激烈学术论争,即犯罪化与非犯罪化、积极刑法立法观与消极刑法立法观的争论。

首先,犯罪化与非犯罪化之争。主张犯罪化的刑法学者认为,从我国的实际情况来看,刑事立法的当务之急应是尽量弥补刑法规范的漏洞和缺陷,在相当长的时间内不仅不应提出非犯罪化运动,反而应该使相当数量的社会危害行为犯罪化。[①] 同时,还有诸多学者主张非犯罪化,认为我国刑法应实行非犯罪化,扩大非犯罪化的范围,以缩小刑法的调控范围。[②] 还有学者认为非刑罚化应该成为我国刑法改革的发展方向和主要思路。[③]

其次,积极立法观与消极立法观之争。积极刑法立法

---

① 参见李贵方:《刑法的道德使命》,载《法学》1993 年第 5 期;陈兴良:《刑法哲学》,中国人民大学出版社 2015 年版,第 9 页。

② 参见黎宏、王龙:《论非犯罪化》,载《中南政法学院学报》1991 年第 2 期。

③ 参见刘艳红、周佑勇:《行政刑法的一般理论》,北京大学出版社 2020 年版,第 225 页。

观源自功能主义刑法,主张以刑法控制风险,以犯罪化为主线,积极回应社会关切,将严重侵害法益的行为纳入刑法规制范围。当侵害法益的行为运用民事、行政处罚手段无法达到惩罚规制的目的时,就需要运用刑罚制裁手段加以规制,这是目前我国获得普遍认同的刑法治理模式。同时,也有学者持消极刑法观的立场,各自观点也不尽相同。例如有学者提出,应当警惕"情绪性刑事立法",能够用民事、行政等法律手段予以制裁的,没有必要采用刑罚处罚方法,否则违背刑法的谦抑性原则。① 还有学者提出,日渐严重的刑法前置化倾向使罪名形式化、空洞化、黑洞化,出现了刑法自洽性削弱的现象。② 必须反对刑法对刑事政策的过度回应,并坚守刑法的根本使命,保护公民的各项合法权益,避免"过度刑法化"对社会秩序的影响。③ 甚至有学者提出,应当警惕积极刑法立法观。④

立法建构论与立法批判论的博弈、犯罪化与非犯罪化、重刑主义与轻刑化等学术论争,值得学者深入研究。但我国刑事立法实质上已经发生从相对保守消极向功能性、积极性的变化,这是无法反驳的实际情况。现代各国刑事立法都逐渐改变刑法观,由形而上学的理性思考转向更为现实的具体考量;以行为导向取代结果导向;惩罚的犯罪行为由传统犯罪转向恐怖主义、网络等新兴犯罪;从过去的报应刑逐渐强调积极的一般预防等。⑤ 积极刑法立法观以立法建构论为基础,提倡刑法主动承担调整社会关系的功能,顺应社会情势变化,及时增设新罪名来调整社会关系。与此同时,也应把握积极刑法立法观的适用限度,避免过度扩张引发刑法万能主义或工具主义。毕竟刑法的"滥用"终将导致刑法的"无用",使社会缺少一项以强制力保障权利和自由的制度。

社会发展复杂多变,国际环境瞬息万变,要制定一个能够以不变应万变的

---

① 参见刘宪权:《刑事立法应力戒情绪——以〈刑法修正案(九)〉为视角》,载《法学评论》2016 年第 1 期。

② 参见孙万怀:《违法相对性理论的崩溃——对刑法前置化立法倾向的一种批评》,载《政治与法律》2016 年第 3 期。

③ 参见何荣功:《社会治理"过度刑法化"的法哲学批判》,载《中外法学》2015 年第 2 期。

④ 参见李瑞杰:《论行为与结果的关系——兼评"积极刑法立法观"》,载《社会科学动态》2017 年第 5 期。

⑤ 参见周光权:《积极刑法立法观在中国的确立》,载《法学研究》2016 年第 4 期。

刑法是不可能的。面对新的犯罪类型的涌现,同一个行为类型中可能蕴含的多种具体行为,犯罪的多样性、复杂性,以及立法者的认识能力和立法技术有限性决定了刑法应该进行适当修改来规避其滞后性,以适应社会发展。

笔者认为,刑法立法进行适度扩张是合理的,是未来应保持的一种立法趋向。面对这种立法趋向可能造成的侵害法益的危险,应寻找解决措施予以化解,不能以此为由否认刑法立法扩张的合理性,限制刑法治理社会功能的发挥。刑法立法的合理界定是个宏观课题,也是个与时俱进的动态发展课题,笔者仅是抛砖引玉,略尽微薄之力。相信在诸多刑法名家以及实务专家的共同努力下,我国刑法立法能够做到能动立法、理性立法、科学立法,当事人的合法权益能够得到有效保障,社会的公平正义得到有效维护,法治文明社会更加完善美满!

# 参考文献

**一、著作类**

1. [法]卢梭:《社会契约论》,何兆武译,商务印书馆1980年版。

2. [法]孟德斯鸠:《论法的精神》,张雁深译,商务印书馆1987年版。

3. [意]贝卡里亚:《论犯罪与刑罚》,黄风译,中国大百科全书出版社1993年版。

4. [意]杜里奥·帕多瓦尼:《意大利刑法学原理》,陈忠林译评,中国人民大学出版社2004年版。

5. [德]李斯特:《德国刑法教科书》,徐久生译,法律出版社2006年版。

6. [德]克劳斯·罗克辛:《刑事政策与刑法体系》,蔡桂生译,中国人民大学出版社2011年版。

7. [法]埃米尔·涂尔干:《社会分工论》,渠东译,生活·读书·新知三联书店2000年版。

8. [德]埃里克·希尔根多夫:《德国刑法学:从传统到现代》,江溯、黄笑岩等译,北京大学出版社2015年版。

9. [英]汤姆·宾汉姆:《法治》,毛国权译,中国政法大学出版社 2012 年版。

10. [英]休谟:《道德原则研究》,曾晓平译,商务印书馆 2001 年版。

11. [德]乌尔里希·齐白:《全球风险社会与信息社会中的刑法:二十一世纪刑法模式的转换》,周遵友、江溯等译,中国法制出版社 2012 年版。

12. [日]山口厚:《刑法总论》,付立庆译,中国人民大学出版社 2011 年版。

13. [日]山口厚:《刑法各论》,王昭武译,中国人民大学出版社 2011 年版。

14. [德]乌尔里希·贝克:《风险社会》,何博闻译,译林出版社 2004 年版。

15. [英]安东尼·吉登斯、[英]克里斯多弗·皮尔森:《现代性——吉登斯访谈录》,尹宏毅译,新华出版社 2001 年版。

16. [英]安东尼·吉登斯:《失控的世界:全球化如何重塑我们的生活》,周红云译,江西人民出版社 2001 年版。

17. [美]哈伯特·L. 帕克:《刑事制裁的界限》,梁根林等译,法律出版社 2008 年版。

18. [英]威廉·葛德文:《政治正义论》,何慕李译,商务印书馆 1980 年版。

19. [英]弗里德利希·冯·哈耶克:《法律、立法与自由》,邓正来、张守东、李静冰译,中国大百科全书出版社 2000 年版。

20. [日]川岛武宜:《现代化与法》,王志安等译,中国政法大学出版社 2004 年版。

21. [美]保罗·A. 萨缪尔森、[美]威廉·D. 诺德豪斯:《经济学》,胡代光等译,首都经济贸易大学出版社 1998 年版。

22. [法]米海依尔·戴尔玛斯·马蒂:《刑事政策的主要体系》,卢建平译,法律出版社 2000 年版。

23. [英]安德鲁·阿什沃斯:《刑法的积极义务》,姜敏译,中国法制出版社 2018 年版。

24. [美]乔尔·范伯格:《刑法的道德界限:对他人的损害》(第 1 卷),方泉译,商务印书馆 2013 年版。

25. [美]乔尔·范伯格:《刑法的道德界限:对他人的冒犯》(第 2 卷),方泉译,商务印书馆 2014 年版。

26. [美]乔尔·范伯格:《刑法的道德界限:对自己的损害》(第3卷),方泉译,商务印书馆2015年版。

27. [美]乔尔·范伯格:《刑法的道德界限:无害的不法行为》(第4卷),方泉译,商务印书馆2015年版。

28. [美]道格拉斯·胡萨克:《过罪化及刑法的限制》,姜敏译,中国法制出版社2015年版。

29. 张明楷:《犯罪论的基本问题》,法律出版社2017年版。

30. 张明楷:《张明楷刑法学讲义》,新星出版社2021年版。

31. 张明楷:《刑法学》,法律出版社2021年版。

32. 陈兴良:《刑法的价值构造》,中国人民大学出版社2006年版。

33. 陈兴良:《刑法哲学》,中国人民大学出版社2015年版。

34. 梁根林:《刑事法网:扩张与限缩》,法律出版社2005年版。

35. 孙立平:《重建社会:转型社会的秩序再造》,社会科学文献出版社2009年版。

36. 刘仁文:《刑法的结构与视野》,北京大学出版社2010年版。

37. 陈兴良:《刑法哲学》,中国政法大学出版社2009年版。

38. 焦旭鹏:《风险刑法的基本立场》,法律出版社2014年版。

39. 黎宏:《日本刑法精义》,法律出版社2008年版。

40. 陈兴良:《刑法的价值构造》,中国人民大学出版社2006年版。

41. 张明楷:《法益初论》,中国政法大学出版社2003年版。

42. 蔡圣伟:《刑法问题研究(一)》,台北,元照出版公司2008年版。

43. 刘艳红、周佑勇:《行政刑法的一般理论》,北京大学出版社2020年版。

44. 张道许:《风险社会的刑法危机及其应对》,知识产权出版社2016年版。

45. 俞可平主编:《治理与善治》,社会科学文献出版社2000年版。

46. 周铭川:《风险刑法理论研究》,上海人民出版社2017年版。

47. 张晶:《风险刑法:以预防机能为视角的展开》,中国法制出版社2012年版。

48. 卓泽渊:《法的价值论》,法律出版社2006年版。

49. 林东茂:《危险犯与经济刑法》,台北,五南图书出版公司 1999 年版。

50. 石佳友、贾平等:《人类胚胎基因编辑立法研究》,法律出版社 2022 年版。

51. 陈忠林:《刑法的界限——刑法第 1－12 条的理解、适用与立法完善》,法律出版社 2015 年版。

52. 杨春然:《刑法的边界研究》,中国人民公安大学出版社 2013 年版。

53. 付立庆:《积极主义刑法观及其展开》,中国人民大学出版社 2020 年版。

54. 魏东:《中国刑法解释学理论体系的本土化构建》,中国社会科学出版社 2022 年版。

55. 陈兴良、刘树德、王芳凯编:《注释刑法全书》,北京大学出版社 2022 年版。

56. 王爱立主编:《中华人民共和国刑法:条文说明、立法理由及相关规定》,北京大学出版社 2021 年版。

57. 喻海松编著:《实务刑法评注》,北京大学出版社 2022 年版。

58. 朗胜、朱孝清、梁根林主编:《时代变迁与刑法现代化》,中国人民公安大学出版社 2017 年版。

59. 赵秉志、莫洪宪、齐文远主编:《中国刑法改革与适用研究》,中国人民公安大学出版社 2016 年版。

60. 喻海松:《刑法的扩张——〈刑法修正案(九)〉及新近刑法立法解释司法适用解读》,人民法院出版社 2015 年版。

61. 陈新民:《宪法基本权利之基本理论》,台北,元照出版公司 1999 年版。

62. 胡康生、李福成主编:《中华人民共和国刑法释义》,法律出版社 1997 年版。

63. 林山田:《刑法通论》,北京大学出版社 2012 年版。

64. 杨万明主编:《〈刑法修正案(十一)〉条文及配套〈罪名补充规定(七)〉》,人民法院出版社 2021 年版。

65. 张明楷:《责任刑与预防刑》,北京大学出版社 2015 年版。

66. 李琳:《风险刑法的反思与批判》,法律出版社 2018 年版。

## 二、论文类

1. Andrew Ashworth, *Conceptions of Overcriminalization*, Ohio State Journal of Criminal Law(2008).

2. Douglas Husak, *Overcriminalization: the limits of the Criminal Law*, Oxford University Press, 2009.

3. Jonathan Herring, *Criminal Law: Text, Cases and Materials*, Oxford University Press, 2012.

4. John Gardner, *Prohibiting Immoralities*, Cardozo Law Review, Vol. 28 (2007).

5. Hamish Stewart, *Legality and Morality in HI. A Hart's Theory of Criminal Law*, SMU Law Review, Vol. 52 (1999).

6. A. P. Simester & G. R. Sullivan, *Criminal Law Theory and Doctrine*, Hart Publishing, 2003.

7. Bernadette McSherry & Bronwyn Naylor, *Australian Criminal Law*, SMU Law Review, Vol. 52 (1999).

8. Mark Findlay, Stephen Odgers & Stanley Yeo, *Australian Criminal Laws: Critical Perspectives*, Oxford University Press, 2004.

9. George P. Fletcher, *Rethinking Criminal Law*, Oxford University Press, 2000.

10. Elizabeth S. Anderson & Richard H. Pildes, *Expressive Theories of Law: A General Restatement*, The American Law Register, Vol. 148(2000).

11. Andrew Ashworth & Lucia zedner, *Defending the Criminal Law: Reflections on the Changing character of Crime, Procedure, and Sanctions*, Criminal Law and Philosophy(2008).

12. Richard H. & McAdams, *A Focal Point Theory of Expressive Law*, Virginia Law Review, Vol. 86(2000).

13. Joel Feingerg, *The Expressive Function of Punishment, in Doing And Deserving*, Princeton University Press, 1970.

14. Hugo Adam Bedau, *Feinberg's Liberal Theory of Punishment*, Buffalo

criminal law review(2001).

15. Jules N. Coleman, *The Practice of Principle: In Defense of a Pragmatist Approach to Legal Theory*, Oxford University Press, 2001.

16. Jean Hampton, *The Moral Education Theory of Punishment*, Philosophy & Public Affairs, Vol. 13(1984).

17. H. L. A. Hart, *Punishment and Responsibility: Essays in the Philosophy of Law*, Oxford University Press, 1978.

18. Bendor J. & Swistak P., *The evolution of norms*, American Journal of Sociology, Vol. 106(2001).

19. Richard A. Posner, *An Economy Theory of the Criminal Law*, Columbia Law Review, Vol. 85(1985).

20. Markus Dirk Dubber, *The ories of Crime and Punishment in German Criminal Law*, The Amercian Journal of Compatative Law, Vol. 53(2005).

21. Peter Sina, *Die Dogmengeschichte des strafrechtlichen Begriffs "Rehtgut"*, Basel, Helbing & Lichtenhahn, 1962.

22. Bernd Schunemann, *The System of Criminal Wrongs: The Concept of Legal Goods and Victim-based Jurisprudence as Bridge between the General and Special Parts of the Criminal Code*, Buffalo Criminal Law Review, Vol. 7(2004).

23. Alibin Eser, *The Principle of "Harm" in the Concept of Crime: A Comparative Analysis of the Criminally Protected Legal Interests*, Duquesne University Law Review, Vol. 14(1965).

24. R. Nozick, *Anarchy, State, And Utopia*, Cambridge University Press, 1974.

25. John Gray & G. W. Smith, *J. S. Mill's on Liberty in Focus*, Routledge, 2003.

26. D. Dripps, *The liberal critique of harm principle*, Criminal Justice Ethics, Vol. 17(1998).

27. R. Duff, *Answering for Crime: Responsibility and Liability in the Criminal Law*, New Criminal Law Review, Vol. 12(2009).

28. Stephen F. Smith, *Overcoming Overcriminalization*, Journal of Criminal Law and Criminology, Vol. 102(2012).

29. Alejandro Chehtman, *An "Ongoing Conversation": Method and Substance in Robinson's Justice in Extreme Cases*, Temple International & Comparative Law Journal, Vol. 35(2021).

30. Ellen S. Podgor, *The Dichotomy between Overcriminalization and Underregulation*, American University Law Review, Vol. 70(2021).

31. Robert Leider, *The Modern Common Law of Crime*, Journal of Criminal Law and Criminology, Vol. 111(2021).

32. Dragan Paunovic, *Mistake of Law-Current Status and Perspectives*, Regional Law Review(2020).

33. Laura C. Tharney et al., *On the Path toward Precision: Responding to the Need for Clear Statutes in the Criminal Law*, Seton Hall Legislative Journal, Vol. 45 (2021).

34. Monika Simmler, *Strict Liability and the Purpose of Punishment*, New Criminal Law Review, Vol. 23(2020).

35. Jason R. Steffen, *Criminalization: A Kantian View*, Washington University Jurisprudence Review, Vol. 12(2019).

36. Alessandro Corda, *The Transformational Function of the Criminal Law: In Search of Operational Boundaries*, New Criminal Law Review, Vol. 23(2020).

37. Michal Peno, *Philosophy of Punishment: Normative Models and Construction Principles of Legal Systems*, Zbornik Pravnog Fakulteta u Zagrebu, Vol. 69(2019).

38. Jeffrey L. Kirchmeier, *Casting a Wider Net: Another Decade of Legislative Expansion of the Death Penalty in the United States*, Pepperdine Law Review, Vol. 34(2006).

39. Sandra G. Mayson, *Bias in, Bias out*, Yale Law Journal, Vol. 128(2019).

40. Prescott J. J. & Starr S. B., *Expungement of criminal convictions: An*

*empirical study*, Harvard Law Review, Vol. 133 (2020).

41. Amna A. Akbar, *Toward a Radical Imagination of Law*, New York University Law Review, Vol. 93 (2018).

42. William J. Stuntz, *The Pathological Politics of Criminal Law*, Michigan Law Review, Vol. 100 (2001).

43. Hart H. L. A., *Positivism and the Separation of Law and Morals*, Harvard Law Review, Vol. 71 (1958).

44. Darryl K. Brown, *Criminal Law's Unfortunate Triumph over Administrative Law*, Journal of Law, Economics & Policy, Vol. 7 (2011).

45. Mila Sohoni, *The Idea of Too Much Law*, Fordham Law Review, Vol. 80 (2012).

46. Paul J. Larkin Jr, *Strict Liability Offenses, Incarceration, and the Cruel and Unusual Punishments Clause*, Harvard Journal of Law & Public Policy, Vol. 37 (2014).

47. Jeffrey S. Parker, *Developing Consensus Solutions to Overcriminalization Problems: The Way Ahead*, Journal of Law, Economics & Policy, Vol. 7 (2011).

48. 高铭暄:《风险社会中刑事立法正当性理论研究》,载《法学论坛》2011年第4期。

49. 高铭暄、孙道萃:《〈刑法修正案(十一)(草案)〉的解读》,载《法治研究》2020年第5期。

50. 马克昌:《危险社会与刑法谦抑原则》,载《人民检察》2010年第3期。

51. 储槐植:《再说刑事一体化》,载《法学》2004年第3期。

52. 张明楷:《论刑法的谦抑性》,载《法商研究》1995年第4期。

53. 张明楷:《刑事立法的发展方向》,载《中国法学》2006年第4期。

54. 张明楷:《法益保护与比例原则》,载《中国社会科学》2017年第7期。

55. 张明楷:《日本刑法的发展及其启示》,载《当代法学》2006年第1期。

56. 张明楷:《"风险社会"若干刑法理论问题反思》,载《法商研究》2011年第5期。

57. 张明楷:《〈刑法修正案(九)〉若干条款的理解与适用——论帮助信息网络犯罪活动罪》,载《政治与法律》2016 年第 2 期。

58. 陈兴良:《当代中国的刑法理念》,载《国家检察官学院学报》2008 年第 3 期。

59. 陈兴良:《犯罪范围的扩张与刑罚结构的调整——〈刑法修正案(九)〉述评》,载《法律科学》2016 年第 4 期。

60. 陈兴良:《"风险刑法"与刑法风险:双重视角的考察》,载《法商研究》2011 年第 4 期。

61. 陈兴良:《风险刑法理论的法教义学批判》,载《中外法学》2014 年第 1 期。

62. 陈兴良:《刑法教义学与刑事政策的关系:从李斯特鸿沟到罗克辛贯通》,载《中外法学》2013 年第 5 期。

63. 陈兴良:《民法对刑法的影响与刑法对民法的回应》,载《法商研究》2021 年第 2 期。

64. 周光权:《法典化时代的刑法典修订》,载《中国法学》2021 年第 5 期。

65. 周光权:《积极刑法立法观在中国的确立》,载《法学研究》2016 年第 4 期。

66. 周光权:《行为无价值论与积极一般预防》,载《南京师大学报(社会科学版)》2015 年第 1 期。

67. 周光权:《转型时期刑事立法的思路与方法》,载《中国社会科学》2016 年第 3 期。

68. 周光权:《论通过增设轻罪实现妥当的处罚——积极刑法立法观的再阐释》,载《比较法研究》2020 年第 6 期。

69. 刘艳红:《人性民法与物性刑法的融合发展》,载《中国社会科学》2020 年第 4 期。

70. 何荣功:《社会治理"过度刑法化"的法哲学批判》,载《中外法学》2015 年第 2 期。

71. 何荣功:《预防刑法的扩张及其限度》,载《法学研究》2017 年第 4 期。

72. 赵秉志、袁彬:《中国刑法立法改革的新思维——以〈刑法修正案(九)〉为中心》,载《法学》2015 年第 10 期。

73. 魏昌东:《新刑法工具主义批判与矫正》,载《法学》2016 年第 2 期。

74. 刘伟:《刑法修正的基本动向及客观要求研究》,载《政治与法律》2011 年第 5 期。

75. 车浩:《刑事立法的法教义学反思——基于〈刑法修正案(九)〉的分析》,载《法学》2015 年第 10 期。

76. 陈庆安:《〈刑法修正案(十一)〉的回应性特征与系统性反思》,载《政治与法律》2022 年第 8 期。

77. 王充:《中国的刑法观:问题类型与立场选择》,载《法学》2022 年第 11 期。

78. 王俊:《积极刑法观的反思与批判》,载《法学》2022 年第 2 期。

79. 欧阳本祺、刘梦:《〈刑法修正案(十一)〉的重刑化倾向及其司法限制》,载《东南大学学报(哲学社会科学版)》2021 年第 3 期。

80. 田宏杰:《立法扩张与司法限缩:刑法谦抑性的展开》,载《中国法学》2020 年第 1 期。

81. 江溯:《罪刑法定原则的现代挑战及其应对》,载《政法论丛》2021 年第 3 期。

82. 张永强:《预防性犯罪化立法的正当性及其边界》,载《当代法学》2020 年第 4 期。

83. 姜涛:《刑事立法的宪法边界》,载《国家检察官学院学报》2019 年第 6 期。

84. 马荣春、马光远:《刑法象征性立法——批判与被批判的武器》,载《南昌大学学报(人文社会科学版)》2022 年第 3 期。

85. 马寅翔:《刑罚社会功能化视角下刑法立法观的反思与重塑》,载《苏州大学学报(哲学社会科学版)》2022 年第 1 期。

86. 吴亚可:《当下中国功能主义刑法的合宪性检视》,载《中国刑事法杂志》2021 年第 6 期。

87. 杨先德:《积极刑法立法下的扩大追诉现象及其司法规制》,载《中国刑事法杂志》2021 年第 6 期。

88. 姜涛:《中国刑法走向何处去:对积极刑法立法观的反思》,载《国家检察官学院学报》2021 年第 5 期。

89. 房慧颖:《刑法谦抑性原则的价值定位与规范化构造——以刑民关系为切入点》,载《学术月刊》2022 年第 7 期。

90. 项婷婷:《刑法解释与刑法修改的界域划分:规范溯源至本》,载《湘潭大学学报(哲学社会科学版)》2022 年第 5 期。

91. 石晶:《生命科技风险的宪法回应》,载《法学》2023 年第 2 期。

92. 马天成:《非法植入基因编辑胚胎罪的类型判断——基于保护法益的思考》,载《中国人民公安大学学报(社会科学版)》2023 年第 1 期。

93. 田宏杰:《人格权刑法保护:挑战与应对》,载《中国人民公安大学学报(社会科学版)》2023 年第 1 期。

94. 李姝卉:《转基因生物安全立法的价值问题探究》,载《比较法研究》2022 年第 6 期。

95. 刘鑫:《基因编辑成果专利保护的政策选择与伦理因应(英文)》,载《科技与法律(中英文)》2023 年第 1 期。

96. 石晓波、王春阳:《"终身监禁"刑事立法的刑罚精准性研究》,载《政法论丛》2022 年第 1 期。

97. 刘霜:《终身监禁制度的司法限缩及其路径——以 2015—2020 年已决案例为样本的分析》,载《法学》2020 年第 12 期。

98. 李俊、郭泽强:《我国反腐败刑事治理的现代化研究》,载《学习与实践》2020 年第 11 期。

99. 吴玉萍:《终身监禁正当性之检讨》,载《法学》2020 年第 10 期。

100. 梁根林、王华伟:《死刑替代措施的中国命运:观念、模式与实践》,载《中国法律评论》2020 年第 5 期。

101. 周少元、王世友:《论我国终身监禁的规范化适用》,载《山东社会科学》2020 年第 4 期。

102. 敦宁:《高空抛物罪中“情节严重”的教义学诠释》,载《河北法学》2023年第3期。

103. 王志祥、李昊天:《高空抛物罪主观罪过形式的教义学分析》,载《河北法学》2022年第10期。

104. 俞小海:《高空抛物犯罪的实践反思与司法判断规则》,载《法学》2021年第12期。

105. 李珈:《高空抛物罪适用中的疑难问题》,载《东南大学学报(哲学社会科学版)》2021年第S2期(第23卷增刊)。

106. 周杰:《“高空抛物罪”立法评析与适用难题研究》,载《北方法学》2021年第6期。

107. 李翔:《论微罪体系的构建——以醉酒驾驶型危险驾驶罪研究为切入点》,载《政治与法律》2022年第1期。

108. 梁云宝:《积极刑法观视野下微罪扩张的后果及应对》,载《政治与法律》2021年第7期。

109. 梁云宝:《我国应建立与高发型微罪惩处相配套的前科消灭制度》,载《政法论坛》2021年第4期。

110. 吴宗宪、燕永辉:《微罪的概念补正与现实批判》,载《河北法学》2023年第2期。

111. 刘霜、吕行:《论〈联合国反腐败公约〉与我国最新刑事立法的衔接》,载《河南社会科学》2017年第9期。

112. 卢建平、刘传稿:《法治语境下犯罪化的未来趋势》,载《政治与法律》2017年第4期。

113. 齐文远:《修订刑法应避免过度犯罪化倾向》,载《法商研究》2016年第3期。

114. 黄晓亮:《论我国刑法修正的秩序价值优先性——以〈刑法修正案(九)〉为视角》,载《法学杂志》2016年第3期。

115. 莫洪宪:《改革开放以来我国刑事政策总体评估和启示》,载《东方法学》2008年第5期。

116. 莫洪宪、叶小琴:《〈中华人民共和国刑法修正案(五)〉之理解与适用》,载《山东警察学院学报》2006 年第 2 期。

117. 付立庆:《论积极主义刑法观》,载《政法论坛》2019 年第 1 期。

118. 刘霜:《我国共犯处罚原则的反思与重构——中意刑法比较研究的视角》,载《现代法学》2018 年第 6 期。

119. 郭德宏:《中国现代社会转型研究评述》,载《安徽史学》2003 年第 1 期。

120. 卢建平:《风险社会的刑事政策与刑法》,载《法学论坛》2011 年第 4 期。

121. 高铭暄、李彦峰:《风险社会下刑法的合理定位》,载《人民检察》2016 年第 Z1 期。

122. 高铭暄、李彦峰:《〈刑法修正案(九)〉立法理念探寻与评析》,载《法治研究》2016 年第 2 期。

123. 刘霜、陈佳玉:《论网络空间刑事理念面临的挑战、应对与重塑》,载《河南社会科学》2020 年第 8 期。

124. [德]贝克、邓正来、沈国麟:《风险社会与中国——与德国社会学家乌尔里希·贝克的对话》,载《社会学研究》2010 年第 5 期。

125. 刘仁文:《论中国刑法结构之改进》,载陈泽宪主编:《犯罪定义与刑事法治》,中国社会科学出版社 2008 年版。

126. 刘仁文、杨学文:《帮助行为正犯化的网络语境——兼及对犯罪参与理论的省思》,载《法律科学》2017 年第 3 期。

127. 刘艳红:《"风险刑法"理论不能动摇刑法谦抑主义》,载《法商研究》2011 年第 4 期。

128. 刘艳红:《网络犯罪帮助行为正犯化之批判》,载《法商研究》2016 年第 3 期。

129. 刘霜、杨静:《扫黑除恶应坚守宽严相济刑事政策》,载《刑法论丛》2019 年第 3 期。

130. 王启梁:《作为生存之道的非正式社会控制》,载《山东大学学报(哲学社会科学版)》2010 年第 5 期。

131. 张明楷:《犯罪预备中的“为了犯罪”》,载《法学杂志》1998 年第 1 期。

132. 张明楷:《责任主义与量刑原理——以点的理论为中心》,载《法学研究》2010 年第 5 期。

133. 劳东燕:《风险社会与变动中的刑法理论》,载《中外法学》2014 年第 1 期。

134. 劳东燕:《公共政策与风险社会的刑法》,载《中国社会科学》2007 年第 3 期。

135. 黎宏:《对风险刑法观的反思》,载《人民检察》2011 年第 3 期。

136. 田宏杰:《“风险社会”的刑法立场》,载《法商研究》2011 年第 4 期。

137. 黎宏:《日本刑事立法犯罪化与重刑化研究》,载《人民检察》2014 年第 21 期。

138. 黎宏、王龙:《论非犯罪化》,载《中南政法学院学报》1991 年第 2 期。

139. 田宏杰:《“风险社会”的刑法立场》,载《法商研究》2011 年第 4 期。

140. 童德华、贺晓红:《风险社会的刑法的三个基本面相》,载《山东警察学院学报》2011 年第 3 期。

141. 黄太云:《〈中华人民共和国刑法修正案(四)〉的理解与适用》,载《人民检察》2003 年第 3 期。

142. 黄太云:《〈刑法修正案(六)〉的理解与适用》(下),载《人民检察》2006 年第 15 期。

143. 黄太云:《〈刑法修正案(八)〉解读(二)》,载《人民检察》2011 年第 7 期。

144. 刘霜:《反腐败国际追逃的法律适用困境及其有效应对》,载《河南大学学报(社会科学版)》2020 年第 4 期。

145. 刘杰:《论刑法修正案(四)对刑法的立法完善及其新增犯罪》,载《湘潭工学院学报(社会科学版)》2003 年第 2 期。

146. 刘强:《我国适当扩大犯罪圈的必要性及思路》,载《青少年犯罪问题》2014 年第 5 期。

147. 于改之、贾配龙:《美国反恐立法评析》,载《山东社会科学》2013 年第 9 期。

148. 冀莹:《"英国预防性刑事司法"评介与启示——现代刑法安全保障诉求的高涨与规制》,载《政治与法律》2014 年第 9 期。

149. 刘艳红:《我国应该停止犯罪化的刑事立法》,载《法学》2011 年第 11 期。

150. 刘霜、赵浩森:《违法性认识的理论争议与实践判定》,载《辽宁大学学报(哲学社会科学版)》2020 年第 6 期。

151. 梁根林:《刑法修正:维度、策略、评价与反思》,载《法学研究》2017 年第 1 期。

152. 苏永生:《刑法谦抑主义的西方图景与中国表达》,载《法学杂志》2016 年第 6 期。

153. 张明楷:《网络时代的刑法理念——以刑法的谦抑性为中心》,载《人民检察》2014 年第 9 期。

154. 张明楷:《增设新罪的观念——对积极刑法观的支持》,载《现代法学》2020 年第 5 期。

155. 刘霜、石阳媚:《行贿罪处罚的实证分析及其优化——以某省 103 个行贿罪判决为研究范本》,载《河南社会科学》2018 年第 6 期。

156. 熊永明:《我国罪名建言热潮之隐忧及其批判》,载《法学评论》2015 年第 6 期。

157. 王亚新:《司法成本与司法效率——中国法院的财政保障与法官激励》,载《法学家》2010 年第 4 期。

158.《前科株连效应的刑法学思考》,载《法学研究》2011 年第 1 期。

159.《"风险刑法"不可行》,载《法商研究》2011 年第 4 期。

160.《网络空间中犯罪预备行为的制裁思路与体系完善——截至〈刑法修正案(九)〉的网络预备行为规制体质的反思》,载《法学家》2017 年第 6 期。

161. 刘宪权:《刑事立法应力戒情绪——以〈刑法修正案(九)〉为视角》,载《法学评论》2016 年第 1 期。

162. 刘艳红:《当下中国刑事立法应当如何谦抑? ——以恶意欠薪行为入罪为例之批判性分析》,载《环球法律评论》2012 年第 2 期。

163. 李瑞杰:《论行为与结果的关系——兼评"积极刑法立法观"》,载《社会科学动态》2017 年第 5 期。

164. 李贵方:《刑法的道德使命》,载《法学》1993 年第 5 期。

165. 汪明亮:《过剩犯罪化的道德恐慌视角分析》,载《法治研究》2014 年第 9 期。

166. 卢建平:《犯罪分层及其意义》,载《法学研究》2008 年第 3 期。

167. 刘广三、李艳霞:《我国刑事速裁程序试点的反思与重构》,载《法学》2016 年第 2 期。

168. 李翔:《论刑法修正与刑罚结构调整》,载《华东政法大学学报》2016 年第 4 期。

169. 屈学武:《中国社区矫正制度设计及其践行思考》,载《中国刑事法杂志》2013 年第 10 期。

170.《前科消灭制度司法探索模式的批判性反思》,载《法学评论》2013 年第 3 期。

171.《论共同犯罪的网络异化》,载《人民论坛》2010 年第 29 期。

172. 刘霜:《终身监禁的法律定位研究》,载《西部法学评论》2017 年第 1 期。

173. 杨春然:《论划分刑法边界的标准》,载《中国刑事法杂志》2012 年第 8 期。

174. 舒洪水、张晶:《法益在现代刑法中的困境与发展——以德、日刑法的立法动态为视角》,载《政治与法律》2009 年第 7 期。

175. 周其华:《〈刑法修正案(六)〉的理解与适用(上)〈刑法修正案(六)〉要义研读》,载《中国检察官》2006 年第 9 期。

176. 刘霜、陈佳玉:《帮助信息网络犯罪活动罪的界定》,载《天津法学》2020 年第 2 期。

177. 徐松青、张华:《〈刑法修正案(八)〉若干条文解读与思考》,载《法律适用》2011 年第 8 期。

178. 周道鸾:《析刑法修正案(八)新增、修改的罪名》,载《法律适用》2011 年第 5 期。

179. 常明、张昌辉:《司法地方化透析》,载《理论观察》2006 年第 5 期。

180. 陈伟:《〈刑法修正案(九)〉的刑罚特点及其前置化趋势》,载《净月学刊》2016 年第 3 期。

181. 刘霜:《套路贷案件中共犯的认定》,载《人民司法》2020 年第 28 期。

182. 陈晓明:《风险社会之刑法应对》,载《法学研究》2009 年第 6 期。

183. 敦宁、褚冬宁:《论我国环境犯罪刑事政策的建构》,载《江西警察学院学报》2016 年第 5 期。

184. 付强、孙利:《风险刑法质疑》,载《中国刑事法杂志》2014 年第 1 期。

185. 郭浩、李兰英:《风险社会的刑法调适——以危险犯的扩张为视角》,载《河北法学》2012 年第 4 期。

186. 刘霜:《〈刑法修正案(九)〉的立法解读及理论反思》,载《公民与法》2015 年第 11 期。

187. 郝艳兵:《风险社会下的刑法价值观念及其立法实践》,载《中国刑事法杂志》2009 年第 7 期。

188. [法]让－皮埃尔·戈丹、陈思:《现代的治理,昨天和今天:借重法国政府政策得以明确的几点认识》,载《国际社会科学杂志(中文版)》1999 年第 1 期。

189. 姜敏:《法益保护前置:刑法对食品安全保护的路径选择——以帮助行为正犯化为研究视角》,载《北京师范大学学报(社会科学版)》2013 年第 5 期。

190. 姜涛:《风险刑法的理论逻辑——兼及转型中国的路径选择》,载《当代法学》2014 年第 1 期。

191. 利子平:《风险社会中传统刑法立法的困境与出路》,载《法学论坛》2011 年第 4 期。

192. 梁根林:《持有型犯罪的刑事政策分析》,载《现代法学》2004 年第

1 期。

193. 廖斌、张亚军:《风险社会下刑法之危机与扩张》,载《学习论坛》2012 年第 11 期。

194. 刘明祥:《“风险刑法”的风险及其控制》,载《法商研究》2011 年第 4 期。

195. 刘志伟:《〈刑法修正案(九)〉的犯罪化立法问题》,载《华东政法大学学报》2016 年第 2 期。

196. 罗豪才:《社会转型中的我国行政法制》,载《国家行政学院学报》2003 年第 1 期。

197. 吕英杰:《风险刑法下的法益保护》,载《吉林大学社会科学学报》2013 年第 4 期。

198. 南连伟:《风险刑法理论的批判与反思》,载《法学研究》2012 年第 4 期。

199. 齐文远:《应对中国社会风险的刑事政策选择——走出刑法应对风险的误区》,载《法学论坛》2011 年第 4 期。

200. 苏彩霞:《“风险社会”下抽象危险犯的扩张与限缩》,载《法商研究》2011 年第 4 期。

201. 孙万怀:《风险刑法的现实风险与控制》,载《法律科学》2013 年第 6 期。

202. 孙万怀:《违法相对性理论的崩溃——对刑法前置化立法倾向的一种批评》,载《政治与法律》2016 年第 3 期。

203. 王皇玉:《论贩卖毒品罪》,载《政大法学评论》2005 年第 2 期。

204. 王立志:《风险社会中刑法范式之转换——以隐私权刑法保护切入》,载《政法论坛》2010 年第 2 期。

205. 刘宪权:《〈刑法修正案(十一)〉中法定刑的调整与适用》,载《比较法研究》2021 年第 2 期。

206. 王胜华:《“预备行为实行化”立法的正当性根据——基于刑法第 120 条“准备实施恐怖活动罪”的考察》,载《石河子大学学报(哲学社会科学版)》

2017 年第 3 期。

207. 王文华:《论〈制止核恐怖行为国际公约〉与我国相关立法的协调》,载《河南大学学报(社会科学版)》2016 年第 3 期。

208. 王振、董邦俊:《风险社会中的刑法回应》,载《江西科技师范学院学报》2008 年第 3 期。

209. 王振:《坚守与超越:风险社会中的刑法理论之流变》,载《法学论坛》2010 年第 4 期。

210. 吴丙新:《风险刑法与公民权利的宪法保障》,载《云南师范大学学报(哲学社会科学版)》2012 年第 5 期。

211. 杨雪冬:《全球化、风险社会与复合治理》,载《马克思主义与现实》2004 年第 4 期。

212. 张旭:《风险社会的刑事政策方向选择》,载《吉林大学社会科学学报》2011 年第 2 期。

213. 赵书鸿:《风险社会的刑法保护》,载《人民检察》2008 年第 1 期。

214. 肖鹏:《我国刑事法网的基本现状及发展趋势——兼评积极主义刑法观》,载《河北法学》2021 年第 10 期。

215. [日]仲道祐树、蔡桑:《法益论、危害原理、宪法判断——刑事立法分析框架的比较法考察》,载《苏州大学学报(法学版)》2021 年第 3 期。

216. 刘艳红:《积极预防性刑法观的中国实践发展——以〈刑法修正案(十一)〉为视角的分析》,载《比较法研究》2021 年第 1 期。

217. 姜涛:《社会风险的刑法调控及其模式改造》,载《中国社会科学》2019 年第 7 期。

218. 焦旭鹏:《现代刑法的风险转向——兼评中国当下的刑法观》,载《西南民族大学学报(人文社会科学版)》2018 年第 12 期。

219. 劳东燕:《风险社会与功能主义的刑法立法观》,载《法学评论》2017 年第 6 期。

220. 赵秉志:《中国刑法立法晚近 20 年之回眸与前瞻》,载《中国法学》2017 年第 5 期。

221. 杨柳:《我国刑事治理模式与理论反思》,载《法学论坛》2021 年第 5 期。

222. 黎宏:《预防刑法观的问题及其克服》,载《南大法学》2020 年第 4 期。

223. 孙道萃:《智能时代的刑法立法——人类中心主义与现实功利主义的取舍》,载《学术交流》2020 年第 4 期。

224. 黄云波、黄太云:《论稳健型刑法立法观》,载《中国刑事法杂志》2019 年第 3 期。

225. 梁根林:《罪刑法定原则:挑战、重申与重述——刑事影响力案件引发的思考与检讨》,载《清华法学》2019 年第 6 期。

226. 孙道萃:《关于〈刑法修正案(十一)〉新增罪名的立法建议》,载《青少年犯罪问题》2021 年第 1 期。

227. 周光权:《刑事立法进展与司法展望——〈刑法修正案(十一)〉总置评》,载《法学》2021 年第 1 期。

228. 张明楷:《增设新罪的原则》,载《社会科学文摘》2021 年第 2 期。

229. 熊永明:《建言增设新罪现象的反思》,载《法学论坛》2015 年第 3 期。

230. 付玉明:《立法控制与司法平衡:积极刑法观下的刑法修正》,载《当代法学》2021 年第 5 期。

231. 王强军:《刑法干预前置化的理性反思》,载《中国法学》2021 年第 3 期。

232. 刘仁文:《我国行政拘留纳入刑法体系构想》,载《法制与社会发展》2021 年第 5 期。

233. 孙国祥:《积极谨慎刑法发展观的再倡导——以〈刑法修正案(十一)〉为视角》,载《西南民族大学学报(人文社会科学版)》2021 年第 9 期。

234. 安柯颖:《信息社会预防性刑法观的犯罪化运用及控制——以网络信息法益扩容为视角》,载《云南民族大学学报(哲学社会科学版)》2021 年第 4 期。

235. 冀洋:《我国轻罪化社会治理模式的立法反思与批评》,载《东方法学》2021 年第 3 期。

236. 刘传稿:《犯罪化语境下的轻罪治理——基于〈刑法修正案(十一)〉的分析》,载《北京联合大学学报(人文社会科学版)》2021 年第 2 期。

237. 高铭暄、孙道萃:《总体国家安全观下的中国刑法之路》,载《东南大学学报(哲学社会科学版)》2021 年第 2 期。

238. 姜涛、柏雪淳:《刑法中抽象危险犯的立法限缩路径研究》,载《中国高校社会科学》2021 年第 2 期。

239. 孙道萃:《网络时代的中国刑法发展研究:回顾与展望》,载《华南师范大学学报(社会科学版)》2021 年第 1 期。

240. 李栋:《风险社会背景下预防刑法的扩张与破局》,载《甘肃政法大学学报》2021 年第 1 期。

241. 张明楷:《论实质的法益概念——对法益概念的立法批判机能的肯定》,载《法学家》2021 年第 1 期。

242. 王志祥、张圆国:《预防性犯罪化立法:路径、功能、弊端与完善》,载《河北法学》2021 年第 1 期。

243. 钱叶六:《刑法处罚范围适度扩张的合理性及其限制》,载《警学研究》2020 年第 5 期。

244. 姜涛:《抽象危险犯中刑、行交叉难题的破解——路径转换与立法创新》,载《法商研究》2019 年第 3 期。

245. 魏昌东:《刑法立法"反向运动"中的象征主义倾向及其规避》,载《环球法律评论》2018 年第 6 期。

246. 周佑勇:《推进国家治理现代化的法治逻辑》,载《法商研究》2020 年第 4 期。

247. 陈璐:《论刑法谦抑主义的消减》,载《法学杂志》2018 年第 9 期。

248. 陈志刚:《限制正犯与扩张正犯的分野与暗合——兼论我国共犯立法模式的选择》,载《理论学刊》2019 年第 5 期。

249. 黄晓亮:《论间接结果及其扩张刑罚功能之限制》,载《法商研究》2016 年第 2 期。

250. 张梓弦:《积极预防性刑法观于性犯罪中的体现——我国〈刑法〉第

236 条之一的法教义学解读》,载《政治与法律》2021 年第 7 期。

251. 王良顺:《预防刑法的合理性及限度》,载《法商研究》2019 年第 6 期。

252. 房慧颖:《预防刑法的天然偏差与公共法益还原考察的化解方式》,载《政治与法律》2020 年第 9 期。

253. 韩轶:《刑法更新应坚守谦抑性本质——以〈刑法修正案(十一)(草案)〉为视角》,载《法治研究》2020 年第 5 期。

254. 孙国祥:《新时代刑法发展的基本立场》,载《法学家》2019 年第 6 期。

255. 付立庆:《平衡思维与刑法立法的科学化》,载《法学》2018 年第 3 期。

256. 徐剑锋:《互联网时代刑法参与观的基本思考》,载《法律科学(西北政法大学学报)》2017 年第 3 期。

257. 张义健:《〈刑法修正案(十一)〉的主要规定及对刑事立法的发展》,载《中国法律评论》2021 年第 1 期。

258. 王兵兵:《刑事立法谦抑理念的新解读——以预防刑法为视角》,载《政法学刊》2021 年第 2 期。

259. 刘宪权、陆一敏:《〈刑法修正案(十一)〉的解读与反思》,载《苏州大学学报(哲学社会科学版)》2021 年第 1 期。

260. 李洁、孔祥参:《刑法的扩张对谦抑性的悖离》,载《社会科学辑刊》2020 年第 2 期。

261. 王强军:《功能主义刑法观的理性认识及其限制》,载《南开学报(哲学社会科学版)》2019 年第 3 期。

262. 张明楷:《〈刑法修正案(十一)〉对司法解释的否认及其问题解决》,载《法学》2021 年第 2 期。

263. 刘艳红:《刑法的根基与信仰》,载《法制与社会发展》2021 年第 2 期。

264. 贾健:《象征性刑法"污名化"现象检讨——兼论象征性刑法的相对合理性》,载《法商研究》2019 年第 1 期。

265. 魏东、赵天琦:《刑法修正案的规范目的与技术选择——以〈刑法修正案(十一)(草案)〉为参照》,载《法治研究》2020 年第 5 期。

266. 熊永明:《谨防刑法规定过度精细化》,载《政法论丛》2021 年第 1 期。

# 后　记

自《刑法修正案(八)》颁布后,笔者开始关注我国刑事立法的扩张问题。2016 年成功获批国家社科基金项目"我国刑事立法的新近扩张及其合理限度研究"(16BFX056),以此项目为依托,持续关注我国刑事立法的扩张问题。之后不仅国社科顺利结项,本书也于 2023 年 3 月 26 日顺利付梓。

近年来,我国刑事立法频繁修改,犯罪圈持续扩大,犯罪化成为主流。对此笔者一直思索追问,为何我国会出现刑法立法频繁修改,刑事立法日益扩张的问题?我国刑法立法扩张应当如何限定?如何防止社会治理过度刑法化?是否应当秉持积极刑法立法观的立场?是否应当继续坚持刑法谦抑性原则?如何防止犯罪尤其是轻罪乃至微罪的附随后果,等等。

为此,笔者做了以下几点尝试:其一,尝试归纳总结 1997 年以来我国历次刑法修改的特点,为我国刑法的发展趋向绘制流线图。其二,尝试厘清刑法与行政法的界限。随着风险社会的到来,我国进入法定犯时代,对危害行为造成的危险进行前置性的规范与处置是刑法对付社会风险的重要手段。刑法的生杀予夺与社会个体成员追求自己的价值取向之间存在巨大反差,更多的体现国家的强制力。而行政法律法规与市场个体追求利益最大化过程中那种风起于青萍之末时的违法行为之间最容易有效衔接。其三,试图划分刑法与民法的界限。随着《民法典》的颁布,我国法律体系日臻完善,刑民关系也深度融合。关于刑法与民法的关系,有学者提出,民法应当扩张,刑法应当谦抑。① 人性民法与物性刑法属于相辅相成关系②,民法与刑法在法律体系中具有前置法与后置法之间的关系等,不一而足。③ 其四,刑法评价范畴的准入机制。对行为进行评价需要进行法律干预的事实基础是行为人的行为过程;价值基础是有无社会危害性,法律基础是刑法有无明文规定。而运用刑法进行评价的内容是多元的,例如,有罪与无罪,罪重与罪轻,此罪与彼罪等。刑法评价范畴准入机制的处理原则,一方面要尊重司法人员自由裁量权的运用与发挥,另一方面也要体现刑法宽容、人道的时代精神。其五,试图解决我国刑法立法扩张的合理限度问题,协调刑法立法扩张与过度侵犯法益之间的矛盾,深入研究如何兼顾刑法的社会保护与人权保障功能,此为宏观层面。同时也要尝试解决轻罪入刑的犯罪附随效果、前科消灭等问题,分析典型罪名,包括高空抛物罪与危险驾驶罪(轻罪代表罪名)、拒不履行网络安全管理义务罪(刑法提前介入的典型罪名)、帮助信息网络犯罪活动罪(帮助行为正犯化的典型罪名),评估终身监禁、刑事责任年龄部分下调等具体刑法修正举措,对于刑法立法扩张引入的一系列新的刑事立法进行实效评估,此为微观层面。

笔者长期耕耘于刑法中的行为领域,先前已有《刑法中的行为概念研究》《刑法中的行为理论研究》出版,本书原本设想的书名为“刑法中的行为边界研究”,给刑法中行为理论研究个人三部曲画上一个句号。虽然书名微调,内容也做了相应调整,但是对于行为理论的研究不会停止,对于刑法立法扩张的合理限定研究不会终结。笔者仍然秉持刑法迫不得已原则,坚守刑法谦抑立场,反对社会治理过度刑法化。期待本书的出版能够为我国刑事立法的能动立

---

① 参见王利明:《民法要扩张　刑法要谦抑》,载《中国大学教学》2019 年第 11 期。

② 参见刘艳红:《人性民法与物性刑法的融合发展》,载《中国社会科学》2020 年第 4 期。

③ 参见陈兴良:《民法对刑法的影响与刑法对民法的回应》,载《法商研究》2021 年第 2 期。

法、科学立法、理性立法贡献微薄力量。然而个人能力有限,感谢各位师友同人的指点和支持,请各位方家批评指正。

感谢天大法学文库的支持。感谢责任编辑似玉老师认真细致的校对与修改,使得本书的质量得以保证。

求学之路、求知之途、求真之道深远而漫长,吾将矢志不渝,继续前行。

刘 霜

2023 年 3 月 26 日于天津大学爱晚湖畔